ENTREPRISES
ET
RISQUE PENAL

LES ESSENTIELS
DE LA GESTION

COLLECTION DIRIGÉE PAR
G. CHARREAUX / P. JOFFRE
G. KŒNIG

ENTREPRISES
ET RISQUE PENAL

Brigitte PEREIRA

éditions
ems
MANAGEMENT
& SOCIETE
17 rue des Métiers
14123 Cormelles-le-Royal
www.editions-ems.fr

ISBN : 978-2-84769-105-4

INTRODUCTION

L'accroissement des échanges commerciaux a provoqué une profonde mutation du mode de fonctionnement des entreprises. La mondialisation des marchés conduit à la conclusion de transactions commerciales de plus en plus nombreuses, diversifiées et rapides, souvent même sans déplacement des intéressés. Ces opérations commerciales et financières comportent donc de nombreuses prises de risque : le risque commercial, le risque financier, le risque économique, le risque fiscal, le risque contractuel, le risque social, mais encore le risque pénal.

C'est ce dernier qui soulève un intérêt particulier en ce qu'il comporte des conséquences importantes. En effet, le risque pénal est de moins en moins ignoré par les dirigeants des sociétés commerciales, conscients de ses répercussions sur le fonctionnement des organisations. Il doit être envisagé selon plusieurs sens en ce qu'il est appréhendé par les acteurs économiques, notamment, sur le plan international. Car un constat s'impose aujourd'hui : on assiste au phénomène d'internationalisation des infractions d'affaires. Puisque les échanges se mondialisent, les agissements peu scrupuleux profitent de la même dimension, ce qui pose la problématique de la lutte contre la délinquance internationale des affaires. Dès lors, si l'économie se développe à l'échelle planétaire, l'économie parallèle suit un mouvement similaire. Il en ressort que le risque pénal s'internationalise et comporte diverses expressions alors que la réponse normative ne comprend qu'une expression délimitée.

Le « risque » recouvre de nombreuses significations. D'abord, on peut comprendre par risque, le phénomène aléatoire qui correspond à une situation où le futur n'est prévisible qu'avec des probabilités. Ensuite, sur le plan du droit, le terme de « risque » est apparu dans le domaine des assurances et du développement de la responsabilité civile. Il est entendu comme un événement dommageable dont la survenance est incertaine quant à sa réalisation. Le législateur a adapté cette notion au droit pénal pour certaines infractions particulières telles que les risques causés à autrui. Il peut notamment s'agir du risque de mise en danger d'autrui par la violation manifestement délibérée d'une obligation particulière de sécurité ou de prudence imposée par la loi ou le règlement. Enfin, dans le domaine des affaires, les termes de « risque pénal » sont employés dans un sens plus général, moins pour désigner une infraction particulière, que pour viser la possibilité d'être poursuivi dans l'hypothèse d'une transgression des lois pénales.

Ainsi, dans le domaine qui nous intéresse, par risque pénal, on doit comprendre la potentialité de pénétrer le périmètre répressif et de faire l'objet de sanctions pénales. Le risque pénal dans l'entreprise est matérialisé par l'existence d'infractions pénales sanctionnées par des peines privatives de liberté à l'encontre des personnes physiques et par des peines d'amende à l'encontre des personnes morales. Les responsables dirigeants des sociétés commerciales, mais aussi les personnes morales peuvent payer un lourd tribut du fait d'actes commis par eux ou pour leur compte : détournements, malversations, recels, corruptions, blanchiments d'argent constituent autant d'actes susceptibles de produire des effets néfastes. Ces effets visent à la fois les citoyens, les entreprises et les responsables dirigeants.

Les citoyens peuvent, en effet, être victimes de détournements et être dépouillés de leur patrimoine, notamment par le biais des systèmes de traitement automatisé des données ou par Internet, faire l'objet de problèmes de sécurité et de santé selon l'acquisition d'objets contrefaits, souscrire des crédits fictifs et faire l'objet d'escroqueries en chaîne.

Les entreprises peuvent être condamnées à des peines d'amende exponentielles et connaître des atteintes à leur notoriété suite à la publication des jugements de condamnations pénales pour escroquerie, recel d'escroquerie, présentations de comptes annuels inexacts, banqueroute, corruption, favoritisme, etc. La réputation des marques, objet même de l'identité des entreprises, est susceptible de connaître des atteintes graves. Les actionnaires peuvent également subir d'importants dommages du fait des agissements des dirigeants. Les entreprises sont susceptibles de faire l'objet de fermeture selon les circonstances de la commission des infractions.

Les responsables dirigeants, de même que leurs complices selon les cas (banquiers, analystes financiers, experts comptables, commissaires aux comptes, cadres commerciaux) peuvent se voir infliger des interdictions de gérer ou d'exercer certaines activités professionnelles et faire l'objet de peines privatives de liberté. C'est dire que le risque pénal dans le secteur des affaires comprend un intérêt grandissant compte tenu de ses conséquences sur les organisations et sur les libertés individuelles. Mais, par risque pénal, on doit aussi comprendre la probabilité d'être victime d'agissements frauduleux ce qui conduit à la problématique de la sécurisation des investissements des entreprises sur le marché. En d'autres termes, le risque pénal doit être vu dans deux sens, ces derniers étant complémentaires : celui consistant à prendre le risque de commettre un acte prohibé par la loi et à s'exposer aux sanctions pénales, mais encore celui consistant à être l'objet même de ces agissements frauduleux et à rechercher les moyens de réparation au profit des entreprises victimes.

Le terme d'entreprise comporte un sens plus économique que juridique. Il présente l'intérêt de viser à la fois l'entreprise individuelle, les sociétés commerciales en tant que personnes morales et les groupes de sociétés. L'appréhension du risque pénal ne sera donc pas la même selon la structure juridique et la taille des entreprises, même si la gestion du risque concerne toute entreprise quelle que soit sa forme.

Ainsi, quel que soit le type d'entreprise, il s'agit d'appréhender les infractions pénales d'affaires et leurs conséquences lorsque des risques ont été pris au delà de ce qui est permis par la loi. De la même manière, il est question de caractériser les comportements susceptibles de tomber sous le coup de la loi pénale : s'agit-il d'un abus de confiance, d'un faux, d'un abus de biens sociaux, d'un faux bilan, d'un délit d'initié, d'une contrefaçon, ou d'un blanchiment.

Aussi, le domaine répressif des affaires connaît-il une évolution remarquable tant il touche à un secteur en constante mutation : d'abord, dans le contexte de la mondialisation, le mode de commission des infractions est de plus en plus sophistiqué et étendu sur l'espace géographique posant alors des difficultés de preuves face aux dommages subis par les entreprises ; ensuite, et c'est le paradoxe, les acteurs économiques déplorent l'inflation législative qui conduit au « tout répressif » et empêche l'exercice optimale de la liberté d'entreprendre.

S'agissant du mode de commission des infractions, on ne peut que relever le fléau de l'internationalisation des infractions d'affaires procurant des profits illicites colossaux. Si l'économie s'internationalise, la criminalité d'affaires s'internationalise également. Or, le domaine répressif constitue l'une des expressions directes de la souveraineté de chaque Etat. Autrement dit, le droit criminel des affaires est un droit essentiellement national. Il en est ressorti de nombreuses difficultés pour lutter contre le fléau de la délinquance internationale. Aussi, a-t-on relevé que le produit criminel mondial brut dépasse les 1000 milliards de dollars, soit 20 % du commerce mondial. La dimension occulte de la levée des frontières ne trouve donc qu'une réponse nuancée compte tenu du caractère national du droit pénal. Ainsi, une escroquerie peut être définie différemment selon les Etats. Si l'escroquerie a été commise pour partie dans un Etat et pour partie dans un autre Etat, il devient délicat de procéder à des poursuites efficaces si les incriminations ne sont pas équivalentes dans les deux Etats. Dès lors, cette dimension internationale de la commission des infractions pose le problème de la disparité des preuves et de leur recevabilité constituant pourtant un préalable à la répression d'une délinquance de plus en plus ingénieuse.

Il est vrai qu'actuellement on assiste à une coopération interétatique de plus en plus étroite. L'exemple européen constitue à cet égard un modèle de coopération pénale progressif. Néanmoins, cette coopération demeure encadrée par l'impératif d'harmonisation des législations répressives nationales. Elle ne constitue qu'un instrument perfectible de lutte contre la délinquance d'affaires internationale en ce qu'elle n'aboutit pas à un droit autonome et uniforme destiné à enrayer le phénomène criminel d'affaires au-delà des frontières. Il est vrai encore que de nombreuses conventions internationales ont été ratifiées telles que celle de Palerme relative à la délinquance organisée, ou celle du Conseil de l'Europe relative à la lutte contre le blanchiment. Ces conventions proposent de définir certaines infractions d'une certaine façon orientant les Etats membres à réformer leurs législations en conséquence. Un progrès est alors réalisé parce que les législations sont conduites à se rapprocher, ce qui favorise l'harmonisation des lois et le développement de la réciprocité des incriminations et autant de possibilités nationales de poursuites et de condamnations des actes illicites. Mais, il en ressort forcément des limites parce qu'à travers le principe d'harmonisation coexistent les souverainetés nationales, et la résurgence de leurs expressions sous forme de réserves étatiques. Cela revient au constat que si la délinquance internationale ne souffre d'aucune frontière, les moyens de poursuite et de répression sont conditionnés par des frontières juridiques et politiques tenant à l'une des expressions des souverainetés étatiques. Parce que la matière est répressive et relève du pouvoir régalien de l'Etat, la coopération pénale internationale n'aboutit actuellement qu'à une forme de mise en compatibilité des lois des Etats, ces lois n'étant applicables que dans chacun des Etats concernés. Il s'agit alors de comprendre que si les infractions d'affaires et financières s'internationalisent, seules les lois nationales sont compétentes, même si elles sont conformes aux conventions internationales et européennes. Il en ressort encore des conflits de lois pour un acte illicite internationalisé. C'est dire que le risque pénal doit alors être entendu par les entreprises, non plus seulement à travers la crainte d'une condamnation pénale, mais également à travers celle de s'implanter sur des territoires peu réglementés. Tel est le cas de la corruption internationale conduisant les entreprises à ne pas conclure avec tel ou tel partenaire parce que le risque de corruption est important, ou au contraire à conclure par des versements de sommes occultes pour être certaines d'acquérir un nouveau marché.

Dans une autre expression, ce qui peut paraître contradictoire, on assiste également à des critiques relatives à l'inflation législative sur le plan national. En effet, si les acteurs économiques admettent volontier que la régulation pénale est une nécessité face aux agissements infractionnels rompant tout principe d'égalité sur le marché, elles déplorent dans le même temps une législation pénale trop abondante. Cette abondance normative serait même un frein à la liberté d'entreprendre. Certains vont même jusqu'à affirmer que la frontière entre le risque normal de gestion et le risque pénal tend à devenir de plus en plus ténue. En réalité, il faut se garder de certaines exagérations : le dirigeant de PME victime d'agissements frauduleux ne se plaindra pas que le système pénal existe et joue le rôle de rétablissement de l'ordre public.

Le périmètre pénal comprend une délimitation légale et répond à un besoin impérieux de régulation. La dernière commission relative à la dépénalisation de la vie des affaires (Rapport Coulon, 2008) réaffirme même cette nécessité et ne dépénalise que les infractions devenues désuètes. Pour le professionnel de l'entreprise, la problématique réside davantage dans le fait de comprendre les limites du risque pénal, puis sa mesure suivant les circonstances.

En effet, le principe demeure la liberté sous réserve du respect de la loi. En d'autres termes, tout ce qui n'est pas interdit par la loi est permis : la liberté d'entreprendre est donc garantie. Les contours du risque pénal sont déterminés selon un principe fondamental consacré par les Etats : le principe de la légalité. Il s'agira alors de savoir jusqu'où ne pas aller trop loin. C'est l'application de ce principe qui permettra à l'intéressé de comprendre les limites du risque pénal et d'exercer sa liberté d'entreprendre d'une manière acceptable. Une fois les contours du risque déterminés, l'intéressé pourra mieux appréhender la mesure de ce risque selon les faits commis. La mesure du risque pénal doit être comprise à travers la caractérisation de l'acte : s'agit-il d'un abus de confiance, d'un abus de biens sociaux, d'un délit d'initié, d'une banqueroute. Il s'agit donc de l'étude de chacune des infractions d'affaires, de leurs spécificités et de leurs conséquences. On pourra alors d'autant mieux comprendre les moyens de lutte contre de tels agissements sur le plan international.

Dès lors, la compréhension des contours, celle de la mesure du risque pénal, de même que celle des moyens de répression, sont rendues possibles une fois la problématique de la mondialisation et de la criminalité économique posée.

chapitre 1

mondialisation et criminalité économique, une problématique

Le développement des échanges commerciaux internationaux, de même que celui des technologies de l'information et de la communication ont transformé le mode de fonctionnement des entreprises et des groupements économiques. Les transactions sont rendues plus rapides et moins onéreuses. Ainsi, la mondialisation des échanges apporte flexibilité et fluidité des investissements en favorisant la compétitivité des acteurs économiques. Mais, la mondialisation des marchés ne profite pas qu'aux acteurs économiques licites : elle favorise aussi le développement de la criminalité économique. Cette dernière fait l'objet d'un accroissement non seulement par son volume, mais également par son extension géographique[1]. Or, sur le plan international, la disparité des normes a permis aux acteurs peu scrupuleux de promouvoir des agissements organisés sous couvert de sociétés commerciales licites. Les délinquants exploitent les insuffisances normatives et échappent alors au domaine répressif, celui-ci étant essentiellement national. En effet, le droit criminel ne dispose pas encore de moyens pour lutter d'une manière unifiée contre la délinquance internationale en col blanc. La mondialisation qui appelle pourtant une internationalisation des normes pose la problématique de l'appartenance du pouvoir répressif. Or, le domaine répressif constitue l'une des expressions directes de la souveraineté de chaque Etat. Face à la prolifération des activités économiques internationales, le droit semblerait « garder quelque chose de féodal »[2]. Pour autant, la prise de conscience internationale, ou plus exactement les prises de consciences nationales existent et on assiste à une volonté commune de renforcer les moyens de lutte contre la criminalité économique : l'exemple européen constitue une avancée régionale majeure en ce domaine.

Dès lors, si de nombreux progrès demeurent à faire, le phénomène d'internationalisation des infractions conduit peu à peu au corollaire de l'internationalisation de la répression.

---

[1] Direction centrale de la Police Judiciaire, 2007, *Données générales, Criminalité et Délinquance constatées en France*, p. 32 et 33. En 2007, les faits constatés étaient de 345 446 contre 334 064 en 2006 ; J.-P. Jean, *Le système pénal*, éd. La Découverte, Coll. « Repères », 2008.

[2] M. Vivant, *Cybermonde, Droit et droits des réseaux*, JCP 1996, I, 3969.

section I
le phénomène d'internationalisation des infractions

On ne peut nier l'ampleur de l'internationalisation des infractions. Ce phénomène s'explique par rapport à la mondialisation des marchés, conduisant au développement de l'économie parallèle. Cette dimension occulte de la levée des frontières nous fait réaliser le caractère multiforme et évolutif de la délinquance internationale.

§ 1. – une conséquence de la mondialisation des marchés

En premier lieu, les formes classiques de la délinquance d'affaires sont en augmentation : abus de biens sociaux, faux, escroquerie, fraudes fiscales, infractions liées au travail clandestin et celles liées à la consommation[3]. En second lieu, on assiste à une internationalisation de la délinquance économique et financière : contrefaçon, blanchiment, fraude communautaire, corruption... En dernier lieu, on note l'émergence d'une nouvelle forme de délinquance en rapport avec les fonds publics, les collectivités locales et les entreprises commerciales, les politiques[4] : trafic d'influence, corruption, prise illégale d'intérêts.

Ce développement de la délinquance a été favorisé par la mondialisation des marchés. Il en est ressorti un déplacement de la délinquance vers de nombreux pays, mais aussi son rattachement à de nombreuses régions de pays distincts selon la mise en place de réseaux criminels très organisés. Ce sont ces réseaux puissants qui sapent les lois du marché et conduisent à des conséquences néfastes sur l'emploi, la santé et l'économie du monde entier.

Ainsi, de plus en plus, la criminalité, et plus particulièrement celle touchant au monde de l'entreprise et des affaires, est multi organisée,

[3] A. Chemin, « La justice est démunie face à la progression des affaires financières », *Note de la Chancellerie*, n° 7, 1er mars 1999.

[4] G. Accomando et A. Benech, « La spécialisation de la justice pénale en matière économique et financière », *R.P.D.P.*, 2000, p. 52 et s., spéc. p. 64, *Le Monde*, 15 décembre 1997.

habile et dangereuse. Par exemple, le blanchiment, la corruption ou la contrefaçon sont des infractions complexes, évolutives, protéiformes face au développement de la technologie.

Ces agissements infractionnels transcendent les frontières : un élément d'une infraction ayant été commis sur le territoire français, puis un autre élément sur un autre territoire, par exemple en Argentine. On comprend alors pourquoi les Etats sont démunis, leur système coercitif ne s'appliquant pas dans les autres Etats en dehors de tout accord. Les conséquences sont mêmes désastreuses en l'absence de coopération : comment aller chercher des preuves dans les autres pays, avec quels agents, selon quel droit ? Peut-on exiger l'ouverture d'une enquête depuis la France en Argentine, pour lutter contre la délinquance d'affaires internationale ? Pour quelles infractions ? De plus, cette infraction peut ne pas être définie de la même manière par les deux Etats. Ce sont ces limites qui empêchent d'enrayer le développement de la criminalité d'affaires et qui conduisent les entreprises à fragiliser leurs investissements.

Il en est ressorti une augmentation des profits criminels ou illicites à travers l'utilisation des nouvelles technologies par les réseaux criminels. La dimension occulte de la levée des frontières a suscité de nouvelles modalités d'incrimination et de poursuites : un Etat, seul, ne peut enrayer ce phénomène. Une collaboration interétatique est, en effet, nécessaire, face au constat de la criminalité internationale.

Des profits illicites des nouvelles technologies :

Les profits illicites liés aux nouvelles technologies sont colossaux et sont le résultat de la commission d'infractions diverses, des plus classiques comme le vol, le recel, aux plus spécifiques au droit pénal des affaires, corruption, abus de biens sociaux. Comprendre la dimension occulte de la levée des frontières, c'est envisager la menace de cette délinquance sur le marché, l'Etat et la sécurité des citoyens dans le monde.

On peut illustrer notre propos par des exemples d'infractions complexes pour lesquelles les modalités de commission comprennent l'utilisation des nouvelles technologies : il s'agit, notamment, de la corruption, de la contrefaçon, du blanchiment et de la cybercriminalité.

La corruption liée à la criminalité organisée, peut mettre en danger l'économie de marché et un Etat de droit démocratique. Le fait qu'il existe une loi anti-corruption dans chaque Etat pose le problème de la disparité des normes. En effet, il peut exister des normes différentes traitant d'une même criminalité selon les pays : cela rend impossible la poursuite des auteurs de telles infractions. Exemple, comment poursuivre depuis la France, un individu ayant commis des actes ré préhensibles pour partie sur le territoire français et pour partie sur celui du Royaume-Uni, si les deux Etats n'appréhendent pas la criminalité visée de manière équivalente. Il peut y avoir un refus de considérer l'acte comme une corruption, et en conséquence un refus de poursuite, ce qui favorise le développement d'une économie parallèle. Il peut également y avoir un refus d'extradition selon les divergences d'interprétation pour toutes ces raisons.

De même pour la *contrefaçon*, il s'agit d'un phénomène de dimension internationale représentant 5 à 9 % du commerce international[5]. Ce constat fait dire que ces activités illicites nuisent au bon fonctionnement du marché. On relève que 200 000 emplois sont perdus par an dans la Communauté du fait de l'étendue de la contrefaçon. Le jeu de la concurrence est faussé. De surcroît, la contrefaçon constitue un danger permanent pour la sécurité des consommateurs : les produits contrefaits ne présentent pas les mêmes normes de sécurité. On comprend alors pourquoi un Livre Vert sur la lutte contre la contrefaçon et la piraterie a été mis en place le 22 octobre 1998. En 2000[6], on a chiffré à 100 milliards de dollars les profits tirés de la contrefaçon.

Le b*lanchiment* pose une problématique de sécurité financière : les transactions mondiales de blanchiment d'argent représenteraient jusqu'à 5 % du PIB mondial[7]. Les centres bancaires internationaux (CBI) sont des paradis fiscaux renommés dont les opérations sont fréquemment assujetties à des règles strictes de secret bancaire, à des lois sur la confidentialité et à des règlements de déclaration laxistes qui empêchent souvent les autorités nationales et étrangères de faire correctement des enquêtes sur les crimes financiers. Un grand nombre de ces

---

[5] *Note de la Chancellerie*, et *note de la Direction Générale des Impôts*, 2002 ; Galloux J.-C, « La lutte contre la contrefaçon », *Recueil Dalloz*, 2008, dossier 711.

[6] *Note Bercy*, 24 oct. 2000, Direction Générale des Impôts.

[7] *Money Laundering : The importance of International Countermeasures*, discours de Michel Camdessus, Directeur Général du FMI, 10 février 1998 ; François L., Chaignaud P. et Chesney M., *Criminalité financière*, éd. Organisation, 2002 ; E. Vernier, *Technique du blanchiment et moyens de lutte*, éd. Dunod, 2008

CBI sont situés dans les Antilles et dans les îles du Pacifique Sud et sont des cibles de choix pour les organisations criminelles transnationales qui cherchent à blanchir de l'argent. D'après le Fonds monétaire international (FMI), les sommes versées dans des comptes offshore à l'échelle internationale, qui étaient de 3,5 millions de dollars américains en 1992, sont actuellement de plus de 10 millions de dollars.

La même remarque peut être effectuée pour la *Cybercriminalité* : les infractions liées à l'informatique sont de plus en plus nombreuses et difficiles à détecter. C'est pourquoi, en 2001, une Convention du Conseil de l'Europe sur la Cybercriminalité a été signée (23 nov. 2001) et un protocole additionnel a été mis en en place le 28 janv. 2003. On a recensé plus de 200 milliards de dollars sur une année en matière de piratage informatique.

Le produit criminel mondial brut (découvert et constaté par les autorités) dépasse largement les 1 000 milliards de dollars annuels, soit 20 % du commerce mondial en 2000. Ce qui nous amène à la dimension occulte de la levée des frontières : une menace véritable de la criminalité internationale financière.

La dimension occulte de la levée des frontières : le développement de l'économie parallèle

La criminalité internationale d'affaires constitue une menace sur la sécurité de chaque Etat. En effet, elle peut avoir des répercussions sur les états faibles, mais également sur ceux dits plus forts et plus avancés. Ce constat conduit à fragiliser l'implantation des entreprises sur de nombreux territoires.

– Dans les Etats plus faibles, ne comportant pas de réglementation bien établie, les organisations criminelles sont très présentes. La légitimité des Etats étant très ténue, le pouvoir exercé par les réseaux criminels peut dépasser celui de l'autorité étatique (Europe de l'est). Ainsi, le contrôle de l'Etat peut n'être que symbolique.

– Dans les Etats plus organisés, ceux de droit, les organisations criminelles peuvent porter atteinte à la sécurité économique des Etats industrialisés. Les activités illicites comme la corruption, l'extorsion, la fraude, le blanchiment, l'évasion fiscale, bouleversent les rouages de l'économie de marché libéral. Pire encore, ces activités ont un effet néfaste sur l'intégrité des institutions gouvernementales (chantage, certains états fermant les yeux, parce que l'intérêt de la paix est plus important...).

Les conséquences peuvent être graves. Par exemple, si l'efficacité des lois sur l'immigration d'un pays est affaiblie, eu égard à l'existence de failles législatives sur l'immigration (ces failles étant exploitées par les organisations criminelles), les autres états peuvent exiger de ce pays que les citoyens disposent systématiquement de visas par mesure de protection. Ces exigences extraterritoriales manifestées, notamment, par les Etats-Unis, ne permettent qu'une difficile application de la libre circulation des personnes et des biens, ce qui fausse les règles de la concurrence.

De même, les conséquences du blanchiment sont sans limite : sur une large échelle, les banques et les institutions financières d'un pays peuvent être contournées, ce qui conduit les banques à tolérer certains comportements illicites, et à exercer des activités de complicité pour ne pas perdre les intérêts financiers.

Enfin, il faut bien comprendre que cette menace n'est pas uniquement exercée sur le lieu où sont installées les organisations criminelles : les répercussions dépassent largement les frontières, parce qu'elles exercent des activités sur d'autres sociétés depuis leur source. Dès lors, des problèmes sociaux, comme la perte d'emplois, des licenciements, ou des problèmes de santé issus du trafic de drogue et de la violence sont augmentés, ce qui accroît les coûts de santé pour les Etats.

Aussi, doit-on faire la distinction entre la criminalité apparente (celle déclarée, connue, constatée) et celle réelle (supposée plus importante, compte tenu de son caractère clandestin). Ce qui a pu être repéré n'est qu'une infime partie de la réalité, ce qui pose le problème de la localisation de cette délinquance transnationale.

Par ailleurs, on ne saurait appréhender le domaine de la délinquance d'affaires d'une façon linéaire : plusieurs infractions sont susceptibles d'être commises tout en visant la même finalité, ou en étant liées.

Par exemple, on peut découvrir un abus de biens sociaux, le recel d'abus de biens sociaux et un blanchiment à des moments différents sur des territoires très éloignés, puis un lien entre différents auteurs et sociétés commerciales : il s'agira alors de comprendre le réseau criminel d'affaires.

A travers ces infractions commises pour partie à l'étranger, pour partie en France, on peut au fil des enquêtes se rendre compte que de telles activités sont destinées à financer une entreprise terroriste : le terrorisme intégrant de plus en plus le milieu des affaires sur le plan international, et parfois même avec l'assentiment d'autorités nationales.

En même temps qu'une société commerciale exerce une activité licite, elle peut de manière occulte percevoir des transactions de provenance criminelle, telles que le trafic de stupéfiants, le proxénétisme.

C'est pourquoi, la localisation de cette délinquance passe aussi par celles des mafias très intégrées dans le secteur économique. Il est donc question de réaliser le caractère multiforme et évolutif de la délinquance internationale.

§ 2. – le caractère multiforme et évolutif de la délinquance internationale

Le mode de commission de ces infractions (économiques, boursières, corruption, blanchiment, trafic de stupéfiants, détournements, prise illégale d'intérêts...), leur caractère occulte et international, les difficultés de preuves n'ont permis qu'une localisation partielle de cette délinquance. Aussi, ne doit-on pas envisager cette délinquance selon des distinctions artificielles : les actes frauduleux sont commis par des personnes socialement bien intégrées à travers le fonctionnement de sociétés commerciales, de la même manière que les actes de mafias et ceux relatifs au financement du terrorisme sont bien implantés dans le secteur des affaires. Le processus de la globalisation qui a conduit à l'accroissement de l'économie parallèle, doit être compris comme intégrant à la fois l'économie légale et celle illégale. Cette dernière se fond dans l'économie légale. C'est la raison pour laquelle, on doit intégrer le crime organisé dans la délinquance d'affaires. Les modes opératoires de groupement organisés intègrent, en effet, de plus en plus les techniques juridiques et montages financiers complexes destinés à se confondre avec les activités économiques régulières.

C'est pourquoi, il paraît intéressant de citer les organisations ou groupement criminels agissant dans le secteur des affaires sur le plan international.

Russie – Europe de l'Est

Il a été reconnu que 8 000 organisations criminelles existent en Russie comptant 100 000 membres[8]. Ces membres contrôlent jusqu'à 40 % du Produit National Brut de la Russie. Ces réseaux d'affaires illicites contrôlent 40 % des entreprises privées, 60 % des entreprises d'Etat et jusqu'à 80 % des banques de Russie. Le ministère de l'Intérieur Russe (MVD) estime à plus de 18 milliards de dollars les revenus annuels que ces groupes tirent du marché noir[9].

Les principaux domaines de cette criminalité concernent quatre grands secteurs : le trafic des stupéfiants, le trafic d'armes, le blanchiment d'argent et l'exportation des ressources naturelles de la Russie, comme le pétrole, les minéraux, les métaux précieux, le bois, le caviar...

L'Europe de l'Ouest - La mafia italienne

Bien que principalement impliqués dans le trafic de stupéfiants (surtout l'Héroïne) et dans le blanchiment d'argent, les *mafiosi* sont aussi actifs dans les secteurs du trafic d'armes et des diamants, de l'évacuation illégale des déchets radioactifs sous couvert de sociétés commerciales et de montage juridiques légaux[10].

En Asie : les Triades

Il s'agit des plus grands groupes impliqués dans la criminalité d'affaires. Les triades sont basées à Hong-Kong, Macao et Taïwan. Par rapport à la mafia italienne, ces groupes ne sont pas dotés de structure hiérarchique stricte. Il s'agit davantage de groupes très autonomes opérant en toute indépendance, mais avec une collaboration des uns avec les autres. Les triades sont liées au piratage de logiciels informatiques, à la falsification et l'utilisation frauduleuse de cartes de crédit, la contrefaçon de papiers d'identité et l'immigration clandestine, vol de technologie de pointe, fraude financière, crimes contre les biens, infiltrations d'entreprises commerciales légitimes, inflation des prix des terrains...

---

[8] Slawomir Popwski, *A criminal Tango*, Warsaw Rzeczpospolita, 10 mars 1999.

[9] Jeffrey Robinson, *The Merger : How Organized Crime is Taking Over Canada and the World*, McClelland Stewart Inc, 2000, p. 7.

[10] Antonio Nicaso et Lee Lamothe, *Global Mafia*, Macmillan Canada, 1995, p. 50-72 ; Service canadien de renseignements criminels, *Rapports annuels sur le crime organisé*, 1999, p .13.

Les principales infractions recensées sont relatives au crime contre les biens, trafic de la drogue, contrebande des cigarettes, vol de technologies de pointe, fraude financière et autres activités liées à la criminalité en col blanc.

Afrique : l'exemple du Nigeria

Les organisations criminelles transnationales nigérianes commettent, notamment, dans de nombreuses régions du monde, des fraudes avec versement d'avance ou « fraudes 419 » (allusion à l'article du code criminel nigérian relatif à ces opérations). Dans une telle opération, elles dupent les personnes et les entreprises sans méfiance domiciliées dans d'autres pays qu'elles convainquent de leur envoyer un certain montant d'argent en leur promettant une somme beaucoup plus importante une fois certaines formalités administratives réglées. En se faisant passer pour des entreprises commerciales, les organisations criminelles nigérianes prennent efficacement pour cibles les personnes âgées qui n'ont souvent aucun recours si elles leur remettent ainsi l'argent.

Amérique Latine- Antilles

Lorsqu'il est question de criminalité transnationale, la Colombie, la Bolivie, et le Pérou sont concernés par le trafic de la cocaïne.

L'Amérique du Nord

On peut, ainsi, citer la *Cosa Nostra qui* est la ramification américaine du crime organisé de souche italienne. Les origines de ce groupe de familles de la mafia italienne remontent à l'époque de la prohibition aux États-Unis, le trafic de l'alcool ayant permis à ceux qui contrevenaient à la loi de faire fortune. Ces organisations criminelles sont notamment, impliquées dans les jeux d'argent illégaux, l'extorsion, l'écrémage de marchés de travaux publics et privés, l'usure et l'infiltration d'activités commerciales légitimes (comme la construction, le commerce au détail de l'alimentation et l'exercice d'une influence sur les syndicats). L'implantation des personnes morales sur les territoires dans lesquels se développent de telles activités illicites est alors compromise, les sociétés commerciales étant contraintes de verser des sommes d'argent sous peine de disparaître ou de ne pouvoir être créées[11].

---

[11] C. Champeyrache, *Sociétés du crime, Un tour du monde des mafias*, CNRS, 2008.

Ce constat a nécessairement conduit au corollaire de l'internationalisation de la répression.

section II
le corollaire nécessaire : l'internationalisation de la répression

L'accroissement de cette délinquance d'affaires internationale a favorisé les prises de conscience sur la recherche des moyens de lutte. Toutefois, il n'existe pas de droit pénal international des affaires autonome tant on touche aux souverainetés nationales. Le droit pénal international des affaires n'est donc qu'en émergence. Si l'on s'oriente vers des compromis de coopérations internationales, il n'en demeure pas moins que cette matière en devenir recouvre une transversalité et une interactivité importante.

§ 1. – le droit pénal international des affaires : une discipline en émergence

L'analyse de cette criminalité a conduit à une spécialisation de la justice pénale nationale. Mais, cette spécialisation s'est révélée insuffisante face au caractère international de la commission de telles infractions. Dès lors, on comprend bien la nécessité des conventions internationales et d'une coopération interétatique, particulièrement dans le domaine des affaires.

Alors que les droits nationaux sont des disciplines très anciennes, le droit international est une matière neuve.

Par exemple, le droit civil est une discipline aussi ancienne que toute vie en société, celle-ci supposant nécessairement l'organisation des rapports privés (droit romain….).

En revanche, le droit international n'a véritablement pris son essor que postérieurement au développement des relations internationales. Il recouvre encore des domaines inexploités, ce qui pose souvent des problèmes pour résoudre les litiges comportant des éléments d'extranéité.

En effet, ce sont les éléments d'extranéité qui confèrent à la matière son caractère international : il s'agit d'éléments de rattachement du rapport de droit concernant une ou plusieurs personnes résidant dans des pays différents.

L'une des premières apparitions du droit pénal international est un droit pénal mondial avec l'activité de l'Organisation des Nations Unies (ONU). En effet, au lendemain de la seconde guerre mondiale, les puissances victorieuses avaient conçu des juridictions internationales pour sanctionner les auteurs d'infractions les plus graves (crimes contre la paix, crime de guerre et crimes contre l'humanité). C'est l'accord de Londres du 8 août 1945 qui a créé un tribunal militaire international pour juger les plus grands criminels des puissances européennes de l'Axe : ce sera alors le Tribunal de Nuremberg qui en octobre 1946 condamnera une vingtaine d'accusés. Puis, le 22 février 1993 a été créé le Tribunal international situé à La Haye pour juger des crimes humanitaires commis contre l'ex-Yougoslavie depuis 1991. Aujourd'hui, nous avons la Cour Pénale Internationale (depuis 1998) devant siéger à titre permanent pour juger des crimes contre l'humanité et des crimes de guerre.

Mais, ce droit pénal dit « mondial » n'est pas celui qui intéresse directement le secteur économique. Il est question d'appréhender le droit pénal international lié à la vie des affaires. Or, celui-ci n'est appréhendé qu'à travers des compromis entre les législations nationales.

Certes, les principes de la libre concurrence et de la libre circulation des personnes, des biens et des services ont été consacrés depuis les années cinquante, ce qui n'est pas ancien. Mais, le développement des règles pour régir les échanges internationaux n'est que plus récent, et davantage encore s'agissant de la matière pénale. Cela s'explique par le fait que le domaine répressif relève du pouvoir régalien de l'Etat. L'Etat de Droit est celui qui dispose du monopole de la répression.

Dès lors, nul organisme international ne saurait se substituer à l'autorité nationale pour édicter des normes répressives. C'est pourquoi, face à la recrudescence de la délinquance d'affaires internationale, ce n'est qu'actuellement que l'on assiste à l'émergence d'une coopération répressive internationale. Il s'agit d'une coopération interétatique et non d'une loi internationale s'imposant à tous les Etats.

En effet, les Etats demeurent libres, eu égard au respect de la souveraineté nationale, de définir les infractions. Il en ressort que pour poursuivre les infractions comprenant des éléments d'extranéité, c'est-à-dire pour poursuivre les infractions d'affaires commises sur un plan international, les Etats doivent procéder à une harmonisation de leurs législations afin de respecter des principes élémentaires communs. En conséquence, l'applicabilité des lois nationales suppose des conditions : ce n'est que lorsque nous aurons compris les conditions que l'on pourra maîtriser les infractions internationalisées dans le secteur des affaires.

Ces remarques conduisent à relever que sur le plan pénal, il paraît difficile de créer une discipline autonome sans prise en compte des droits nationaux. Il existe, néanmoins, une coopération entre les Etats pour lutter contre le fléau de la délinquance internationale, ce qui laisse entrevoir une orientation vers la construction d'un droit pénal des affaires international.

Dès lors, pour bien comprendre cette discipline, il paraît utile de faire des distinctions avec les droits pénaux nationaux.

A. – distinction entre les droits pénaux nationaux

Le Droit pénal national s'attache au droit d'un pays déterminé. Par exemple, le droit pénal allemand, le droit pénal français.

Le droit pénal recouvre des domaines vastes pour chacun des Etats : il se définit comme l'ensemble des règles qui définissent les infractions et déterminent les peines encourues par ceux qui les commettent.

Chaque Etat dispose *d'un droit pénal général*, ce droit édictant des principes communs à toutes les infractions commises dans le territoire de l'Etat. Ainsi, s'agissant du Droit pénal français, on cite le principe de la légalité, celui de l'intention coupable (Nul crime, nul délit sans intention de le commettre), la légitime défense, la responsabilité pénale. Il en est de même pour chaque Etat disposant de principes en droit pénal général.

Le droit pénal spécial de chaque Etat est celui qui étudie l'application des principes généraux de droit pénal général à propos de chacune des infractions. Chaque pays dispose, ainsi, de la définition de l'infraction de recel, de l'escroquerie. Il s'agit du droit pénal spécial national. Par exemple, si des concordances peuvent exister, la définition de chacune des infractions peut être différente selon les pays : recel, faux en écriture, etc.

Il en est de même s'agissant du *droit pénal des affaires*, définissant des infractions spécifiques liées aux sociétés commerciales, aux entreprises ou plus généralement aux affaires. Chaque Etat dispose de ses propres définitions, par exemple, de l'abus de biens sociaux, du délit d'initié, des infractions relatives au crédit. Ainsi, on cite le droit pénal du crédit, le droit pénal de l'assurance, de la publicité (publicité de nature à induire en erreur), le droit pénal de l'informatique. Chaque Etat dispose de son droit pénal de l'informatique, de l'assurance, etc. Ces droits pénaux sont nationaux et ils doivent être distingués du droit pénal international.

Par définition le droit international constitue l'ensemble des règles applicables aux individus dans les relations internationales. Il s'agit donc de règles communes aux Etats, ceux-ci ayant ratifié des Conventions internationales. On peut citer à titre d'exemple, la Convention de Vienne du 11 avril 1980 relative à la vente de marchandises internationale, la Convention de La Haye en matière contractuelle.

Mais s'agissant du domaine pénal des affaires : on doit soulever un certain abus de langage. Il n'existe pas vraiment de règles internationales s'appliquant directement aux infractions d'affaires commises sur un plan international. Il existe, en réalité, des droits pénaux d'affaires nationaux qui ont été harmonisés par rapport aux Conventions internationales, comme celles relatives au Blanchiment, à la Cybercriminalité[12], etc.

En réalité, les souverainetés nationales sont respectées, chaque Etat gardant le monopole de la répression sur son territoire. Si les infractions sont internationalisées, il n'existe pas de Code pénal International, ni même européen. Il existe des principes généraux internationaux auxquels les Etats doivent répondre en votant des lois nationales conformes : d'où l'idée de l'applicabilité de la norme interne ou nationale pour une infraction couvrant le domaine international. Pour comprendre ce droit, on doit suivre l'évolution de chacun des droits pénaux des Etats par rapport aux exigences internationales inscrites dans les conventions (ex. : La convention sur l'extradition… 1957-2004).

Dès lors, on est amené à appréhender cette discipline en la comparant avec les autres droits : il s'agit du droit comparé.

B. – distinction avec le droit pénal comparé

Le droit comparé consiste fondamentalement dans la constatation des points communs et des divergences qui existent entre deux ou plusieurs droits nationaux[13]. Il s'agit d'un processus de comparaison.

---

[12] Voir *infra* Chapitre 3.

[13] J. Pradel, *Droit pénal comparé*, Précis Dalloz, 3e éd., 2008 ; M. Ancel, *Utilités et Méthodes de droits comparé*, p. 31, Neuchatel, 1971.

Si l'on prend l'exemple du droit pénal des affaires allemand et français, on pourrait comparer la définition de l'abus de biens sociaux, de son mode de poursuite, etc.

Le droit pénal international des affaires est davantage axé sur les règles internationales de coopération entre Etats pour poursuivre les infractions.

Un droit pénal international comprend, en principe, des règles propres, tandis que le droit comparé est axé sur les méthodes de comparaison des droits nationaux. Le droit pénal comparé est la confrontation des règles nationales.

Ceci étant, en matière de droit pénal des affaires, le droit comparé doit être regardé comme une matière complémentaire, parce qu'il aide à comprendre pourquoi telle ou telle règle nationale pénale est applicable pour une infraction internationalisée.

C'est dire que le droit pénal international des affaires, si l'on peut prétendre qu'il est en construction, est une discipline à vocation interactive.

§ 2. – droit pénal international des affaires : une discipline à vocation interactive

Il s'agit, en effet, d'une discipline interactive, en ce que ce sont les droits pénaux nationaux des affaires qui influencent la formation d'un droit commun international. Puis réciproquement, c'est la volonté de promouvoir un droit commun international qui conduit les Etats à harmoniser leurs propres législations pour une plus grande complémentarité. C'est donc à double sens. On peut, ainsi, citer l'exemple de la construction européenne. Cela fait entrevoir la finalité poursuivie, celle de l'adoption de conventions internationales pour consacrer des principes directeurs et universels afin de mieux réprimer les infractions internationales tout en protégeant les libertés individuelles. Néanmoins, aujourd'hui, on souffre encore de tempéraments, ce qui freine la volonté d'atteindre cet idéal international commun pour une plus grande éthique des affaires : il s'agit des réserves étatiques.

A. – la prise en compte des traditions et systèmes juridiques : l'influence des droits pénaux nationaux

Le droit pénal international des affaires n'est pas une création autonome : ce droit intègre nécessairement certains aspects des droits nationaux, sinon quoi, il ne pourrait être appliqué. Dès lors, on doit connaître les deux grands systèmes de droit : il s'agit de deux grandes traditions juridiques qui tendent aujourd'hui à s'harmoniser afin de permettre une plus grande compatibilité entre les législations nationales. On cite, en effet, le système anglo-saxon, également appelé système accusatoire et le système romano-germanique ou le système inquisitoire.

1°). L'impact du droit anglo-saxon sur le plan international

Système accusatoire :

Ce type de procédure est appelé accusatoire parce qu'il est déclenché par une accusation, et comprend un débat à égalité entre l'accusateur et la personne poursuivie devant un tiers arbitre, un juge impartial.

Juridiquement : La procédure accusatoire est une procédure publique, rendue en présence du peuple et sous son contrôle. Elle est orale et contradictoire, les deux parties adverses (accusateur et accusé) discutent des preuves de culpabilité et d'innocence à égalité. Le tiers arbitre reçoit, écoute le résultat de la contestation et tranche.

Politiquement : Ce type de procédure correspond au régime démocratique parce qu'il comprend la participation des citoyens à la justice. Par ailleurs, cette procédure est présentée comme celle qui donne à l'individu poursuivi de nombreux droits de la défense, avocats, contradiction, droit de formuler ses preuves, droit à la parole comme au silence...

Cette procédure constitue le droit commun de la procédure anglo-saxone (USA, Angleterre, Ecosse, Canada, Australie et depuis 1989 l'Italie).

Mais, il ne faut pas se réfugier derrière des idées reçues : elle n'est pas la procédure par excellence la plus garante des droits de l'homme.

D'abord, c'est la forme la plus ancienne de la justice, de la Grèce classique, de la Rome primitive, la France des carolingiens et l'époque féodale. C'est à travers cette procédure, présentée comme la plus équitable, qu'était appliquée une théorie de la preuve pour le moins douteuse : appel à la divinité, épreuves de l'eau bouillante, le fer chaud, l'eau froide, ordalies.

Ensuite, si la procédure accusatoire comprend, aujourd'hui, des modes de preuves rationnels, plus scientifiques (eux-mêmes sans cesse évolutifs et donc remis en question) : cette procédure n'est plus présentée comme la plus garante des droits de l'homme. En effet, au nom de ces mêmes droits, on assiste à une substitution du débat judiciaire contradictoire par des propositions contractuelles de solutions judiciaires : la justice négociée (*Plea Bargaining* aux USA, *Pattegiamento* en Italie), procédure qu'une majorité d'Etats intègre (impératif de gestion économique de la justice).

Ce type de droit a influencé de nombreux pays, l'Italie (Réforme en 1989), l'Allemagne (1975), le Portugal (1987), la France (1993, 1999, 2002, 2004).

2°). L'impact du droit romano-germanique sur le plan international

Lorsque l'on évoque le droit romano-germanique, on pense au système inquisitoire.

Système inquisitoire :

Vient du terme « Inquisitio » signifiant enquête qui est apparu à la fin du Moyen Âge, au XIIIe siècle chez les ecclésiastiques. Puis, une consécration très élargie a été matérialisée par les Ordonnances royales de 1453, 1498, 1539 et la Grande Ordonnance criminelle de 1670.

Juridiquement : Il s'agit d'une procédure secrète dans la totalité de son déroulement. En effet, la publicité est conçue comme une entrave à l'efficacité de la recherche des preuves, et cela à tel point que ce secret devait s'imposer pendant très longtemps à la personne poursuivie. Cette dernière, l'inculpé, était placée dans la totale ignorance de ce qu'on lui reprochait. Ce n'est qu'en 1897, que l'avocat fit sa première apparition dans le cabinet d'instruction et d'une manière limitée puisque le dossier lui était interdit. Il s'agit, également, d'une procédure écrite, c'est-à-dire que les constatations, les témoignages et autres comptes rendus étaient reproduits par écrit. Aussi, le rôle du juge était-il très actif. Il ne s'agit plus du tiers arbitre mais de l'acteur au double pouvoirs d'investigation et de juridiction (ce qui est encore le cas aujourd'hui avec la problématique du juge d'instruction).

Dans ce système, la phase préparatoire, l'instruction est la partie la plus importante du procès pénal. Toutefois, les données historiques nous ont montrés que ce système n'avait même pas le mérite de défendre les intérêts de la société, puisque les coupables n'étaient souvent pas ceux qui faisaient l'objet de cette procédure : question préalable, puis celle préparatoire, torture, aveu, telle était la procédure de l'Ancien régime.

C'est pourtant ce système qui a été consacré avec le Code Napoléonien en 1808 : le Code d'instruction criminelle. La procédure, dans ces grands principes a été adoptée pour l'instruction préparatoire, celle-ci étant diligentée par le juge d'instruction. Puis, s'agissant du jugement, l'héritage de la Révolution a été conservé : la procédure doit se passer publiquement, à l'oral et contradictoirement, d'où, l'idée de système mixte.

Conclusion : Harmonisation des traditions, vers les systèmes mixtes (l'influence des deux systèmes)

On ne fait plus référence au système inquisitoire et accusatoire, mais davantage au système à tendance inquisitoire ou à tendance accusatoire. C'est déjà annoncer que les systèmes sont tous mixtes. Aussi, faut-il comprendre par « mixte » que chaque phase du procès pénal est aujourd'hui empreinte de nombreuses réformes sous l'influence de la Convention et la Cour européennes des droits de l'homme. En conséquence, la procédure n'est pas mixte parce que la phase d'enquête et d'instruction préparatoire est inquisitoriale et celle du jugement, accusatoire : elle est mixte à l'intérieure même de chacune des phases du procès. Autrement dit, même dans l'enquête et l'instruction, les réformes ont apporté des éléments à tendance accusatoire (anglo-saxone)[14] à tel point que le régime mixte transcende toutes les phases du procès. C'est un peu le même constat que l'on dégage en droit comparé, dans les procédures anglo-saxones dites accusatoires, les réformes sont allées dans le sens plus inquisitorial, tandis que dans les systèmes romano-germaniques, les réformes ont intégré des principes accusatoires (Allemagne, Belgique, Italie, etc.). L'évolution des diverses législations étrangères, celle de la France, en même temps que l'émergence d'une justice internationale (CPI) font dire que chaque Etat a en réalité intégré les principes directeurs communs en matière pénale : il s'agit de l'adoption de principes d'harmonisation pour permettre l'application de la loi nationale alors que l'infraction est internationalisée.

---

[14] Servidio-Delabre E., *Common Law, Introduction to the English and American Legal Systems*, Dalloz, 2004, p. 106 et s.

B. – pour une complémentarité des droits pénaux nationaux : principes d'harmonisation des normes nationales pour des faits internationalisés

Le caractère mixte des différents systèmes pénaux est le résultat de l'influence des deux principaux systèmes accusatoire et inquisitoire. Puis, l'adoption de différents principes liés à la notion d'Etat de Droit comme le respect de la loi (légalité), l'égalité de tous devant la loi, le respect des droits de la défense, témoigne d'une volonté de compromis international. Il s'agit de la volonté d'atteindre l'équilibre entre la nécessité de la répression et le respect des libertés individuelles, compromis difficile à atteindre sur le plan international.

Pour autant, les différents Etats, dits Etats de droit, ont adopté des principes constitutionnels, puis européens et internationaux. : Nul ne peut être puni pour un fait qui n'est pas prévu par la loi (légalité). De même, tout accusé a droit à ce que sa cause soit entendue équitablement : article 6 de la Convention Européenne de Sauvegarde des Droits de l'homme. Ces principes ont même été intégrés dans les codes pénaux et codes de procédure pénale (Exemple, article préliminaire du Code de procédure pénale français, depuis 2000 : la répression ne saurait être juste, en effet, si la personne poursuivie n'a pu à aucun moment contredire les charges qui lui sont reprochées). Partant, toutes les législations anglo-saxones et romano-germaniques ont défini précisément chacune des infractions (au nom du principe de la légalité), ont organisé une procédure de poursuite efficace mais également garante des droits de l'homme. C'est ce mouvement de progrès vers l'équilibre entre l'intérêt général et l'intérêt des libertés individuelles qui a permis une harmonisation des diverses législations d'Europe et plus largement sur le plan international.

Autrement dit, c'est à travers cette finalité commune d'équilibre de l'intérêt de l'Ordre public et celui individuel que les législations nationales du monde se sont rapprochées.

C'est de cette manière et selon des traditions constitutionnelles communes que des accords internationaux ont pu aboutir. C'est donc d'abord par l'évolution des normes nationales que les Conventions ont été ratifiées, puis c'est la ratification des conventions qui a conduit à accélérer davantage l'harmonisation des législations nationales. Nous avons un exemple : la Construction de l'Europe. C'est cette construction de l'Europe qui fait entrevoir l'existence d'un droit pénal international des affaires. Cette évolution, sur le plan procédural, a permis de converger vers une harmonisation sur le plan du fond, c'est-à-dire sur la définition même des comportements infractionnels.

C. – l'exemple de la construction européenne : une harmonisation progressive des législations nationales aux conventions internationales

Même de manière simplifiée, on ne saurait présenter l'Europe et son évolution d'une manière unitaire. En effet, il n'existe pas une Europe mais deux Europes : celle du Conseil de l'Europe appelée la Grande Europe (comprenant 47 états) et l'Europe communautaire des Traités de Rome (1957), de Maastricht (1992), d'Amsterdam (1997) et de Nice (2001) comprenant 27 Etats.

La première Europe (Conseil de l'Europe) est celle des droits de l'homme. Le Conseil de l'Europe est une organisation internationale issue du Traité signé à Londres, le 5 mai 1949. Il regroupe les Etats ayant décidé de s'unir par une communauté d'intérêts et d'idées libérales. Le préambule du statut du Conseil de l'Europe indique notamment que les Etats signataires « *sont inébranlablement attachés aux valeurs spirituelles et morales qui sont le patrimoine commun de leurs peuples, et qui sont à l'origine des principes de liberté individuelle, de liberté politique et de prééminence du Droit, sur lesquels se fonde toute démocratie véritable* ».

Sur le plan fonctionnel, le Conseil de l'Europe émet des Recommandations destinées aux gouvernements des Etats membres et élabore des Conventions.

Parmi ces conventions, on cite la Convention Européenne de Sauvegarde des Droits de l'Homme et des libertés fondamentales (CESDH) de 1950 ratifiée par la France en 1974.

L'activité du Conseil de l'Europe est très importante et les conventions sont très nombreuses : la Convention européenne d'extradition de 1957 ; la Convention d'entraide judiciaire de 1959 ; celle sur le transfèrement des personnes condamnées du 21 mars 1983 ; celle relative au dédommagement des victimes d'infractions violentes du 24 novembre 1983 ; le protocole n° 6 à la C.E.S.D.H. du 28 avril 1983 sur l'abolition de la peine de mort (tous les Etats ne l'ont pas ratifiée) ; la Convention relative au Blanchiment, au dépistage, à la saisie et à la confiscation des produits du crime du 8 novembre 1990 ratifiée par 14 Etats dont la France ; celle sur la protection de l'environnement par le droit pénal de 1998.

C'est à travers ces diverses conventions que l'espace judiciaire européen a été progressivement mis en place : les conventions constituent la base de la coopération pénale en Europe et jouent un rôle déterminant sur la répression de la délinquance d'affaires transnationale.

La seconde Europe, l'Europe communautaire ou la Petite Europe des 27).

Il s'agit de l'Europe des Traités de Rome de 1957, de Maastricht de 1992, d'Amsterdam de 1997 et de Nice de 2001. Cette Europe que l'on a appelé encore récemment *Europe des 15* a été construite progressivement. Nous sommes dans le domaine du droit communautaire.

Elle commence par un plan modeste présenté par Robert Schuman en 1950, alors ministre des affaires étrangères. Ce plan a abouti à la signature à Paris d'un Traité instituant la Communauté Européenne du Charbon et de l'Acier le 18 avril 1951 (CECA). Puis, le 25 mars 1957, deux Traités sont signés à Rome. Le premier institue une Communauté Européenne de l'Energie Atomique (CEEA ou Euratom) et l'autre, beaucoup plus substantiel, crée la Communauté Economique Européenne (CEE ou Marché commun). Les bases du Marché économique commun ont été consacrées et le préambule de ce Traité de Rome déclare que les signataires s'engagent à « établir les fondements d'une Union sans cesse plus étroite entre les peuples européens » et à assurer « par une action commune le progrès économique et social »... A l'époque, cela correspondait au marché unique de 6 Etats signataires : Belgique, France, Italie, Luxembourg, Pays-Bas et République fédérale d'Allemagne. Est alors instituée la libre circulation des marchandises, ce qui a impliqué la suppression des droits de douanes. Est également instituée la libre circulation des personnes, des services, des capitaux selon le respect du principe de la libre concurrence.

Sur le plan institutionnel sont créés : le Parlement européen ; la Commission européenne ; la Cour de Justice des Communautés européennes ; le Conseil européen.

Nous sommes donc en présence d'un nouvel ordre juridique international au profit duquel les Etats ont cédé, même de manière limitative, une partie de leur souveraineté nationale.

Quelques années plus tard, la Communauté s'élargit : adhésion de la Grande-Bretagne, du Danemark et de l'Irlande le 22 janvier 1972 ; adhésion de la Grèce le 1er janvier 1981 ; adhésion de l'Espagne et du Portugal le 1er janvier 1986.

La communauté comprend alors 12 membres. Puis, en 1995, la Finlande, la Suède et de l'Autriche intègrent la communauté. C'est alors l'Europe des quinze.

Depuis le 1er mai 2004, 10 autres Etats ont adhéré à l'Union communautaire : Chypre ; Estonie ; Hongrie ; Lettonie ; Lituanie ; Malte ; Pologne ; République Tchèque ; Slovaquie ; Slovénie.

Depuis le 27 janvier 2007, l'Union comporte 27 Etats :

Allemagne, Belgique, France, Italie, Luxembourg, Pays-Bas, Danemark, Irlande, Royaume-Uni, Grèce, Espagne, Portugal, Autriche, Finlande, Suède, Chypre, Estonie, Hongrie, Lettonie, Lituanie, Malte, Pologne, République tchèque, Slovaquie, Slovénie, Bulgarie et Roumanie.

La Turquie, la Croatie et la Macédoine (Ancienne République Yougoslave de Macédoine) ont le statut de candidat à l'Union.

On rappelle que selon l'art. 49 du T.U.E. : « Tout Etat européen qui respecte les principes énoncés à l'article 6 § 1er peut demander à devenir membre de l'Union européenne ».

(art. 49 T.U.E. : « L'Union est fondée sur les principes de la liberté, de la démocratie, du respect des droits de l'homme et des libertés fondamentales, ainsi que de l'état de droit, principes qui sont communs aux Etats membres »).

En dehors de l'élargissement de l'Union européenne, on doit citer les traités et actes ultérieurs au Traité de Rome qui ont marqué une avancée majeure, dans le domaine du risque pénal. Il s'agit des actes qui ont contribué à instaurer une véritable coopération pénale en matière de délinquance transfrontalière.

Le 17 et 28 février 1986 est signé l'Acte Unique européen : il s'agit d'amendements au Traité de Rome afin de faire disparaître toutes les barrières faisant obstacle à la libre circulation des personnes et des biens.

Le 7 février 1992, le Traité de Maastricht met en place l'Union européenne : le Traité de l'Union Européenne. Mais, la signature de ce traité ne signifie pas la transformation de la Communauté européenne en Union européenne. En réalité, il s'agit d'une Union politique qui renforce la Communauté. De cette manière, sur le plan juridique, il n'a pas été question de faire de la Communauté une Union fédérale à l'image des Etats-Unis, les Etats ayant écarté cette idée.

Puis, le 2 octobre 1997, le Traité d'Amsterdam modifie celui de Maastricht et énonce dans le nouvel article 1er alinéa 3 du T.U.E. : « L'Union est fondée sur les Communautés européennes complétées par les politiques et formes de coopération instaurées par le présent Traité ».

Très concrètement, cet article majeur signifie que l'Union européenne comprend trois piliers :

- *Le 1er pilier,* c'est-à-dire les communautés européennes : la CECA, la Communauté européenne (autrefois appelée CEE) et Euratom (Communauté européenne de l'énergie atomique). Il s'agit donc de tous les Traités de 1951 et 1957, ces traités ayant été un peu modifiés par le Traité de l'Union européenne de Maastricht.
- *Le 2e pilier* : c'est la politique étrangère et de sécurité commune (PESC- T.U.E.) dont l'objectif est de renforcer la sécurité, de maintenir la paix et la sécurité internationale. On cite par exemple le soutien de l'Union au désarmement...
- *Le 3e pilier* est celui qui nous intéresse : Il s'agit du domaine de la justice des affaires intérieures (JAI) consacré par le Traité de Maastricht. Le Traité d'Amsterdam a changé la dénomination. Désormais, les termes employés sont : la coopération policière et judiciaire en matière pénale.

Le projet du Traité établissant une Constitution pour l'Europe, du 29 octobre 2004 et n'ayant pas abouti en 2005, avait pour objet d'instituer une nouvelle Union européenne. Cette dernière conduisait à abroger les traités CE et UE, ce qui revenait à faire disparaître les trois piliers.

Actuellement, le débat qui porte sur le Traité de Lisbonne retient l'essentiel des réformes apportées par l'ancien projet du traité constitutionnel. Néanmoins, la structure en trois piliers demeurent encore d'actualité[15].

Il ne faut donc pas s'étonner de la profusion des textes européens, Conventions, Résolutions, Recommandations, Directives. La volonté de réprimer de tels actes dangereux est clairement affichée. Par exemple on cite :

[15] Jacqué J.-P., « Le Traité de Lisbonne. Une vue cavalière », *Revue Trimestrielle de Droit européen*, juill. 2008, n° 3, p.439-483, spéc. p. 481.

- La Convention du 26 juillet 1995 sur l'amorce d'une politique européenne EUROPOL. Il s'agit d'une unité d'échange d'informations et d'analyse criminelle mise en vigueur le 1er juillet 1999. Cette unité est chargée de recouper les informations provenant de divers services de police interne.
- La Convention du 26 juillet 1995 sur la protection des intérêts financiers des Communautés, cette convention étant destinée à lutter contre la fraude communautaire.
- La création d'EUROJUST : par le Conseil européen des 15 et 16 octobre 1999. Cette institution a pour mission de coordonner les poursuites et enquêtes entre les autorités nationales. En outre, à la différence d'Europol, Eurojust est chargée d'apporter son concours dans les enquêtes relatives à une criminalité grave transfrontière en tenant compte des analyses effectuées par Europol (Eurojust figure dans le Traité de Nice du 26 févr. 2001).
- La proposition, en 2001, de la création d'un Procureur européen, chargé de diriger les enquêtes.

Ces créations et nouvelles organisations sont en voie d'être renforcées face aux évènements du 11 septembre 2001 ayant eu des répercussions sur le monde économique. Des accords entre l'Europe et les Etats-Unis ont été projetés. Lors du G 8 en juin 2003, des réunions organisées par les ministères de la justice et des affaires intérieures en France (Réunions préparant le G 8, le 05 mai 2003), ont fait ressortir la nécessité d'échanger des informations entre Etats, telles que l'importance de la traçabilité des flux financiers, et la nécessité de développer des techniques spéciales d'enquêtes comme les livraisons surveillées.

Il en ressort une véritable volonté d'améliorer la coopération interétatique[16] ce qui conforte l'idée de sa nécessité pour une répression efficace. Cette coopération peut encore être présentée comme la contrepartie de la libre circulation des personnes et des biens. Un espace de justice et de droit doit garantir le respect des principes de libertés consacrés dans l'espace européen.

En conséquence, l'évolution de l'Europe et la Coopération est à double vitesse parce qu'elle doit être regardée par rapport aux deux europes : l'activité du Conseil de l'Europe et celle du Conseil européen (Union européenne- le 3e pilier), ce qui conduit au constat d'une profu-

---

[16] Voir *infra* chapitre 4.

sion de textes normatifs destinés à favoriser la répression de la délinquance d'affaires transnationale.

Ces deux points conduisent à la question de l'existence et de l'efficacité des conventions et accords internationaux : ces accords qui ont pour finalité de dépasser l'harmonisation, aboutissent à mettre en place des principes directeurs communs, voire universels.

D. – les conventions et accords internationaux : vers des principes directeurs communs

La notion de l'Universalité tient à ce que partout est perçue une exigence fondamentale : il s'agit, pour le droit pénal, nécessairement du concept des Droits de l'homme. Il ne s'agit pas de créer des définitions universelles d'infractions d'affaires comme l'escroquerie, le délit d'initié, l'abus de biens sociaux, le blanchiment. Il s'agit, en réalité, de protéger l'être humain contre tout arbitraire des autorités appliquant leur droit national.

En effet, comme cela a déjà été souligné, ce n'est pas l'infraction qui est définie internationalement parce que chaque Etat dispose de sa souveraineté nationale et du pouvoir régalien de la répression. Mais, il s'agit de donner des principes pour permettre une répression juste et efficace lorsque l'infraction est internationalisée.

En conséquence, ce sont les principes élémentaires et fondamentaux en droit pénal qui sont universalisés. Plus précisément, les conventions internationales édictent des principes qui permettront de mieux appréhender le droit pénal international des affaires. Toutefois, très récemment, on relève le souhait d'universaliser un certain type d'infractions, comme celles relatives à la délinquance organisée. Ce souhait paraît concrétisé dans la Convention de Palerme des Nations Unis du 12 décembre 2000, ratifié en 2003 par la France. Les principes directeurs communs influencent donc les Etats à définir les infractions selon le principe d'harmonisation.

1°) Le caractère universel des droits de l'homme

La reconnaissance à tout être humain, en tout lieu et à toute époque, d'un minimum consistant de droits fondamentaux forme le droit pénal international, y compris celui des affaires. Ce sont ces droits fondamentaux qui déterminent l'étendue des libertés, dont celle d'entreprendre fait partie intégrante.

Ces valeurs exprimées sont celles relatives à la dignité de l'homme tenant à la mondialisation du discours de proclamation.

Ainsi, on cite notamment :

- La Déclaration Universelle des droits de l'homme du 10 déc. 1948 : déclaration de principe en forme solennelle ;
- Le Pacte International sur les droits civils et politiques du 16 déc. 1966 entré en vigueur le 3 mars 1976 (Nations Unies) ;
- La Convention européenne de sauvegarde des droits de l'homme et des libertés fondamentales de 1950 ;
- La Charte sociale européenne du 18 octobre 1961 ;
- Le T.U.E depuis 1992 (Traité de l'Union Européenne) ;
- La Déclaration américaine des droits et devoirs de l'homme 1948 (Charte de l'Organisation des Etats américains) ;
- La Charte de l'Unité Africaine d'Addis Abeba (25 mai 1963) liée à l'indépendance depuis le colonialisme ;
- La Charte Africaine des Droits de l'homme et des peuples du 27 juin 1981 (à Nairobi) entrée en vigueur le 21 oct. 1986 ;
- La Charte Arabe des Droits de l'homme du 15 sept. 1994 (non encore en vigueur, puisque condition d'au moins 7 ratifications) ;
- Le Déclaration islamique Universelle des Droits de l'homme élaborée en 1979, se démarquant toutefois des autres textes internationaux parce que la déclaration fonde les Droits de l'homme sur une volonté divine (Droits de l'homme prescrit par l'Islam).

L'énonciation de ces textes internationaux montre le caractère universel des principes des droits de l'homme que le professionnel d'entreprise doit comprendre dans ses méthodes de négociations internationales.

Les trois premières énoncent, notamment, le respect de la légalité en matière pénale, de la liberté de tout être humain, d'une répression juste et équitable, la condition de preuves de culpabilité fiables, l'interdiction de toute torture, traitement inhumain et dégradant, l'interdiction de juger deux fois une personne pour les mêmes faits *(non bis in idem)*.

Mais, l'on doit d'ores et déjà soulever une ambiguïté juridique de ces conventions : les conventions internationales ne sont pas toutes des instruments juridiques contraignants. Une grande partie des accords internationaux ont une valeur de recommandation. Certes, d'autres ont une valeur supra législative, une fois ratifiées. Mais, il s'agira pour l'Etat de se mettre en conformité avec la convention internationale par le biais de l'instrument national, ce qui laisse une marge de liberté à chacun des Etats en matière de lois.

En conséquence, on soulève le problème de la portée relative du caractère universel des conventions internationales.

Cela est encore plus vrai pour le domaine du droit pénal des affaires, celui-ci étant une matière répressive et relevant directement de la souveraineté de chaque Etat. Néanmoins, un progrès est à remarquer avec les nouvelles conventions s'attachant à définir les comportements à prohiber.

2°). Les principes de lutte contre la criminalité internationale

Les conventions du Conseil de l'Europe et de l'Union européenne ont permis de viser la lutte contre certaines infractions : on dépasse alors les principes directeurs des droits et libertés individuels pour admettre implicitement un compromis sur la définition des infractions (ce qui relève normalement de la souveraineté de chaque Etat). Même si ces conventions sont des conventions régionales dont la valeur n'est que déclarative, elles participent à la mise en place d'un droit pénal international des affaires.

Ces principales conventions sont les suivantes : la convention du Conseil de l'Europe du 8 novembre 1990 relative au blanchiment, au dépistage, à la saisie et à la confiscation des produits du crime ; la convention de l'Union européenne du 26 mai 1996 relative à la lutte contre la corruption impliquant des fonctionnaires des Communautés européennes ou des fonctionnaires des Etats membres de l'Union (non encore en vigueur) ; la convention pénale du Conseil de l'Europe du 27 janvier 1999 sur la corruption ; la convention du Conseil de l'Europe du 23 novembre 2001 sur la cybercriminalité.

Ces différents instruments ont notamment pour objet de donner une définition générale de certains comportements criminels pour que cette définition soit internationalement reconnue. Une fois reconnue, les Etats parties sont conduits à ériger en infractions pénales, les faits tels que ratifiés dans les conventions. Ces conventions opèrent alors un rapprochement indispensable des législations pénales pour le développement de la coopération judiciaire pénale et pour la protection des entreprises. C'est donc les Etats qui définissent les incriminations en conformité avec les conventions internationales.

C'est dire que sur le plan international, la volonté des Etats existe dans la finalité de prévoir une répression efficace contre la fraude, et plus généralement contre les comportements illicites. Au préalable du respect des droits de l'homme, la répression doit recouvrir une certaine efficacité au sein de chaque Etat et d'une manière équivalente. De cette façon, on a pu encore franchir un pas vers l'adoption de la convention de Palerme.

La convention de Palerme relative à la lutte contre la criminalité organisée

La Convention de Palerme présente une nouveauté : elle a un caractère universel. Cette convention signée le 12 décembre 2000 vise à promouvoir une coopération internationale efficace pour enrayer la criminalité transnationale organisée. Elle est globale en ce qu'elle vise de nombreuses infractions. Il ne s'agit donc pas d'une convention traitant d'un seul type d'infraction. Elle a été élaborée dans le but de lutter contre tous les crimes à caractère organisé tels que la participation à un groupe de crime organisé. Sont visés le blanchiment d'argent, la corruption, l'obstruction à la justice.

L'article 2 de la Convention définit la série d'infractions, notamment celle du groupe organisé :

« Un groupe structuré de 3 personnes ou plus existant depuis un certain temps et agissant de concert dans le but de commettre une ou plusieurs infractions graves ou infractions établies conformément à la présente convention, pour en tirer, directement ou indirectement, un avantage financier ou un autre avantage matériel. »

Cette définition est relativement large. De même, cette convention définit l'infraction à caractère transnational (art. 3) :

« Sont considérées comme transnationales les infractions commises dans plus d'un Etat, mais également celles commises dans un seul état lorsqu'elles ont été préparées, ou planifiées, conduites ou contrôlées dans un autre Etat, lorsqu'elles ont produit un effet substantiel dans un autre Etat, ou plus simplement lorsqu'elles impliquent un groupe criminel organisé qui se livre à des activités criminelles dans un autre Etat. »

On peut dire que cette convention des Nations Unies intègre la vocation universelle de poursuivre le crime organisé dans le monde. Après l'avoir signé le 12 décembre 2000, la France a autorisé la ratification de la Convention par la loi du 6 août 2002, puis le Décret du 8 septembre 2003 a porté publication de la Convention de Palerme.

En matière de coopération, on cite de nombreux textes visant à faciliter l'entraide interétatique en matière pénale :

La convention européenne d'extradition du 13 décembre 1957 (Conseil de l'Europe) et son protocole additionnel de 1975 ; la convention européenne d'entraide judiciaire en matière pénale du 20 avril 1959 (Conseil de l'Europe) et son protocole additionnel de 1978 ; la convention relative à la procédure simplifiée d'extradition entre les Etats membres de l'Union européenne du 10 mars 1995 ; la convention relative à l'extradition entre les Etats membres de l'Union européenne du 27 septembre 1996 ; la convention relative à l'entraide judiciaire en matière pénale entre les Etats membres de l'Union européenne du 29 mai 2000 et son protocole du 16 octobre 2001.

Néanmoins, cette volonté des Etats, affirmée à travers ces multiples ratifications, ne masque pas certaines réserves constitutives d'une résurgence de la souveraineté nationale de chaque Etat.

E. – les tempéraments à la coopération internationale : les réserves étatiques et les paradis fiscaux

Même lorsqu'une convention Internationale, par exemple, celle relative à la lutte contre le blanchiment est ratifiée, les Etats peuvent manifester des réserves. Elles sont issues de la valeur déclarative de ces conventions.

Par exemple, si la Convention émet le souhait que chaque Etat définisse cette infraction dans tel ou tel sens, ces Etats demeurent libres de déterminer la définition du Blanchiment.

Par ailleurs, on ne saurait ignorer l'existence de nombreux paradis fiscaux. Il existe quelques 55 paradis fiscaux dans les principales régions du monde. A elles seules, les îles Caïmans constituent le 5e centre bancaire mondial avec plus de banques et de sociétés enregistrés que d'habitants. Il en est de même aux Bahamas, dans les îles vierges britanniques, aux Bermudes et à Saint-Martin. L'existence des paradis fiscaux constitue une entrave à la coopération internationale et s'ajoute aux réserves étatiques.

C'est dire que ce domaine est loin d'être uniforme ou linéaire. Néanmoins, il faut reconnaître que la plupart des pays tiennent de plus en plus compte des conventions internationales, et les législations tendent s'harmoniser.

Nous sommes donc au début d'une réelle coopération entre Etats. Elle sera de plus en plus effective tant la délinquance d'affaires se développe, sans réserve et sans frontière. Il faut donc réaliser que pour l'heure, les droits nationaux s'harmonisent dans le sens des conventions internationales, se « complémentarisent » et sans doute avec le temps, aboutira-t-on à un code pénal international, du moins européen.

Dès lors, puisque cette matière consistant à appréhender le risque pénal d'affaires suppose la connaissance du droit national, il est intéressant d'en connaître son évolution.

section III
en droit interne

Sur le plan national, le phénomène criminel d'affaires est appréhendé à travers une affirmation de la nécessité répressive, de même que celle des dangers de l'excès répressif freinant la liberté d'entreprendre.

La nécessité de la répression

Les diverses et nombreuses infractions, ainsi que leur gravité ont conduit ces dernières années au sentiment général d'insécurité patrimoniale. C'est pourquoi, la société réclame une plus grande sévérité du législateur, mais aussi des juges. Il est également sollicité des moyens plus importants de protection financière.

A cause de l'accroissement de ce sentiment d'insécurité, particulièrement sur le plan financier, on note le développement d'obligations nouvelles de transparence financière, non seulement par la loi mais encore par la mise en place d'agences de notation. Cette orientation est confortée avec les dommages causés très récemment par la crise financière, mais aussi économique de fin 2008.

Néanmoins, si la répression est nécessaire, elle ne peut exister à n'importe quel prix. Avec sa nécessité, on doit soulever également des risques ou des dangers de la répression, ou du « tout répressif ». Cela est particulièrement vrai dans le domaines des affaires : on soulève un risque pénal aujourd'hui accru face à celui normal qui découle de toute activité économique.

Autrement dit, à la problématique de l'accroissement de la délinquance d'affaires internationale sapant les lois du marché, on doit ajouter celle du risque pénal démesuré par une inflation législative nationale qui freine le développement des entreprises. Ce sont ces enjeux qui expliquent l'évolution du domaine répressif des affaires.

Les dangers de la répression : droits de l'homme et liberté d'entreprendre

Si la répression est nécessaire, celle-ci doit également être juste ou légitime : les droits de l'homme constituent un impératif tout aussi nécessaire, comme étudié précédemment. Ils constituent même l'instrument de lutte contre les abus des autorités répressives. C'est par leur respect que la répression est légitimée. C'est pourquoi, nécessité répressive et respect des libertés individuelles ne semblent être en opposition qu'en apparence.

Personne ne conteste la gravité et la réalité du phénomène criminel. Personne ne conteste, non plus, la nécessité de promouvoir et respecter les droits de l'homme dans un Etat de droit. En réalité, la problématique se place davantage dans la recherche de l'équilibre entre ces deux impératifs. Cet équilibre constitue alors l'outil de la juste répression.

En droit pénal des affaires, la juste répression comporte une expression et un enjeu spécifique. En effet, si les droits de l'homme sont également concernés et doivent comme dans tout domaine être respectés, il s'agit principalement d'aborder la liberté d'entreprendre et d'exercer une activité économique ou financière. Or, cette liberté d'entreprendre ou de développer une activité économique souffre de certaines limites, celles éthiques, ces dernières ayant conduit à l'intervention de l'Etat pour devenir des infractions pénales. En effet, tout n'est pas permis en affaires. Il existe des limitations qui encadrent la liberté en matière de concurrence, de sauvegarde du patrimoine des sociétés. Dès lors, le risque pénal comprend une réalité qu'il ne faut pas ignorer. Il s'agit d'une régulation d'ordre légal participant à l'éthique des affaires et qui est destinée à sanctionner des actes frauduleux. Or, ce domaine est en constante évolution et pose aujourd'hui la problématique de la sur pénalisation freinant les libertés d'investissements ce qui a conduit à plusieurs mouvements de dépénalisation.

§ 1. – l'évolution du droit pénal des affaires

En moins de deux siècles, la société française a connu une profonde transformation, ponctuée de choix politiques et économiques. L'apparition des nouvelles technologies et énergies, des progrès accélérés, de l'interdépendance de divers systèmes (groupes de sociétés implantés sur le plan international) a métamorphosé les Etats. C'est pourquoi chaque discipline juridique a connu une évolution (droit civil, droit des contrats, droit de la famille, droit commercial et droit des sociétés, droit du travail).

Il en a été ainsi du droit pénal : droit pénal général, droit pénal spécial, droit pénal des affaires.

Le droit pénal des affaires (études des infractions d'affaires) n'est pas apparu d'un bloc. Il a été construit peu à peu selon l'évolution de la société. D'une manière simplifiée, on distingue deux périodes : l'une de 1807 à 1950 et une autre étape de 1950 à nos jours.

Selon la première période de 1807 à 1950, il n'existait que quelques incriminations relatives au droit des affaires : le faux monnayage ; l'altération des prix ; l'abus de faiblesse ; l'entrave à la liberté des enchères ; la violation du secret de fabrique ; la répression de l'usure et la banqueroute.

Selon la seconde période de 1950 à nos jours, c'est-à-dire sur les six dernières décennies, on assiste à une inflation législative très importante parce que la vie des affaires est devenue de plus en plus dense et diverse.

Dans le domaine des finances :

Développement du droit des chèques (loi du 3 janvier 1975).

Refonte du délit d'usure (loi du 28 décembre 1966).

Droit boursier (loi du 23 décembre 1970) : Ancienne Commission des Opérations de Bourse ; Autorité des Marchés Financiers ; Délits d'initiés.

Droit de la consommation : loi du 10 janvier 1978 relative à l'information et à la protection des consommateurs dans les opérations de crédit ; publicité de nature à induire en erreur. Démarchage à domicile.

Dans le domaine des sociétés commerciales :

La loi du 24 juillet 1996, réformées de multiples fois et ayant fait l'objet d'une nouvelle codification (Ordonnance du 18 septembre

2000), consacre de nombreuses infractions pénales commises par les dirigeants et gérants (abus de biens sociaux ; délits de malversation).

Dans le domaine de la concurrence : droit européen et droit communautaire

L'économie moderne a impliqué une intervention de l'Etat de plus en plus significative. En effet, le développement de l'économie dirigée a favorisé celui du droit pénal économique, financier et des affaires.

Les différents manquements aux règles relatives à l'ordre économique font l'objet de sanctions pénales. Cette branche du droit pénal des affaires se définit comme «l'ensemble des règles de droit pénal et de la procédure pénale destinées à assurer la sanction des divers textes qui, dans le cadre de la politique économique d'ensemble de l'Etat, réglementent d'une part les conditions de production, de distribution et de consommation des biens, ainsi que les conditions d'utilisation des services, et d'autre part les moyens d'assurer l'échange et l'utilisation de ces biens ou de ces services ». C'est dire que le droit pénal économique est largement entendu, puisqu'il englobe non seulement les biens économiques matériels, mais également les services et la monnaie.

Depuis les années 60, les pouvoirs publics ont autorisé un certain libéralisme. Celui-ci a eu pour conséquence de restreindre le domaine du droit pénal économique, par la dépénalisation.

Cependant, le législateur a maintenu certaines prohibitions, telles que les ententes, les abus de domination conformément à l'Ordonnance du 1er décembre 1986, relative à la liberté des prix et de la concurrence modifiée par la loi du 1er juillet 1996. De même, l'interdiction de certaines pratiques illicites a été maintenue, telle que les ventes avec primes, les ventes à crédit, les envois forcés.

En outre, le crédit a fait l'objet de dispositions particulières qui tiennent compte de la protection du consommateur.

Malgré le mouvement de dépénalisation, le droit pénal économique demeure une nécessité face à des comportements déloyaux au sein des échanges commerciaux et des rapports économiques. C'est pourquoi le législateur de 1986, tout en supprimant certaines infractions tel que le refus de vente entre professionnels, a aggravé certaines de celles maintenues, notamment en matière de crédit. Ces réformes ont eu pour conséquence de donner au droit pénal économique une effectivité certaine.

Aussi, faut-il relever le particularisme de la mise en œuvre de l'action publique en droit pénal économique. En effet, certaines institutions administratives sont investies de pouvoirs d'information et d'instigation en cas de commission d'actes répréhensibles. Le déclenchement des poursuites est lié au rôle joué par le Conseil de la Concurrence. Créé par l'Ordonnance du 1er décembre 1986, cette autorité administrative indépendante est compétente pour déclencher des enquêtes administratives, exercer des poursuites civiles relatives à des pratiques restrictives engageant la responsabilité de leur auteur, transmettre le dossier au Parquet. Même si ce dernier dispose de l'opportunité des poursuites, il n'en demeure pas moins vrai que le Conseil de la Concurrence exerce une influence déterminante sur le déclenchement de l'action publique. De même, de nombreux agents administratifs sont habilités par la loi pour effectuer des constatations, confiscations et saisies. La même remarque peut être effectuée s'agissant de l'Autorité des Marchés financiers.

Cette pénalisation croissante dans le secteur économique, financier et plus généralement des affaires a donc soulevé le problème de l'accroissement du risque pénal fragilisant les relations d'affaires d'où les mouvements de dépénalisation.

§ 2. – le mouvement de dépénalisation du droit des affaires et le rapport Coulon - février 2008

Le mouvement de dépénalisation du monde des affaires, initié par la Loi n° 2001-420 du 15 mai 2001 sur les Nouvelles Régulations Economiques, reprend de la vigueur en 2008. En matière pénale, le monde des affaires a subi plusieurs mouvements, l'un de pénalisation et l'autre de dépénalisation, cette question étant d'actualité[17].

La pénalisation a débuté depuis le Code pénal Napoléonien de 1810. Par la suite, diverses lois ont suivi, comme le décret-loi du 8 août 1935 selon lequel l'abus de biens sociaux a été créé. Par ailleurs, la Loi n°66-537 du 24 juillet 1966 relatives aux sociétés commerciales complétée

---

[17] « Dépénalisation du droit des affaires, les 30 propositions de la Commission », *Revue Dr. pén.*, 2008, Dossier spécial n°2 ; Hoeri, « Réflexions sur le rapport du groupe de travail sur la dépénalisation de la vie des affaires », *Revue Dr. pén.* 2008, Dossier n° 4 par Véron M. ; J.-P. Jean, *op. cit.*, p. 36.

par un décret n°67-236 du 23 mars 1967 a finalisé ce mouvement tout en débutant néanmoins une dépénalisation.

La dépénalisation. A partir de 2001, la tendance s'inverse ; le législateur dépénalise le droit des sociétés. La dépénalisation résulte de la loi du 15 mai 2001 sur les Nouvelles Régulations Economiques. Les législations ultérieures ont conforté ce cheminement et actuellement une nouvelle réforme confirmant cette tendance semble poindre le jour.

En effet, l'idée a été avancée de réformer le droit des sociétés, sous la forme d'une dépénalisation, afin d'amoindrir le risque pénal encouru par les chefs d'entreprise en raison d'erreurs de gestion.

Le RAPPORT COULON du nom du magistrat qui a présidé la Commission sur la Dépénalisation de la vie des affaires (2008, La Documentation Française, *Rapport au Garde des Sceaux*, ministre la Justice) a été remis.

Ce rapport envisage la suppression d'une quarantaine d'infractions jugées redondantes ou tombées en désuétude ; propose de refondre le droit de la prescription ; propose également la fin du cumul des sanctions en droit boursier (sanction administrative de l'Autorité des Marchés Financiers (AMF) et sanction pénale). Un transfert des prérogatives serait envisagé de l'AMF au Parquet. L'AMF devrait dénoncer les faits à caractère pénal au Ministère public.

La réforme envisagée vise également le délit d'abus de biens sociaux (voir *infra* chapitre 3), l'infraction en col blanc encourue par les dirigeants sociaux de sociétés commerciales. La jurisprudence l'a rendu, au fil de ces décisions, quasiment imprescriptible et d'autant plus punissable. En effet, alors que la prescription de l'abus de biens sociaux est de trois ans, le point de départ étant fixé au jour de la commission des faits eu égard à son caractère instantané, la pratique a été différente. Au regard de la nature occulte de cette infraction, la jurisprudence a reculé ce point de départ au jour où le délit est apparu et a pu être constaté dans les conditions permettant l'exercice de l'action publique. C'est la raison pour laquelle le rapport propose de revoir la position de la jurisprudence qui est très fluctuante et donne peu de lisibilité sur l'étendue du risque pénal.

En effet, ce rapport qui vise à resserrer le périmètre du droit pénal des affaires, préconise une rationalisation des délais de prescription. Il propose que les délits faisant encourir une peine d'au moins 3 ans fassent l'objet d'une prescription de 7 ans à compter de la commission des faits ; les délits faisant encourir une peine inférieure à 3 ans d'emprisonnement comprendraient une prescription de 5 ans à compter de leurs commissions. En d'autres termes, si le rapport vise à en finir avec la pratique de la quasi-imprescriptibilité des infractions d'affaires, il s'inscrit néanmoins dans l'augmentation des délais de prescription classiquement prévus par la loi : au lieu de 3 ans de prescription, il faudrait selon le rapport souhaiter 5 et 7 ans selon le quantum des peines encourues. C'est dire que même s'il s'agit d'une dépénalisation du secteur financier et des affaires, l'idée de défiance du droit répressif est exclue. Au contraire, il s'agit de rationaliser le droit pénal visé en précisant les limites du risque pénal.

L'instrument pénal est, ainsi, une nécessité face aux actes divers et variés dommageables pour les entreprises, les associés, les actionnaires et les citoyens. Détournements, malversations, tromperies, fraudes, faux, versements de commissions occultes, compromissions illicites, groupements et organisations occultes, financements douteux, falsifications, contrefaçons, blanchiment sont autant d'actes nécessitant une régulation normative de nature répressive. Le risque pénal est en conséquence un risque justifié afin de promouvoir la liberté d'entreprendre dans un cadre acceptable.

Ces différentes remarques démontrent la spécificité du droit des affaires qui recouvre une grande diversité sujette à évolution permanente. Toutefois, s'agissant de l'étude des infractions pénales, il existe des règles communes à toutes les infractions.

En d'autres termes, pour comprendre et mieux appréhender le risque pénal dans l'intérêt des entreprises, il est fondamental de connaître les contours de ce risque : il s'agit du préalable à toute caractérisation des infractions d'affaires.

chapitre 2

les contours du risque pénal

Traiter des contours du risque pénal revient à rechercher les moyens pour caractériser les infractions pénales. Il s'agit donc de connaître ce qui peut tomber ou non sous le coup de la loi pénale et conduire à des conséquences négatives pour les entreprises et responsables d'entreprise. Pour toutes les infractions pénales, il existe des préalables communs qui sont les moyens de détermination du risque pénal encouru. En effet, la problématique de la délinquance d'affaires conduit à maîtriser la méthode du pénaliste. Cette dernière est intimement liée au principe de la légalité. La légalité criminelle est le socle de la limitation du risque pénal. Son application comprend, par ailleurs, les méthodes de qualification des faits, et en conséquence la détermination du périmètre pénal, à la fois dans le temps et l'espace. Enfin, c'est également la loi qui détermine la qualité des responsables, tout acteur économique étant directement visé selon des qualités distinctes.

section I
la légalité criminelle

Il s'agit d'un principe fondamental et essentiel destiné à garantir les libertés fondamentales et les droits de l'homme : *Nullum crimen, nulla poena sine lege* (nul crime, nul peine sans loi). Ce principe est essentiel pour comprendre l'étendue du risque pénal parce que tout ce qui n'est pas interdit est permis. Le principe étant la liberté, dont celle d'entreprendre fait partie, seule la loi peut limiter cette liberté lorsque l'ordre public social et sociétal est concerné. Néanmoins, les acteurs économiques pourraient manifester des difficultés sur le sens de la loi parce que celui-ci est évolutif, et ne comprend pas seulement la seule loi votée au Parlement. En effet, l'inflation normative englobe également l'exercice du pouvoir réglementaire, de même que les normes internationales sans cesse plus nombreuses. Il en ressort que le risque pénal qui dépend de la loi au sens général pose la problématique de son intelligibilité tant les sources sont nombreuses, ce qui confère au risque pénal un caractère incertain quant à ses limites. Dès lors, la légalité criminelle, matière essentielle à la détermination du risque pénal est le préalable nécessaire à maîtriser tant dans sa signification et que dans son contenu. Ce n'est que lorsque le contenu de la loi est appréhendé que l'on peut tracer le périmètre du champ pénal dans le secteur économique et financier : il s'agit de la portée du principe, constituant l'indicateur premier du risque pénal.

§ 1. – signification et contenu

Le sens de la légalité criminelle est intimement lié à la protection des libertés individuelles. Tous les acteurs de la société ne peuvent définir les incriminations. Plus précisément, la signification du principe de la légalité est étroitement attachée à l'impératif de séparation des pouvoirs : exécutif, législatif et judiciaire. Néanmoins, ces principes d'origine historique et créant le fondement même de la société souffrent de nombreuses nuances actuellement. Le pouvoir législatif n'est pas le seul à légiférer sur les infractions, et en conséquence sur le risque pénal, d'où la question du contenu de la loi.

A. – signification

Le principe de la légalité est un principe d'origine historique. Il a été énoncé par BECCARIA dans le Traité des délits et des peines de 1764. C'est l'idée de l'utilité de la peine ; il faut faire cesser l'arbitraire des incriminations et des peines.

Ce principe a été consacré pour la première fois, dans l'histoire, dans la Constitution des Etats-Unis d'Amérique en 1774, puis en Autriche en 1787. Puis, ce principe a été consacré au sein de la Déclaration des Droits de l'Homme et du Citoyen (DDHC, 26 août 1789, art. 5).

Par la suite, il sera consacré dans l'article 4 du code pénal de 1810 : « Nulle contravention, nul délit, nul crime ne peuvent être punis de peines qui n'étaient pas prononcées par la loi avant qu'elles fussent commis ».

Par la suite encore, ce principe a acquis une valeur internationale : la Déclaration Universelle des Droits de l'Homme de 1948 (art. 9, 10 et 11) ; la Convention européenne des droits de l'homme de 1950 (art. 7 CESDH) ; le Pacte International des Droits civils et Politiques (Art. 15 PIDCP) de 1966 ;

Ce principe figure actuellement aux articles 111-2 et 111-3 du Code pénal de 1994 :

Selon l'article 111-3 du Code pénal : « Nul ne peut être puni pour un crime ou pour un délit dont les éléments ne sont pas définis par la loi, ou pour une contravention dont les éléments ne sont pas définis par le règlement ».

Selon l'alinéa 2 du même article : « Nul ne peut être puni d'une peine qui n'est pas prévue par la loi, si l'infraction est un crime ou un délit, ou par le règlement, si l'infraction est une contravention. ».

Ainsi, le principe de la légalité, instrument **de lutte contre l'arbitraire** a une mission éducatrice : la loi doit décrire les actes répréhensibles, établir une hiérarchie entre eux, ce qui revient à créer un code de valeurs sociales.

De même, le principe de la légalité jouerait **un rôle d'intimidation**, l'intérêt est d'ordre public : la loi doit prévenir et faire craindre le châtiment.

Mais, l'intérêt est aussi d'ordre privé : il s'agit de garantir les libertés individuelles.

Le principe de la légalité a valeur constitutionnelle (déc. 19-20 janv. 1981 C. Constit). Selon une décision du Conseil constitutionnel du 18 janv. 1985, une loi doit définir avec précision les éléments constitutifs d'une infraction en termes clairs et précis[18].

Pour BECCARIA, le législateur doit voter les textes précis, détaillés. Le juge ne peut être que la bouche de la loi.

Mais, actuellement, l'article 113-3 du Code pénal ne vise que les crimes et les délits. Nous avons donc une première entorse au principe puisque l'exécutif légifère en matière de contraventions.

Par ailleurs, le principe de la légalité subit de nombreuses autres entorses. S'il reste un principe important sur le plan théorique, il est devenu très relatif sur le plan de la pratique.

Ainsi, le principe de la légalité n'a pas la même valeur aujourd'hui. C'est pourquoi, on doit analyser son contenu car c'est ce dernier qui détermine les limites du risque pénal.

B. – contenu du principe

Le contenu du principe de la légalité répond à la question de savoir ce qu'est la loi. La loi doit être entendue au sens large comme la norme pénale interne mais également internationale. Cela conduit à envisager le principe de la légalité autrement que ne l'avait conçu Beccaria.

---

[18] Cons. Const. 18 janv. 1985, n° 84-183 DC, D. 1986. 425, note Renoux.

1°). Les normes nationales

Les normes nationales concernent la loi qui constitue la source principale du droit criminel. Selon l'article 34 de la Constitution du 04 octobre 1958 : la loi fixe les règles concernant « la détermination des crimes et des délits » ainsi que les peines qui leurs sont applicables.

Parmi les normes nationales, on doit aujourd'hui citer les textes qui ont une valeur supérieure à la loi. Il s'agit des principes fondamentaux ayant fait l'objet d'une constitutionnalisation. En effet, on relève une forme de constitutionnalisation du droit pénal en France. Plus précisément, le Conseil constitutionnel a dégagé un certains nombres de principes issus notamment de la Déclaration des Droits de l'Homme et du Citoyen de 1789 et du préambule de la Constitution de 1958. Ainsi, ont été mis en avant, outre le principe de la légalité, le principe de la non rétroactivité de la loi pénale, l'égalité en procédure, les droits de la défense, la proportionnalité entre l'infraction commise et la peine[19].

Mais, on doit encore citer **le règlement**, norme pénale, même s'il s'agit d'une source secondaire du droit criminel. En définitive, on constate que le pouvoir exécutif détermine la loi pénale, ce qui constitue déjà une violation du principe de la légalité. Le règlement fixe les contraventions (art. 37 Constitution) de la première à la 5e classe.

Il en est de même des **décrets-lois** et des ordonnances.

2°). Les normes internationales

En premier lieu, on cite **les Traités** : une fois ratifiés, ils ont une valeur supérieure à celle de la loi. Par conséquent, on doit intégrer au contenu du principe de la légalité, les textes internationaux puisqu'ils font partie du droit positif. En cas de conflit entre une disposition de droit interne et un traité, c'est le traité qui doit primer. Mais, le juge ne peut interpréter un traité. Dans l'hypothèse d'une difficulté d'interprétation, il doit demander le sens au Ministre des Affaires étrangères.

En second lieu, le **droit pénal européen** est un droit en plein développement.

Les textes spéciaux du Conseil de l'Europe, comme les conventions, les recommandations, les avis notamment relatifs à l'entraide judiciaire, ou relatifs à l'imprescriptibilité des crimes contre l'humanité, à la répression du terrorisme et à l'incrimination de la corruption.

---

[19] Cf. note J. Borricand, A. M. Simon, *Droit pénal et procédure pénale*, Sirey, 2006, 5e éd., p. 42.

Toutefois, les recommandations et avis n'ont pas la même force contraignante que les conventions ou traités.

La Convention européenne de Sauvegarde des droits de l'homme du 04 octobre 1950 ratifiée par la France en 1974. Cette convention consacre, elle-même, dans son article 7 le principe de la légalité. Toutefois (Voir portée du principe), cette convention rédigée, en anglais, comprend dans le système légal le corpus de règles coutumières, jurisprudentielles (Common Law).

En troisième lieu, le **Droit pénal communautaire** :

La législation communautaire fait aussi partie du droit positif et comporte des dispositions de nature sanctionnatrice. Parce qu'il y a primauté du droit communautaire, les règlements communautaires établis par le Conseil et la Commission européennes intègrent l'ordre normatif depuis le Traité de Rome du 25 mars 1957. Aussi, le droit communautaire est-il en constante évolution. On cite de nombreux autres Traités, celui de Maastricht de 1992, celui d'Amsterdam de 1997, de Nice du 26 février 2001 et de nombreuses conventions établies par l'Union européenne destinées à favoriser la lutte contre le blanchiment, la corruption et la cybercriminalité[20].

En définitive, c'est à travers le contenu du principe de la légalité que l'on démontre déjà une évolution sur sa valeur (si l'on doit comparer avec les principes dégagés par Beccaria) : alors que ce principe doit avoir pour conséquence l'interdiction de l'immixtion du pouvoir exécutif dans la détermination de la norme, on relève que l'exécutif légifère sur le plan national, mais également international. Il semble alors intéressant de voir quelle est la portée de ce principe.

§ 2. – la portée du principe de la légalité

La portée du principe de la légalité consiste à connaître les règles pour savoir si l'on est en présence ou non d'un fait illicite, d'une fraude, d'une infraction relevant du droit pénal des affaires. Il convient alors de traiter des conséquences de la légalité sur plusieurs plans : celui relatif à la définition des infractions ; le mode de poursuite de ces infractions ; la prescription de l'action publique et enfin sur le plan du jugement aboutissant à une condamnation.

---

[20] Voir *infra* Chapitre 3, sur la Cybercriminalité.

A. – conséquence sur le plan de la définition des infractions

Sur le plan de l'incrimination, si seule la loi doit définir les infractions, alors ce principe doit avoir pour effet l'interdiction de toute intervention du pouvoir exécutif et du pouvoir judiciaire dans la création des incriminations.

Ce principe oblige le législateur et lui seul à élaborer la norme pénale, et de manière claire et précise : le juge ne devant être que la bouche de la loi. Dès lors, on comprend les décisions du Conseil constitutionnel, ayant rappelé cette exigence : *« Il résulte... du principe de la légalité des délits et des peines..., la nécessité pour le législateur de fixer lui-même le champ d'application de la loi pénale, de définir les crimes et les délits en termes suffisamment clairs et précis pour permettre la détermination des auteurs d'infractions et d'exclure l'arbitraire dans le prononcé des peines... »*[21].

Par ailleurs, le juge doit établir la qualification des faits par rapport aux éléments constitutifs tels que définis par la loi, d'où l'obligation pour lui d'une interprétation stricte.

Sur le plan des peines :

Sur le plan des peines, le principe oblige le législateur à déterminer les sanctions précises par rapport à l'incrimination qu'il définit. Ainsi, le taux des peines doit être déterminé précisément.

Néanmoins, on doit soulever quelques incertitudes s'agissant des contours du risque pénal en ce qu'il existe des renvois effectués par le législateur. En effet, le législateur peut renvoyer dans des secteurs entiers du droit criminel, la définition de certaines infractions aux décrets, arrêtés et circulaires, voire aux avis de l'Administration. C'est le cas de la législation sur les prix et de la concurrence. Par ailleurs, on soulève le problème des normes imprécises : il s'agit des incriminations de type « ouvert » qui suscitent une interprétation. Par exemple : les actes de nature à nuire à la défense, les actes ayant pour objet ou pour but de restreindre ou de fausser le jeu de la concurrence, etc.

Enfin, le rôle du juge n'est pas négligeable en matière d'interprétation des lois. En dépit du principe de la séparation des pouvoirs, on note

---

[21] Cf. note Cons. Constit. 5 mai 1998, n° 98-399 DC, JO 12 mai 1998, p. 7092 ; D. 1999. 209, note Mercuzot, sur l'immunité et le rôle joué par les associations aidant à l'entrée, à la circulation et au séjour irrégulier des étrangers.

parfois un dépassement de l'interprétation stricte des textes pénaux, soit parce que la norme est imprécise, soit parce que les circonstances de fait le justifient eu égard à l'inadéquation de la norme[22].

Convergences et divergences entre Etats : Critique sur l'application du principe de la légalité

Si l'on se place sur le plan du principe dégagé par les auteurs du XVIIIe siècle, ce principe vise la version française issue de la Déclaration des Droits de l'homme et du Citoyen de 1789 : la loi ne saurait être conçue que comme la *lex stricto sensu*, c'est-à-dire la loi votée par le Parlement selon une procédure formaliste et spécifique[23]. Dans ce cas, on comprend que la majorité de la doctrine soulève le déclin de la légalité criminelle, compte tenu de ce que l'on vient de citer sur le rôle de l'exécutif.

Mais, si l'on envisage la légalité comme *le jus scriptum*, on a forcément une vision plus large de la loi. Ainsi, les normes législatives et celles réglementaires font partie du domaine de la légalité. En conséquence, si c'est dans leur domaine, on ne peut plus soulever l'entorse au principe de légalité, puisque son respect implique également celui de la norme réglementaire.

On peut encore aller plus loin, et voir la légalité comme *le jus* : dans ce cas, le principe de la légalité comprend l'ensemble des règles de droit positif, comme la loi, le règlement, la coutume, la jurisprudence et les principes généraux du droit (c'est la conception anglo-saxone). Comment prétendre au déclin de la légalité. Il faudrait en déduire que ce principe a été étendu et que le contrôle de la légalité a été renforcé. Telle a été l'hypothèse de l'arrêt de la Cour européenne des droits de l'homme condamnant la France pour imprécision de la norme légale en matière d'écoutes téléphoniques en 1990, puis d'une nouvelle condamnation de la France en 1998 dans le même domaine, alors que la loi était précise mais non son application[24]. Ainsi, une doctrine minoritaire part

---

[22] Voir *infra*, l'interprétation de la loi pénale.

[23] Cf. C. Lazerges, « Le principe de la légalité des délits et des peines », *in Droits et libertés fondamentaux*, Dalloz 1999, p. 311 et s. ; Point de vue différent, D. Rebut, « Le principe de la légalité des délits et des peines », *in Libertés et Droits fondamentaux*, Dalloz, 2001, spéc. p. 543 (sur le renforcement paradoxal du principe de la légalité).

[24] Cour EDH 24 avril 1990, *Huvig et Kruslin c./ France*, A-176 et 176- B ; G. Cohen-Jonathan, « La Cour européenne des droits de l'homme et les écoutes téléphoniques, Les arrêts Huvig et Kruslin », *Revue Universelle des Droits de l'Homme*, 1990, p. 185 ; Cour EDH 24 août 1998, *Lambert c./ France*, JCP 1999-I-105 n° 45, obs. F. Sudre.

de ce constat qu'en réalité, il s'agit d'un renforcement paradoxal du principe de la légalité[25]. Le juge national, comme celui international contrôlant la finalité poursuivie par le principe de la légalité : la nécessité, l'absence d'arbitraire, l'égalité et la proportionnalité.

Il faudrait donc prétendre qu'à travers la finalité poursuivie de la légalité criminelle, les contrôles ont été multipliés au même moment que le domaine de la légalité a été étendu sur le plan national et international. Est-ce véritablement un renforcement ?

Pour autant, sur le plan international, c'est de cette manière qu'il faut l'entendre, les Conventions, notamment la CESDH, ayant été rédigées en anglais, intègrent davantage cette conception plus large de la légalité, le contenu comprenant les règles coutumières.

C'est de cette lecture du principe de la légalité que sont induits les contours du risque pénal. Il en ressort que si la loi est entendue largement, c'est corrélativement la connaissance de l'ensemble des normes qui permet de connaître le périmètre du champ pénal.

B. – conséquences sur le mode de poursuite des infractions

Les individus poursuivis doivent être soumis aux mêmes règles du procès, ce qui implique une détermination préalable des règles de poursuite et de détermination des juridictions compétentes. Toutefois, à y regarder de plus près, tant sur le plan national qu'international, on constate des différences dans le domaine de la poursuite : il s'agit du déclenchement l'action publique.

En effet, certains pays connaissent le système de l'opportunité des poursuites, d'autres, le système de la légalité des poursuites. Il est vrai que l'on constate de moins en moins de différences entre les deux systèmes à travers l'évolution des législations nationales et à travers la mise en place d'une justice pénale internationale. Il faut donc présenter les deux systèmes pour mieux comprendre ce vers quoi on converge :

Le système de la légalité des poursuites : *Italie, Allemagne*, Espagne, Irlande Suède, Grèce, et dans les pays de l'Europe de l'Est (Russie)

Dès lors que les faits constatés entrent dans une qualification pénale, le Ministère public est obligé de poursuivre, c'est-à-dire de déclencher

---

[25] D. Rebut, « Le principe de la légalité des délits et des peines », *in Libertés et Droits fondamentaux*, Dalloz, 2001, spéc. p. 543.

l'action publique ou pénale (par exemple, l'article 112 de la Constitution italienne). Cela signifie que l'autorité ne peut de façon discrétionnaire refuser d'engager des poursuites, même si elle les estime inopportunes. L'Allemagne connaît le même système, mais avec des nuances et admet des exceptions : celles relatives à l'exception d'opportunité des poursuites, consistant à ne pas poursuivre des faits, lorsque cette poursuite ne porte aucun intérêt pour la société.

Le système de l'opportunité des poursuites : *Angleterre, Pays de Galles, France et Belgique, Pays-bas, Luxembourg, Suisse, Ecosse, Islande, Danemark, Norvège, la plupart des pays d'Afrique, Israël, Etats-Unis, le Canada, le Japon, la Chine*

Le Ministère public apprécie de la suite à donner à tel ou tel fait (poursuite, médiation, classement sans suite).

Par exemple, selon l'article 40 alinéa 1er du Code de Procédure Pénale français : « Le procureur de la République reçoit les plaintes et les dénonciations et apprécie la suite à leur donner. ». Cela signifie que le Ministère public apprécie librement la suite à donner aux procès-verbaux qu'il reçoit. Il peut très bien ne pas déclencher la poursuite s'il l'a trouve inopportune. Il s'agira alors d'un classement sans suite.

L'opportunité des poursuites n'entre en ligne de compte que dans le déclenchement des poursuites. D'une fois que le Procureur de la République a déclenché la poursuite, il ne peut plus l'arrêter. En conséquence, c'est au moment du déclenchement ou non des poursuites que le principe d'opportunité des poursuites est mis en application.

Ce principe suppose une très grande marge d'appréciation du parquet. Souvent, pour des raisons de moyens, on a soulevé le problème de l'accroissement des classements sans suite. Dans le milieu des années 80, on a soulevé le taux de 80 % de classements sans suite. Ce chiffre a été repris pendant une décennie par les élus. Le Sénat a même consacré un rapport en 1997 dont le titre était *Les infractions sans suite ou la délinquance maltraitée*[26].

Face à ce constat notamment dans les années 90, des lois ont été votées afin de permettre aux victimes et plus généralement à la société d'avoir une réponse pénale aux agissements infractionnels. En 1993, a été consacrée la médiation pénale (Loi 4 janv. et 24 août 1993), en 1999 a été créée la composition pénale (loi du 23 juin 1999), cette dernière

[26] *Les infractions sans suite ou la délinquance maltraitée,* Rapport du Sénat, n° 513 (1997-1998).

procédure ayant été étendue par la loi Perben du 09 septembre 2002 et faisant encore l'objet d'une extension avec la loi Perben II du 09 mars 2004 (Adaptation de la procédure à la délinquance...)[27].

Convergence des systèmes : Combinaison des principes de légalité et d'opportunité des poursuites

Il faut pour cela citer, une nouvelle fois le droit allemand : si en Allemagne le système repose traditionnellement sur la légalité des poursuites, l'appréciation en opportunité introduite par des réformes successives a fortement tempéré le principe de la légalité des poursuites. Il s'agit alors du système de la légalité des poursuites très assouplis.

En France, si le système de l'opportunité des poursuites est consacré, il est aussi tempéré par le principe de la légalité criminelle et par la possibilité que la victime a de se constituer partie civile.

En conclusion, le principe de légalité n'est nulle part absolu : le Ministère public peut considérer la poursuite comme inopportune dans l'intérêt général. En Russie, par exemple, la modicité de l'affaire permet au procureur de ne pas poursuivre « si l'acte a perdu tout caractère socialement dangereux ou si la personne a cessé d'être socialement dangereuse, la poursuite peut être exclue ».

Selon l'exemple du Portugal, pays mi-légaliste, mi-opportuniste, si la peine encourue dépasse 3 ans d'emprisonnement, la poursuite est obligatoire (légaliste)[28]; si la peine est inférieure à 3 ans, l'opportunité des poursuites s'applique.

Le principe de la légalité comporte également l'obligation de respecter le délai de prescription. Au-delà des délais prévus, les faits sont prescrits, et le risque pénal tombe.

Exemple d'un classement sous condition : la composition pénale en France

La composition pénale présente un intérêt particulier dans le domaine des affaires parce qu'en tant qu'alternative aux poursuites, elle permet d'apporter une réponse à un acte illicite sans pour autant produire des conséquences négatives sur le fonctionnement des entreprises. Néanmoins, la mise en œuvre de cette mesure révèle une entorse au

---

[27] P. Pereira, *La justice négociée : Efficacité répressive et Droits de la défense- sur la délinquance d'affaires*, Recueil Dalloz, 2005, chronique 2041 s.

[28] Art. 281 du Code de procédure pénal portugais.

principe de la légalité en ce que le traitement peut être différent pour les mêmes faits.

Instituée par la loi du 23 juin 1999[29], la composition pénale[30], véritable alternative aux poursuites est présentée comme un moyen de traitement adéquat des contentieux de masse en matière pénale[31]. Concernant de nombreux délits correctionnels, la composition pénale présente en apparence l'avantage de faire intervenir un juge impartial et indépendant : le président du tribunal de grande instance pour les délits ou celui du tribunal d'instance pour les contraventions.

En effet, alors que la loi de 1999, créant la composition pénale, avait énuméré limitativement les infractions concernées, celle de 2004 étend la possibilité de cette alternative aux poursuites aux délits passibles de peines d'amende et d'emprisonnement pouvant aller jusqu'à cinq ans. Il en est de même pour le domaine contraventionnel : « la procédure de composition pénale est également applicable aux contraventions »[32]. Autrement dit, de nombreuses infractions comme l'abus de biens sociaux, le blanchiment, l'escroquerie ou le recel sont susceptibles de faire l'objet d'un classement sous condition, la condition étant l'accord donné par la personne visée à la procédure de composition pénale. Alors que ces infractions complexes nécessitent une recherche des preuves élaborée sur le plan, notamment, comptable, financier et commercial, et font encourir des peines de cinq ans d'emprisonnement et une amende de 375 000 euros, l'aveu suffit pour ne pas poursuivre et prononcer des mesures d'accompagnement à l'encontre du présumé auteur des faits.

Dès lors, la critique réside dans la finalité poursuivie : celle de simplifier le droit de la preuve pour des infractions parfois complexes en

---

[29] Loi n° 99-515 du 23 juin 1999 instituant la composition pénale, JO 24 juin 1999 p. 9247, J.C.P. 1999-III-20110.

[30] J. Pradel, Une consécration du « plea bargaining » à la française : la composition pénale instituée par la loi n° 99-515 du 23 juin 1999, D. 1999, chron. 379 ; J. Leblois-Happe, « De la transaction à la composition pénale », Loi n° 99-515 du 23 juin 1999, J.C.P. 2000-I-198 ; F. Le Gunehec, « Présentation de la loi n° 99-515 du 23 juin 1999 », Première partie : dispositions relatives aux alternatives aux poursuites, J.C.P. 1999, Act. n° 28 p. 1327 ; J. Volff, *La composition pénale : un essai manqué !*, G.P. 2000, 1 doctr. 13 s. ; J. Leblois-Happe, « Quelles réponses à la petite délinquance ? Etude du droit répressif français sous l'éclairage comparé du droit répressif allemand », *Thèse*, Strasbourg, 1998, p. 577 s.

[31] J. Leblois-Happe, « De la transaction à la composition pénale », Loi n° 99-515 du 23 juin 1999, chron. préc. 198.

[32] Art. 71-II de la loi de 2004 proposant un nouvel art. 41-3 du CPP.

privilégiant l'aveu de la personne susceptible d'en faire l'objet. Or, c'est à travers ce système de justice négociée que des risques d'inégalités existent : d'abord, entre les individus, ayant commis des faits similaires et faisant l'objet d'un traitement différencié selon qu'il y ait poursuite, jugement ou l'alternative de la composition pénale ; ensuite, des inégalités entre le parquet et la personne visée sont patentes à travers la proposition d'une mesure de composition pénale, l'intéressé étant incité à s'auto incriminer sous la menace implicite du déclenchement de l'action publique. Cette mesure permettant d'arrêter les poursuites comporte trois étapes.

La première phase concerne la proposition de la mesure par le parquet à l'intéressé qui reconnaît avoir commis les faits. Le procureur de la République choisit librement la mesure lui paraissant la plus appropriée. Depuis la loi du 9 mars 2004, ces mesures ont été davantage diversifiées. On cite notamment, le versement d'une amende; l'abandon de la chose qui a servi ou devait servir à commettre l'infraction ou qui en était le produit ; l'accomplissement d'un travail d'intérêt général de soixante heures au plus dans un délai maximum de six mois ; l'interdiction d'émettre des chèques autres que ceux qui permettent le retrait de fonds par le tireur auprès du tiré pour une période de six mois au plus ; l'interdiction d'entrer en relation avec le ou les coauteurs ou complices éventuels désignés par le procureur de la République pour une durée de six mois au plus ; la réparation du dommage à la victime et la possibilité pour elle d'en demander le recouvrement suivant la procédure d'injonction de payer.

La seconde étape n'est réalisable que si la personne a donné son accord : il s'agit de saisir le juge, soit le président du tribunal de grande instance, soit celui du président du tribunal d'instance. Cette saisine a pour finalité de valider l'accord conclu entre le parquet et la personne intéressée. Avant de valider ou non l'accord, le juge peut entendre l'auteur des faits, la victime et leurs avocats. Ces auditions ne sont plus de droit si les parties le demandent depuis la loi du 9 septembre 2002. Puis, soit le président du tribunal valide l'accord correspondant à une transaction ce qui la rend exécutoire, soit il la rejette ce qui la rend caduque. Dans ce dernier cas, le parquet dispose à nouveau de la possibilité de poursuivre l'individu concerné.

La troisième étape est celle correspondant à l'exécution de la composition validée par le juge. L'exécution de la composition éteint l'action publique mais non l'action civile. La victime peut donc citer l'auteur des faits devant le tribunal correctionnel ou devant le tribunal de police, lequel tranchera sur les seuls intérêts civils. Aussi, si l'auteur des faits refuse d'exécuter l'accord, cela équivaut-il à un défaut de consentement, le parquet pouvant alors poursuivre l'intéressé.

Il ressort de ces trois phases de la composition pénale que l'intervention du juge du siège, certes consacrée, n'en est pas moins limitée : le juge se borne à entériner ou non l'accord scellé entre l'accusation et la défense. Ainsi, la procédure demeure toujours dominée par la nécessité d'un accord entre l'organe de poursuite et le présumé innocent. Ce dernier ne dispose pas d'une autonomie de la volonté réelle : la menace des poursuites ultérieures peut le contraindre implicitement à passer aux aveux.

Par ailleurs, même si la doctrine[33] soutient que les mesures de la composition pénale ne constituent pas des peines, il s'agit en réalité de sanctions. Tel est le cas du travail d'intérêt général reconnu comme une peine correctionnelle par l'article 131-3 du Code pénal. De cette manière, c'est encore l'organe de poursuite qui apprécie librement les aveux de la défense, choisit la peine la plus appropriée et sollicite l'accord de l'intéressé. C'est dire que les inconvénients relatifs aux risques d'amoindrissement de la défense, d'inégalités entre personnes pouvant faire l'objet de la mesure subsistent. Il paraît regrettable que le législateur n'ait pas développé les prérogatives du juge dans ce domaine.

Il est vrai que, parmi des droits étrangers ayant consacré les alternatives aux poursuites comme la Belgique, les Pays-Bas, la Norvège, l'Ecosse et l'Angleterre, l'intervention du juge dans la justice négociée est soit non consacrée soit consacrée mais d'une manière limitée[34] : « aucun système juridique européen ne semble admettre d'une façon explicite une participation active du juge à la négociation ». En Angleterre, le juge peut refuser le *plea bargain* par lequel les parties se sont accordées sur une peine. En Allemagne, le consentement du juge

---

[33] J. Leblois-Happe, « De la transaction à la composition pénale », Loi n° 99-515 du 23 juin 1999, J.C.P. 2000-I-198 ; F. Le Gunehec, « Présentation de la loi n° 99-515 du 23 juin 1999 », Première partie : dispositions relatives aux alternatives aux poursuites, J.C.P. 1999-Act. n° 28 p. 1327 ; J. Volff, *La composition pénale : un essai manqué !*, G.P. 2000-1-doctr. 13 s.

[34] Pour une vision d'ensemble, Cf. note M. Chiavario, *La justice négociée : une problématique à construire*, archives de politique criminelle 1993, n° 15, p. 27, spéc. p. 33.

est essentiel pour valider « le classement de l'affaire sous condition » c'est-à-dire l'accord entre l'accusation et la défense[35] ; mais, le rôle du juge demeure circonscrit à la validation ou non de l'accord. En d'autres termes, le juge ne dispose pas de pouvoirs importants dans le domaine de la justice négociée.

C'est dire que des voies sont encore à explorer pour améliorer les conditions de la défense au sein des procédures négociées : l'intervention plus active du juge semble nécessaire afin d'accroître la qualité de la défense et circonscrire le risque pénal. Son rôle pourrait notamment consister à vérifier la crédibilité des aveux de la personne concernée, aveux ayant conduit à un accord sur la peine, ce qui dépasserait le simple contrôle formel. De cette manière, le rôle du juge ne serait plus limité à une « simple relégalisation de surface ».

C. – prescription de l'action publique : le délai de poursuite des infractions

L'action publique est conditionnée par les délais pour poursuivre les infractions à compter de leur commission tels que définis par la loi : article 7 du Code de procédure pénale. La prescription doit être rapprochée de la nécessité de favoriser un oubli après l'écoulement d'un certain temps. En effet, passé un délai raisonnable, la société n'a plus intérêt à agir, les dommages étant plus importants en cas d'action publique. Il va de l'intérêt de la sécurité juridique dans le domaine des transactions économiques. De plus, passé un certain temps, l'action publique perd de son efficacité parce que les éléments de preuves peuvent disparaître.

La poursuite peut être engagée dans le délai de 10 ans pour les crimes à compter de leurs commissions ; celui de 3 ans en matière correctionnelle et celui de un an pour les contraventions (art 7 du Code de procédure pénale).

Le rapport relatif à la dépénalisation de la vie des affaires (Rapport Coulon, 2008)[36] préconise de nouveaux délais de prescription. Cette proposition fait suite à une jurisprudence ayant rendu certains délits quasi-imprescriptibles comme l'abus de biens sociaux, la corruption, l'abus de confiance.

---

[35] H. Jung, « Le procès pénal en République fédérale d'Allemagne », *in Procès pénal et droits de l'homme, Vers une conscience européenne*, Paris, 1992, p. 112 s.

[36] Rapport préc, spéc. p. 86.

Le rapport s'inspire du droit comparé et propose :

En matière de crime : un délai de 15 ans au lieu de 10 ans actuellement à compter de la commission de l'infraction ;

En matière de délit : un délai de 7 ans si le délit est puni d'une peine supérieure ou égale à 3 ans d'emprisonnement ; un délai de prescription de 5 ans si le délit fait encourir une peine inférieure à 3 ans d'emprisonnement.

En matière de contravention : 1 an comme c'est le cas actuellement.

Bien qu'il s'agisse d'un rapport visant la dépénalisation du secteur des affaires, on note une volonté d'accroître les délais de prescription de 3 ans à 7 ans en matière de délinquance économique. De cette façon, on mesure la dépénalisation d'une manière conditionnée : il s'agit de mettre fin à une pratique des juges du recul de la prescription au jour de la découverte des faits. Mais, il s'agit aussi de tenir compte du caractère occulte de ces infractions en augmentant la prescription de l'action jusqu'à 7 ans à compter de la commission des faits. Cette proposition vise à préciser le périmètre pénal en affirmant à la fois la gravité de certains actes, et le principe de la liberté d'entreprendre.

Si la plupart des législations a consacré le principe de la légalité, des nuances existent au niveau des poursuites (opportunité, légalité et prescription de l'action publique très variées). C'est annoncer que si les législations convergent vers un idéal commun de justice d'affaires internationale, il existe encore des différences dont il faut tenir compte au nom de la souveraineté nationale de chaque Etat.

Ceci est important lorsqu'on analyse les divers comportements frauduleux, surtout s'ils ont été commis pour partie dans un Etat et pour partie dans un autre Etat.

En matière de jugement, le principe de la légalité comporte également des conséquences.

D. – le jugement

Les individus poursuivis doivent être soumis aux mêmes règles du procès, ce qui implique une détermination préalable des règles juridictionnelles : les juridictions compétentes et le déroulement du procès, les voies de recours. En matière de crime, la juridiction compétente est la cours d'assises ; en matière de délit, celle compétente est le tribunal correctionnel et en matière de contravention, les juridictions compétentes sont le tribunal de police et la juridiction de proximité.

Néanmoins, on relève de nombreuses nuances et des traitements différenciés sur les affaires pénales ce qui rend le risque pénal variable.

En effet, les procédures simplifiées sur reconnaissance préalables des charges ont été consacrées : *Plea Bargain* (dans le système anglo-saxon), *Pattegiamento* (système italien), plus récemment la loi Perben II 9 mars 2004 prévoyant la réduction de la peine sur reconnaissance des charges en France. Il s'agit, ici, d'une véritable atteinte à la finalité originaire du principe de la légalité, en ce que son corollaire : l'égalité de tous devant la loi n'est plus un principe fondamental dans la pratique. C'est même la loi qui permet, un régime différencié selon que l'individu passe aux aveux ou non. On s'oriente vers une forme de gestion économique de la justice pénale.

Dans le système anglo-saxon : les procédures applicables sont celles du *Guilty plea*, et le *plea bargaining*. Ces procédures intéressent directement les responsables d'entreprises en ce qu'elles contribuent à réduire le risque pénal, même si une infraction a été commise.

Le *Guilty Plea* correspond au plaidoyer de culpabilité. Avant l'audience ou juste au début de celle-ci, la question est posée à l'accusé : plaidez-vous coupable ou non coupable ? Si la personne poursuivie plaide non coupable, c'est qu'il entend laisser le poursuivant établir la preuve des faits (procédure traditionnelle en France : la preuve des faits doit être rapportée conformément au principe de la présomption d'innocence).

Si l'accusé reconnaît sa culpabilité, cela entraîne la suppression du procès (c'est-à-dire du débat sur la preuve) : le juge statue directement sur la peine. Le gain de temps est considérable, c'est pourquoi, les juges accordent presque toujours une réduction sur la peine d'au moins un tiers. C'est ici qu'apparaît le consensualisme : sur proposition du plaider coupable, l'accusé préfère abandonner le débat sur la preuve, avouer les faits et bénéficier d'une sanction plus allégée.

Le *plea bargaining* est un dérivé pratique du *guilty plea*, mais il est plus élaboré.

L'accusé, au lieu de se borner unilatéralement à confesser sa faute (même avec la conviction d'une réduction de peine), s'entend avec le Ministère public sur l'étendue de la qualification pénale : sur les charges. Au Canada, on l'appelle l'entente sur le plaidoyer. Utilisé à 80 % en Angleterre et aux Etats-Unis[37].

---

[37] J. Cedras, *Le droit pénal américain*, Coll. « Que sais-je ? », PUF, 1997, p. 102 et s.

La négociation porte sur la réduction de l'allègement des charges : au lieu d'une escroquerie, on retiendra le vol (interdit en France en principe). Il peut y avoir une promesse de ne pas poursuivre la famille, les enfants du délinquant ; la négociation porte aussi sur la sentence, la peine prononcée ; sur des circonstances aggravantes, le Ministère public étant d'accord de ne pas les soulever.

Cette procédure existe dans tous les pays de droit anglo-saxon déjà cités, mais également en Italie sous le terme de *Pattegiamento* (Art. 444 à 448 CPP italien) : application de la peine sur requête des parties. Le ministère public et l'accusé s'entendent avec le juge de l'enquête préliminaire ou la juridiction de jugement sur une peine déterminée par rapport aux faits sur lesquels les parties se sont mises d'accord. La peine sera alors réduite d'un tiers de celle minimale encourue.

En Espagne, il existe l'institution de la conformité *(Conformidad)* : exclusion du débat et donc du procès lorsque l'accusé est d'accord avec le ministère public et si la peine encourue est inférieure à 6 ans d'emprisonnement[38].

Dans les systèmes à tendance romano-germanique :

En France, longtemps le principe de la justice négociée a été refusé. Toutefois, le jugement simplifié a été consacré avec la loi Perben II du 9 mars 2004 : jugement simplifié sur reconnaissance préalable des charges ou de la culpabilité.

La comparution sur reconnaissance préalable de la culpabilité : pour les délits faisant encourir une peine de 1 à 5 ans. En réalité, on veut gagner du temps. Il suffit d'un aveu et la recherche de la vérité n'a plus lieu de continuer. Puis, le président du tribunal correctionnel décide d'homologuer la ou les peines proposées. Puisqu'il y a reconnaissance des charges, les peines encourues sont fortement diminuées. De 5 ans d'emprisonnement, la peine peut être réduite de moitié ou à un an. L'ajournement et la dispense de la peine sont possibles.

Comme les infractions concernées sont celles faisant encourir jusqu'à 5 ans, il peut s'agir de nombreuses infractions d'affaires : abus de biens sociaux, escroquerie, recel, faux, etc., ce qui peut laisser perplexe sur la mesure de la répression de la délinquance d'affaires. C'est dire que les limites du risque pénal sont déterminées en fonction du traitement de l'affaire, soit par un jugement classique, soit par une procédure simplifiée.

---

[38] J. Pradel, *Droit pénal comparé*, Dalloz, 1995, p. 542, n° 435.

Critique :

Le conflit pénal fait l'objet d'un commerce : débat entre les parties pour aboutir à un accord. Il est vrai qu'il s'agit d'un mode d'intervention plus souple, moins coûteux, plus informel et on évite de la même manière les classements sans suite pour des raisons d'absence de moyens. On note aussi un glissement de la sphère publique vers celle privé, alors que la justice pénale ne devrait pas connaître de transaction ou de négociation entre personnes : la loi doit être la même pour tous conformément au principe de la légalité.

Mais, s'agit-il réellement d'un système satisfaisant : la réponse doit être plus que nuancée parce que de nombreuses dérives existent.

En effet, il est exagéré de prétendre que les parties soient sur un pied d'égalité, le Ministère public et la personne poursuivie. Il s'agit de l'autorité judiciaire, et face à la menace d'une sanction et de la longueur d'un procès, un innocent peut préférer subir une peine allégée, ce qui est parfaitement contestable. Inversement, le coupable par le biais de la négociation peut profiter de la réduction de peine, voir du paiement d'une amende, ce qui ne règle en rien la finalité poursuivie par l'Etat : le rétablissement de l'ordre public et la condamnation juste des délinquants d'affaires. Négocier la solution du conflit pénal, c'est contourner les règles du procès : la question n'est plus de savoir si l'on dispose des preuves de l'infraction pour établir de manière fiable la culpabilité (ce qui est le but traditionnel du procès), mais de savoir si l'on dispose d'éléments suffisants pour établir une offre de condamnation réduite. Une telle pratique est incompatible avec le principe d'une juste peine, corollaire du principe de la légalité. Cette évolution produit des effets directs sur les contours du risque pénal, ces contours devenant imprécis.

Pour autant, c'est ce qui a été vivement recommandé par le Conseil de l'Europe dans la recommandation R (87) 18 du 17 septembre 1987 : le conseil des ministres préconisait, en effet, de simplifier la justice en suggérant expressément la procédure de guilty plea, celle permettant la procédure du plea bargaining. Aujourd'hui, c'est chose faite avec la loi Perben II : la procédure à base inquisitoriale intègre de plus en plus les pratiques anglo-saxone. C'est une forme de mise en compatibilité vers la constitution d'un droit pénal harmonisé dans le secteur des affaires. Il reste à savoir s'il faut faire primer la gestion rapide de la justice ou la Justice sur la base de preuves de culpabilité fiables (Présomption d'innocence).

Cette analyse d'ensemble nous fait voir quelle est aujourd'hui la valeur du principe de la légalité. Il faudrait encore ajouter des pratiques nationales existant dans tous les pays renforçant quelque peu le déclin de la légalité.

Pour autant, le principe de la légalité demeure le principe de base de toute la matière pénale qu'elle soit nationale ou internationale. Il a pour corollaire le respect de nombreux autres principes devant être respectés par les Etats : ce qui nous conduit à traiter des applications du principe de la légalité, méthode de détermination des contours du risque pénal.

section II
les applications du principe de légalité

Le corollaire du principe fondamental de la légalité concerne les règles relatives à l'interprétation stricte de la loi, celles-ci comprenant parfois une pratique spécifique en droit pénal des affaires. Par ailleurs, l'application de la légalité criminelle impose de maîtriser le procédé de qualification des faits. Mais, le corollaire de l'élément légal vise encore l'application de la loi dans le temps et dans l'espace. Sur ce dernier point, le secteur financier et des affaires est directement concerné puisque l'internationalisation de l'économie a conduit à celle de la délinquance d'affaires.

§ 1. – l'interprétation de la loi pénale

Interpréter la loi signifie en déterminer le sens pour lui donner une application concrète. L'interprétation de la norme pénale pour les juges répressifs est donc une nécessité. Il s'agit de passer de la généralité de la norme à la particularité du cas. La problématique imposée au juge est de résoudre les problèmes d'interprétation par rapport à une situation : parfois, les termes de la loi sont confus et ne couvrent pas toutes les hypothèses. Tel a été le cas, par exemple, de la filouterie, qui avant d'être consacrée par le Code pénal de 1994, ne pouvait être assimilée à un vol, ni à un abus de confiance, ni même à une escroquerie.

Cette problématique doit prendre en considération tous les intérêts en présence : ceux découlant directement du principe de la légalité. Il s'agit, en effet, de protéger les libertés individuelles mais aussi de défendre le respect de l'ordre public. Cet équilibre qui dépend de l'interprétation détermine alors les contours du risque pénal face à la liberté d'entreprendre.

On comprend alors pourquoi l'interprétation des textes pénaux recouvre une spécificité par rapport à celle autorisée pour les autres domaines du droit. On ne saurait admettre l'interprétation par analogie, ni celle extensive par induction pouvant aboutir à des solutions arbitraires.

Le principe est posé à l'article 111-4 du Code pénal : la loi pénale est d'interprétation stricte. Il s'agit d'une traduction fidèle du principe de la légalité. Ce principe comporte plusieurs significations : l'interdiction d'une interprétation large ; l'obligation d'une interprétation littérale, cette dernière n'excluant pas l'interprétation téléologique.

A. - l'interdiction d'une interprétation large : le refus d'une interprétation par analogie

En effet, l'obligation d'une interprétation stricte signifie d'abord le refus d'une interprétation large, considérée comme une méthode inacceptable sur le plan des libertés individuelles. Cela revient à interdire l'interprétation par analogie parce que cette dernière a pour conséquence d'étendre le sens du texte pénal et l'étendue du risque pénal encouru par les acteurs économiques.

L'interprétation par analogie

C'est une méthode qui permet au juge d'étendre un texte d'incrimination à des cas non prévus par la loi mais voisins de celui qu'il réglemente. Cette méthode peut aboutir à créer une incrimination ou une sanction ignorée par le droit pénal.

La méthode analogique consiste à résoudre une espèce pénale non prévue par la loi en se réclamant de son esprit latent, et en prenant pour point de départ la similitude de l'espèce donnée avec une autre que la loi a prévue.

Il existe deux types d'analogie : celle légale et celle juridique. L'analogie légale permet au juge d'incriminer ou de sanctionner un acte non prévu mais similaire en se servant de la norme pénale, celle-ci ne prévoyant pas l'acte en question. L'analogie juridique consiste à s'inspirer non plus d'une norme, mais du système répressif dans son ensemble, sans prendre appui sur un texte précis.

Par exemple, le code soviet de 1926 : tout ce qui est contraire à la conscience socialiste est punissable et l'interprétation analogique est admise. (Article 16.). C'est donc le critère de la conscience socialiste qui permettait au juge soviétique une interprétation extensive et lui conférait un pouvoir d'extension sans limite du risque pénal.

De même, on cite le Code pénal nazi de 1933 : élimination de personnes pour des raisons eugéniques ; puis, pouvoir était donné au juge d'incriminer et de sanctionner tout comportement paraissant contraire « au saint instinct du peuple allemand ».

Cette méthode dite analogique est donc présentée comme le contraire de la finalité du principe de la légalité.

Néanmoins, les dangers de la méthode analogique n'existent plus lorsque cette méthode permet de servir le principe de la légalité, celui consistant à protéger les libertés individuelles contre l'arbitraire des juges. On admet alors l'analogie *in favorem :* par exemple le code pénal de 1810 prévoyait la démence comme cause d'irresponsabilité pour le délit et le crime. Les juges avaient étendu l'article 64 de ce code aux individus coupables d'une contravention. Il ne s'agit pas d'une violation du principe de la légalité, puisque ce principe est fondé par l'interdiction de tout abus afin de protéger les libertés individuelles.

De la même manière, l'interprétation par analogie est aussi admise en procédure pénale, et plus précisément dans le sens de l'accroissement des garanties de la défense, comme l'oralité des débats. Ici, les interprétations larges sont même recommandées sous l'influence de la Cour européenne des droits de l'homme.

En dehors de ces hypothèses, l'interprétation stricte commande au juge de procéder à une interprétation littérale.

B. – l'obligation d'une interprétation littérale

L'interprétation littérale est une illustration directe de l'obligation d'interpréter les textes strictement. Toutefois, cette méthode dite traditionnelle comporte de nombreuses limites et ne sert pas de manière satisfaisante le principe de la légalité, tel que conçu aujourd'hui.

La méthode littérale est celle préconisée par Beccaria et Montesquieu : « le juge ne doit être que la bouche qui dit le droit ». Cela revient à écarter tout ce qui n'est pas dans le texte et à décortiquer les mots du texte, à faire une analyse étymologique selon des sources syllogistiques. Cette méthode fait appel au raisonnement *a contrario*, à celui *a fortiori* pour limiter le contenu et la portée du texte pénal et limiter l'étendue du risque pénal.

Cette méthode est rigide et témoigne de la méfiance envers les juges. Par ailleurs, une telle méthode pour être efficace suppose nécessairement que le législateur ait rédigé des textes clairs et précis, ce qui n'est pas toujours le cas.

De surcroît, on ne saurait concevoir le juge comme un distributeur automatique de textes ou comme un applicateur de ces textes, face aux contextes évolutifs de la société. C'est pourquoi, on doit préférer une méthode plus moderne : celle de l'interprétation téléologique. Celle-ci semble plus conforme et plus réaliste face aux comportements frauduleux en matière financière et économique.

C. – l'admission de l'interprétation téléologique

Elle consiste à se fonder sur *la ratio legis*, c'est-à-dire la raison d'être de la loi. On dégage le sens de la loi sans aller à l'encontre des principes généraux du droit criminel. C'est même conforme au principe de la légalité.

En effet, l'interprétation doit tendre à dégager tout le sens d'un texte pénal, sans rien y ajouter mais également sans rien retrancher.

Cette méthode s'attache à la volonté du législateur. Ce n'est pas faux, mais c'est un peu exagéré : le juge ne doit pas rechercher le but poursuivi par le législateur, ce but ayant été manifesté lors de l'élaboration de la loi. Cela paraît irréalisable surtout si la loi est ancienne. En revanche, c'est la recherche de l'essence de la norme qui est recommandée, c'est-à-dire sa raison d'être ce qui permet de donner à un texte ancien sa dimension actuelle sans que le principe de la légalité soit transgressé.

Exemple : le vol. Le texte de 1810 n'avait pas prévu le vol d'électricité. Il va sans dire que l'électricité étant une chose (électrons, particules...), entre directement dans le domaine de l'application de ce texte. Le Code pénal actuel a consacré cette interprétation : selon l'article 311-2, « la soustraction frauduleuse de l'énergie au préjudice d'autrui est assimilée au vol ».

Appréciation de l'interprétation stricte de la loi pénale :

Il ressort de cette étude que l'interprétation stricte des textes pénaux conduit, certes à l'exclusion de l'interprétation par analogie, mais également à celle de l'interprétation littérale excessive. En définitive, prétendre que l'interprétation stricte de la loi signifie l'interprétation littérale (uniquement) est exagéré. Les personnes poursuivies ne peuvent pas, non plus, se réfugier derrière les mots d'un texte pour échapper à la répression. Ex. : l'enlèvement de mineurs au pluriel concerne aussi l'enlèvement d'un mineur.

La préférence pour la méthode téléologique doit donc être comprise, surtout face à l'obligation pour le juge de juger sous peine de se rendre coupable d'un déni de justice (art. 4 Code civil). Dès lors, le juge ne peut se réfugier derrière le silence, l'obscurité, ou l'insuffisance de la loi : il doit donc interpréter.

Aussi, ne faut-il pas confondre le respect de l'interprétation stricte selon la méthode téléologique, aboutissant à l'accroissement des exemples d'application, avec l'extension du domaine d'application de la loi par l'interprétation analogique.

Dans le premier cas, le principe de la légalité est respecté. Par exemple, le vol de l'électricité, l'escroquerie au parcmètre, ont été des nouveaux exemples par rapport à ceux passés selon le même texte. Cette augmentation du champ d'application n'est pas due à l'extension du domaine du texte, mais simplement au nombre de cas entrant dans le même domaine d'application du texte, selon l'évolution de la technologie.

Dans le second cas, c'est l'extension du texte par l'interprétation analogique qui permet d'étendre le domaine d'application de la loi, ce qui est justement interdit conformément au principe de la légalité.

Enfin, pour les textes rédigés d'une manière laconique, comportant des adverbes comme « notamment », on ne saurait reprocher au juge de faire une interprétation large. En réalité, cela donne **une interprétation stricte d'un texte large**, et en conséquence un domaine d'application tout aussi étendu. Ce n'est pas le juge qui viole le principe de la légalité, mais le domaine de la loi qui transforme le contenu du principe de la légalité. Ces éléments recouvrent une importance capitale dans la pratique parce que ce sont justement les moyens d'interprétation de la loi qui délimitent les contours réels du risque pénal encouru par les chefs d'entreprise.

L'application du principe de la légalité commande aussi une certaine rigueur pour la qualification des faits, cette opération ne devant pas être confondue avec l'interprétation de la loi.

§ 2. – la qualification des faits

La qualification pénale des faits ne peut être confondue avec l'interprétation de la loi. Les méthodes de qualification obéissent à des règles très précises conformément au principe de la légalité. Aussi, la pratique révèle-t-elle des conflits de qualifications selon lesquels un même fait est susceptible de tomber sous le coup de plusieurs textes. Cette confusion est souvent due à l'inflation législative et pose le problème de la détermination du risque pénal encouru.

A. – définition

La qualification des faits consiste à rechercher si les faits reprochés tombent sous le coup d'un texte pénal et lequel. Il s'agit donc de la détermination de la nature juridique d'une infraction, de l'identification ou de l'appellation légale des faits. Il s'agit en réalité d'identifier le risque pénal : s'agit-il d'une fraude, d'un délit de malversation, d'un abus de biens sociaux ou encore d'un abus de confiance, ou d'une escroquerie.

C'est la conséquence logique du principe de la légalité. Il s'agit d'une opération essentielle parce qu'elle conditionne le procès pénal. C'est, en effet, de cette opération qu'est déduite la juridiction compétente : crime (Cour d'assises), délit (Tribunal correctionnel) et contravention (Tribunal de police ou juridiction de proximité). C'est pourquoi, on dit que la mise en œuvre des poursuites est conditionnée par la qualification des faits. C'est pourquoi encore, il est nécessaire que les règles de qualification soient conformes au principe de la légalité.

B. – les méthodes de qualification des faits

Les méthodes de qualification des faits recouvrent une importance capitale sur la détermination des contours du risque pénal. C'est la qualification qui permet de distinguer si l'acte est consommé ou bien tenté. De la même manière, les auteurs de la qualification sont divers, alors que c'est cette dernière qui détermine la juridiction pénale compétente. Par ailleurs, les faits étant parfois complexes, surtout dans le domaine des affaires, on assiste souvent à des conflits de qualifications ce qui détermine d'autant plus la détermination du risque pénal encouru par les entreprises et leurs responsables.

1°). L'importance du moment de la qualification

La qualification doit être effectuée en se plaçant au temps de l'acte. C'est à ce moment que doivent être appréciés les éléments constitutifs de l'infraction.

Par conséquent, toutes les modifications ultérieures des faits, même si elles entraînent l'arrêt du caractère infractionnel, sont sans incidence. Tel est le cas du repentir actif. Par exemple, le voleur, restituant le bien volé, demeure un voleur. De même, l'auteur d'un abus de biens sociaux n'efface pas l'activité infractionnelle en restituant les biens ou en remboursant le crédit indûment accordé et émanant du patrimoine de la société commerciale.

2°). Qualification, consommation de l'infraction et tentative

On doit distinguer la consommation de l'infraction avec sa tentative. La qualification des faits suppose une matérialité distincte dépendant des deux définitions ci-dessous :

– La consommation de l'infraction

L'infraction est consommée lorsque le fait accompli par l'auteur renferme tous les éléments constitutifs de l'acte incriminé tels qu'ils sont précisés dans la définition qu'en donne la loi.

Ainsi, l'infraction est dite consommée dès lors que tous les actes matériels constitutifs ont été réalisés.

Si la définition paraît simple, il faut relever une variabilité d'infractions et des consommations diverses.

On distingue les infractions matérielles et celles dites formelles.

Les infractions matérielles ou celles dites de résultat : il s'agit des infractions dont la commission implique un résultat matériel. La loi a prévu un résultat matériel. L'homicide volontaire : la mort causée volontairement par l'auteur. La mort est le résultat, la consommation n'a lieu que si le résultat est atteint (sinon, il s'agira d'une tentative).

Les infractions formelles sont celles qui sont consommées et donc punissables en dehors de tout résultat matériel. Par exemple, la mise en danger délibérée d'autrui : le résultat, ici, est considéré comme virtuel, formel et légal. Ce que l'on incrimine c'est le comportement en dehors de l'obtention d'un quelconque résultat matériel.

L'infraction instantanée

Elle se consomme en un trait de temps.

Le point de départ de la prescription de l'action publique est le moment de la consommation.

Par exemple, l'escroquerie : la remise d'un bien suite aux manœuvres frauduleuses consomme le délit d'escroquerie. En matière de vol, la soustraction frauduleuse de la chose d'autrui consomme le délit de vol en un instant, l'instant de la soustraction.

L'infraction continue : Il s'agit de la consommation de l'infraction qui se prolonge dans le temps. Cette définition est utile pour déterminer le moment ou le point de départ de la prescription de l'action publique.

L'infraction continue suppose une continuité matérielle de l'acte ou des actes d'exécution. C'est la même action qui s'étale dans le temps : tant que le receleur détient l'objet qui a été volé, l'infraction n'est pas consommée et la prescription ne saurait commencer à courir. L'infraction continue suppose la persistance de l'intention coupable de l'auteur.

L'infraction continuée est une création jurisprudentielle. Elle est rattachée à une pluralité d'actions sur un plan matériel, mais cette pluralité d'actions est accomplie en violation de la même disposition légale. Par exemple,l'escroc utilise plusieurs fois le même mensonge ou manœuvre pour se faire remettre des fonds par la même victime ; l'employé d'une grande surface dérobe chaque jour une somme d'argent. Nous avons une discontinuité matérielle, on ne confond pas l'infraction continue avec celle continuée (continuité matérielle de la même action).

On applique, toutefois, le même régime que celui des infractions continues : pour ces infractions dites réitérées, la prescription commence à courir à compter du dernier acte mais pour l'ensemble des actes, ce qui rend la répression plus efficace et rallonge la prescription. De même, s'agissant de la compétence des juridictions : chaque juridiction du lieu de chaque acte est compétente.

– La tentative d'une infraction

Selon l'article 121-5 du Code pénal, « La tentative est constituée dès lors que, manifestée par un commencement d'exécution, elle n'a été suspendue ou n'a manqué son effet qu'en raison de circonstances indépendantes de la volonté de son auteur ».

Selon l'article 121-4 du même code, « est auteur de l'infraction la personne qui commet les faits incriminés ; tente de commettre un crime, ou dans les cas prévus par la loi, un délit ».

La loi pénale intervient en l'absence de consommation de l'infraction, dans le processus pénal. Pourquoi ? Parce que la répression est utile et la loi vise à sanctionner des comportements dangereux.

Aussi, faut-il comprendre que la tentative n'est pas une infraction incomplète (voir définition du commencement d'exécution) : elle a son autonomie. Il est vrai que la tentative n'est pas indépendante des infractions : on dit tentative de vol, tentative d'escroquerie... Il n'existe donc pas de tentative infractionnelle en générale. Mais, lorsqu'on dit qu'elle a son individualité propre, cela signifie que la tentative n'est pas « un morceau » d'infraction. Il peut s'agir d'un acte autre que des éléments constitutifs à partir du moment où ces actes ne sont pas ambigus. Exemple : l'individu entrant par effraction dans le domicile d'autrui. Il peut s'agir d'une tentative de vol. Il n'est donc pas question d'un début de soustraction frauduleuse de la chose d'autrui.

Pour que la tentative soit caractérisée, on doit être en présence d'une action intentionnelle sans résultat. Il s'agit du commencement d'exécution. Par ailleurs, l'absence de résultat résulte de circonstances indépendantes de la volonté de son auteur. Ces deux composantes correspondent à l'application directe du principe de la légalité (Art. 121-5 CP).

Le commencement d'exécution

En effet, la répression ne peut valablement être exercée que si nous sommes en présence d'un acte matériel. La tentative est donc un acte matériel pour être punissable : il s'agit du commencement d'exécution (manifestation matérielle de la tentative). Cette tentative peut être en partie localisée sur plusieurs pays. C'est la raison pour laquelle il paraît important de maîtriser ces différentes définitions avant de savoir comment les localiser sur un plan international.

On doit distinguer le commencement d'exécution de l'acte préparatoire (celui-ci n'étant pas répréhensible). L'acte préparatoire est un acte équivoque : on peut lui donner diverses significations. Ces diverses significations conduisent au doute, ce qui fait dire que la répression ne saurait intervenir à ce stade. *Ex. : l'achat d'une arme, d'une substance de nature à entraîner la mort, c'est un acte préparatoire et non un commencement d'exécution.*

Le commencement d'exécution, en revanche, est un acte univoque : acte qui entre dans la définition légale de la tentative.

Dès lors, si le commencement d'exécution est un acte antérieur à la consommation de l'infraction, l'acte préparatoire est lui-même antérieur au commencement d'exécution. Le commencement d'exécution tend directement (et immédiatement) à la consommation de l'infraction.

En matière d'escroquerie, la réclamation d'une indemnisation faite à l'assurance est suffisamment rapprochée pour constituer une tentative, ce qui n'est pas le cas de la destruction volontaire d'un bien : Crim. 1er juin 1994[39], La destruction volontaire d'un bien, objet de l'assurance, n'est qu'un acte préparatoire et ne saurait, en l'absence de demande de remboursement présentée par l'assuré, constituer le commencement d'exécution justifiant une condamnation pour tentative d'escroquerie.

Mais, le commencement d'exécution n'est pas que l'acte matériel. Il faut aussi une intention coupable c'est-à-dire la volonté de l'acte et la conscience de l'illicéité de l'acte.

En effet, pour qu'il y ait commencement d'exécution, l'intention coupable doit être caractérisée. On le comprend très bien : le commencement d'exécution ne saurait être conçu sans que l'agent ait conscience d'accomplir des actes devant entraîner une infraction déterminée. La tentative d'une infraction involontaire ne peut exister.

L'intention coupable de l'auteur d'une infraction tentée est identique dans sa nature à celle de l'auteur d'une infraction consommée. Cette intention est caractérisée par la volonté de l'acte et la conscience de l'illicéité de l'acte. La preuve résultera des modalités de la matérialité des faits : à savoir que les juges peuvent prendre en considération d'autres actes que ceux relatifs au commencement d'exécution pour forger leur intime conviction sur l'existence de l'intention coupable.

L'absence de résultat et les circonstances indépendantes de la volonté de son auteur

La lettre de l'article 121-5 du Code pénal est sans ambiguïté : « ...n'a été suspendue ou n'a manqué son effet qu'en raison de circonstances indépendantes de la volonté de son auteur ».

L'absence de résultat correspond généralement à une interruption de l'action. Cette interruption doit empêcher irrévocablement la consommation de l'infraction projetée. Cette interruption est involontaire (indépendante de la volonté de son auteur), ce qui s'oppose au désistement volontaire, ce dernier empêchant de caractériser la tentative. En

---

[39] Dr. pénal M. Véron. 234 ; RSC 1995. 102 Obs. Ottenhof.

revanche, l'interruption involontaire constitutive de la tentative est caractérisée alors même que l'auteur manifeste un repentir actif. Le repentir actif est sans effet sur l'existence de la tentative en ce qu'il a lieu postérieurement au commencement d'exécution.

Cette interruption involontaire est donc caractérisée lors de l'intervention des forces de police surprenant l'auteur, l'intervention de tiers, la résistance de la victime, l'habileté de celle-ci, le manque de coordination des complices. Il s'agit des circonstances indépendantes de la volonté de l'auteur.

Le meilleur moyen de prouver le contraire est que l'agent doit démontrer son désistement volontaire (renversement de la présomption d'innocence). Ainsi, la personne poursuivie doit prouver qu'elle a bien pris la décision de cesser son activité infractionnelle, pour qu'il n'y ait pas tentative. L'appréciation se fait au cas par cas. Par exemple : l'abandon d'une tentative de vol en raison de la présence de passants ne constitue pas un désistement volontaire, mais une circonstance indépendante de la volonté de son auteur.

L'auteur de l'infraction tentée encourt la même peine que l'auteur de l'infraction consommée.

Par ailleurs, la tentative est toujours punissable en matière de crime. Elle n'est punissable en matière de délit que lorsque la loi le prévoit.

3°). Qui qualifie ? et quand ? On cite plusieurs acteurs

On peut déjà citer les victimes qui en portant plainte qualifient les faits pour lesquelles elles portent plainte. De même, l'officier de police judiciaire (OPJ), lors des enquêtes ; le Procureur de la République lors du déclenchement des poursuites ; le juge d'instruction lorsqu'il est saisi, et enfin les juridictions de jugement, au moment de la phase de jugement. La qualification des faits concerne donc toutes les phases de la procédure : de la découverte des faits, de l'enquête, de l'instruction et du jugement jusqu'à la condamnation ou la relaxe.

4°). La saisine des juridictions sur les faits est une saisine *in rem*

Une saisine *in rem* signifie que le juge est saisi uniquement sur les faits et non sur la personne *(in personam)*. Cela permet, notamment, au juge d'instruction de mettre en examen une autre personne que celle initialement visée par le réquisitoire introductif.

5°). Pouvoir de requalification et problèmes de disqualification

Le juge pénal a le pouvoir, et même le devoir, de caractériser les faits de la prévention sous toutes les qualifications dont ils sont susceptibles. Il doit restituer aux faits leur exacte qualification. Cela peut très bien se comprendre, notamment, lorsqu'on envisage la recherche des preuves lors de l'enquête et de l'instruction, des éléments venant conforter ou non la qualification initialement retenue.

Mais, il existe une limite : le juge ne peut par le biais de la requalification, ajouter aux faits qui lui sont soumis des circonstances nouvelles sur lesquelles il se fonde pour prononcer une condamnation. Si des circonstances nouvelles ont été découvertes, il doit en informer le parquet (réquisitoire supplétif).

6°). La requalification a des conséquences sur la juridiction saisie

Si le crime est requalifié en délit, la Cour d'assises demeure compétente (qui peut le plus, peut le moins). En revanche, un délit requalifié en crime conduit le tribunal correctionnel à rendre une ordonnance d'incompétence, et à renvoyer l'affaire devant la juridiction compétente.

Par le biais de la qualification, requalification et disqualification, *on soulève parfois des violations manifestes du principe de la légalité :* technique de la correctionnalisation et de la contraventionnalisation. La correctionnalisation rend le tribunal correctionnel compétent alors que les faits poursuivis sont de nature criminelle (gestion de la justice, défaut d'élément de preuve suffisant pour démontrer le crime, certitude d'une condamnation par la juridiction correctionnelle plutôt que par la cour d'assises, crainte de l'indulgence des jurés, procédure correctionnelle beaucoup moins onéreuse que celle devant la cour d'assises.)

Aussi, doit-on relever qu'un même fait est susceptible de tomber sous plusieurs qualifications. Il s'agit du conflit de qualifications.

C. – le conflit de qualifications : le concours idéal d'infractions

Il s'agit de l'hypothèse selon laquelle un fait tombe sous le coup de différents textes. En effet, un même acte peut faire l'objet de plusieurs qualifications : il s'agit du concours idéal d'infractions (concours de qualifications pour un seul acte). Cette hypothèse est courante dans la pratique et influe directement sur l'étendue du risque pénal. En effet, si un responsable d'entreprise commet un fait, ce fait pourrait être qualifié d'abus de biens sociaux, de banqueroute ou d'abus de confiance. Or, on ne peut retenir toutes les qualifications pénales pour la commission d'un seul fait. Un fait conduit à une seule qualification, et en conséquence au prononcé de la sanction appropriée. Retenir toutes les qualifications pénales pour un seul fait conduit à étendre le périmètre répressif sans adéquation avec la réalité. Il en est tout autrement pour l'individu qui commet plusieurs faits. Dans cette dernière hypothèse, on qualifie chacun des actes.

Dès lors, lorsqu'un fait a été commis, le principe est l'unité de qualification pour un seul fait. Le juge ne peut retenir qu'une seule qualification pour un seul fait.

Par exemple, un associé commet une falsification comptable, cette falsification étant une manœuvre frauduleuse ayant servi à commettre une escroquerie. Cette manœuvre peut avoir déterminé la remise d'une chose (voir *infra*, l'escroquerie). Ce même fait tombe sous le coup de l'escroquerie ou du faux.

Trois règles essentielles doivent être appliquées pour savoir si le risque pénal est réalisé :

1 - Le non-cumul de qualifications pour un même fait ;

2 - La plus haute acception pénale : au regard de la peine. Il s'agit du texte le plus sévèrement incriminé. Dans l'hypothèse d'un faux ayant déterminé la remise, on préfèrera l'escroquerie.

3 - La règle spéciale déroge à la règle générale : dans l'hypothèse d'un faux en matière informatique, on appliquera la falsification informatique plutôt que le faux *(Speciala generalibus derogant).*

Il ne faut pas confondre le concours idéal d'infractions et le concours réel d'infractions.

Dans le premier cas, c'est le même fait et un seul fait qui est susceptible de tomber sous le coup de différentes qualifications. Dans le second cas, on est dans l'hypothèse selon laquelle un individu a commis différentes infractions sans qu'aucune n'ait été poursuivie et condamnée. En ce cas, on applique le non-cumul des peines (possibilité de sommation des peines sans que cette sommation ne dépasse le maximum de la peine la plus sévèrement encourue). Par exemple, un individu commet une escroquerie et un vol. Il fera l'objet d'une déclaration de culpabilité pour chacun des faits commis (vol et escroquerie). Mais, on ne cumulera pas les 5 ans d'emprisonnement encourus pour l'escroquerie et les 3 ans d'emprisonnement pour vol. Le juge peut prononcer 4 ans pour la première infraction et 1 an pour la seconde sans que le cumul de ces peines ne dépasse le maximum encouru pour l'infraction la plus sévèrement réprimée (5 ans pour l'escroquerie).

Il existe une exception au non-cumul des peines : en matière de contraventions. Toutes les amendes sont prononcées pour autant de contraventions commises ce qui détermine d'autant l'étendue du risque pénal encouru par les sociétés commerciales en tant que personnes morales.

Concours idéal d'infractions	**Concours réel d'infractions**
= un seul fait et différents textes susceptibles de qualifier ce même fait. → **Non-cumul de qualifications : unicité de la qualification pour un fait.** → **La plus haute acception pénale** → **Texte spécial > texte général**	= différents faits et différents textes. Sans qu'entre ces faits il y ait une condamnation (sinon récidive) Ex. : vol / escroquerie Les différentes infractions sont commises sans que chacune ne soit séparée par une condamnation. → **Non-cumul des peines :** on prend en considération tous les textes, mais on ne prononce qu'une peine pour toutes les infractions. Toutes les infractions seront mentionnées au casier judiciaire. Plusieurs déclarations de culpabilité, mais une seule peine.

Par ailleurs, les faits commis supposent la maîtrise de l'espace temps. Le principe de la légalité comporte alors une application spécifique en matière d'application de la loi dans le temps.

§ 3. – l'application de la loi dans le temps

Face à l'inflation législative, les acteurs économiques ne connaissent pas toujours la portée de leurs actes en matière d'investissement. Cette méconnaissance est accrue lorsque le fait commis produit des effets dans le temps alors qu'une nouvelle loi vient d'être votée. Dans cette hypothèse, le risque pénal est susceptible de varier en fonction des nouvelles données légales.

Selon l'article 112-1 du Code pénal, « sont seuls punissables les faits constitutifs d'une infraction à la date à laquelle ils ont été commis.

Peuvent seules être prononcées les peines légalement applicables à la même date. Toutefois, les dispositions nouvelles s'appliquent aux infractions commises avant leur entrée en vigueur et n'ayant pas donné lieu à une condamnation passée en force de chose jugée lorsqu'elles sont moins sévères que les dispositions anciennes ».

A première vue, le principe est simple : le texte applicable est celui en vigueur au moment de la réalisation de l'infraction.

Mais, des réformes peuvent modifier les incriminations existantes, les aggraver ou les adoucir, ce qui fait varier l'étendue du risque pénal. De même, en procédure pénale, pour une meilleure administration de la justice, de nouvelles lois votées sont d'application immédiate.

La question se pose alors de savoir quelle est la loi applicable pour un fait commis à l'instant T, alors qu'une nouvelle loi vient d'être votée. En d'autres termes, comment procède-t-on lorsqu'une situation a pris naissance avant la loi nouvelle, mais que cette situation produit encore des effets après la loi nouvelle.

Les règles diffèrent selon qu'il s'agit des lois de fond ou de celles de procédure.

A. – principe pour les règles de fond

Le principe est la non rétroactivité de la loi pénale. Toutefois, ce principe comprend des exceptions.

1°). La non-rétroactivité de la loi

En effet, les lois nouvelles ne doivent jamais viser le passé sauf exception. La loi nouvelle qui crée une incrimination nouvelle ou qui élève la peine applicable pour une infraction qui préexiste, ne s'applique pas aux faits antérieurement commis à son entrée en vigueur. Cela est justifié : avant de frapper, la loi doit prévenir. En d'autres termes, les entreprises et responsables de celles-ci doivent être en mesure de connaître le risque pénal qu'ils prennent au moment où ils le prennent.

Les lois pénales de fond sont *celles qui définissent des actes, des incriminations*. Si une loi nouvelle crée ou définit une infraction, on doit comprendre que le fait visé n'était pas une infraction antérieurement à la loi et que le risque pénal n'existait pas. Dès lors, tous les faits commis avant la création de la nouvelle infraction n'entrent pas dans le périmètre répressif. Par exemple, la loi du 18 mars 2003 pour la sécurité intérieure a créé de nouvelles infractions comme : la traite des êtres humains (art. 225-4-1 CP, L. 13 mars 2003) : « le fait, en échange d'une rémunération ou de tout autre avantage ou d'une promesse de rémunération ou d'avantage, de recruter une personne, de la transporter, de la transférer, de l'héberger…, pour la mettre à la disposition d'un tiers, même non identifié ».

Les lois pénales de fond sont aussi celles qui augmentent ou diminuent les peines. Cette détermination du *quantum* de la sanction encourue détermine les contours du risque pénal. Ainsi, un fait illicite qui fait encourir 3 ans d'emprisonnement et qui a été commis à l'instant T, ne fera pas l'objet d'une sanction de 5 ans si une loi nouvelle vient augmenter la peine pour le même fait. Cette règle permet de connaître le contour du risque pénal au moment de la commission de l'acte.

Il en est de même s'agissant des règles relatives à la récidive. Ces règles influent directement sur le *quantum* des peines encourues. Si la loi nouvelle est plus sévère, elle ne s'applique pas aux faits qui ont été commis antérieurement à sa promulgation alors qu'ils ne sont pas encore jugés.

La même logique s'applique à la suppression des circonstances atténuantes, ou au rajout de circonstances aggravantes. Dans ce cas, la loi détermine un périmètre répressif plus étendu, ce qui augmente le risque pénal. On n'appliquera pas la loi nouvelle, aux faits commis antérieurement à cette loi. La même logique est appliquée lorsque la loi vise un cumul de peines.

2°). Exception au principe de non-rétroactivité de la loi pénale : la rétroactivité *in mitius*

C'est la rétroactivité de la loi pénale plus douce. En effet, la loi nouvelle plus douce s'applique aux faits antérieurement commis, mais non encore jugés, de même qu'à ceux déjà jugés en première instance, mais non encore réexaminés en appel, ou n'ayant pas encore fait l'objet d'un pourvoi en cassation.

Cela est fondé sur le critère de l'utilité et de la proportionnalité des peines par rapport à l'intérêt de la société. En effet, la société n'a plus intérêt à réprimer un fait plus sévèrement comme par le passé, si au présent elle estime le fait moins grave. Cela est aussi conforme à la finalité de la légalité criminelle : la protection des libertés individuelles.

La loi est considérée comme plus douce, lorsqu'elle adoucit l'incrimination, fait disparaître une circonstance aggravante, rajoute des conditions préalables, accorde un sursis.

3°). Les autres exceptions

Il existe encore des exceptions au principe de la non-rétroactivité de la loi. Lorsque la loi déclare elle-même la rétroactivité même si la loi nouvelle est plus sévère. Par exemple, l'imprescriptibilité des crimes contre l'humanité (loi du 26 décembre 1964, Art. 213-5 CP).

Parmi ces exceptions, on cite **les lois interprétatives**, celles qui précisent le sens d'une loi ancienne qui en principe devrait avoir le même domaine que la loi ancienne. Parfois, sous couvert de lois interprétatives, le législateur complète les dispositions anciennes en les rendant plus sévères. Par exemple, la loi du 3 janvier 1967 sur les fraudes en matière de vente d'immeubles à construire. Il s'agit parfois de la pratique de l'erratum au JO qui correspond à une rétroactivité déguisée. Le mécanisme des lois interprétatives influe directement sur les contours du risque pénal, parce qu'à travers l'interprétation par le législateur, le périmètre répressif peut alors être plus accru. Le secteur des affaires est directement concerné, ce qui pose le problème de la prévisibilité de ce risque selon le contenu de lois postérieures qui interprètent des lois anciennes.

Il existe encore une exception qui vise directement le domaine économique : il s'agit de l'exception à la rétroactivité de la loi la plus douce. On maintient le texte ancien, même si ce texte est plus sévère. Par exemple, si une loi supprime une taxe, l'ancienne qui l'imposait demeure applicable pour les faits antérieurs à la loi nouvelle plus douce. En matière économique, on n'appliquera donc pas la rétroactivité de la loi pénale plus douce.

B. – principe pour les règles de procédure

Pour les lois de procédure, la règle est celle de l'application immédiate selon l'idée qu'elle contribue à une meilleure administration de la justice.

Mais, si elle supprime des voies de recours, on prend en considération l'intérêt de la personne poursuivie, ce qui détermine également l'étendue du risque pénal. Si le délai est modifié à la baisse, on appliquera la loi ancienne.

Aussi, la loi nouvelle ne peut-elle pas entraîner la nullité d'actes régulièrement accomplis sous l'empire de la loi ancienne (même si avec la loi nouvelle, de nouvelles conditions sont posées). Un homme d'affaires ne peut sous prétexte de l'apparition d'une loi nouvelle imposant des conditions supplémentaires d'actes de procédure, solliciter l'annulation des actes précédemment effectués sous l'empire de l'ancienne loi.

Au sujet de la prescription, après de longues hésitations, on considère les lois sur la prescription applicables immédiatement, même si les prescriptions sont rallongées aussi bien d'action publique (10 ans en matière de crime ; 3 ans en matière de délit, 1 an en matière de contravention) que celles de la peine (20 ans en matière de crime, 5 ans en matière correctionnelle, 2 ans en matière contraventionnelle). En effet, selon l'article 112-2-4 : la loi sur la prescription est applicable immédiatement lorsque la prescription anciennement applicable n'est pas acquise, sauf si elle a pour résultat d'aggraver la situation de l'intéressé.

Enfin, le risque pénal comporte une dimension géographique importante dans le contexte de la mondialisation. Il s'agit de l'application de la loi dans l'espace, cette application étant essentielle en matière de délinquance internationale. C'est donc selon la maîtrise des points précédents relatifs à l'interprétation de la loi, la qualification des faits et l'application de la loi dans le temps, que l'on peut désormais qualifier les actes sur l'espace géographique.

§ 4. – l'application de la loi dans l'espace

Parmi les principes communs rendant la législation nationale applicable, on cite le critère général de la territorialité (lieu de commission des faits infractionnels), ainsi que des exceptions à ce principe général (personnalité et universalité).

A. – principe général de la territorialité

Aux termes de l'article 113-2 du Code pénal, « la loi pénale française est applicable aux infractions commises sur le territoire de la République ». Les conflits de textes pénaux sont alors réglés à partir de la notion de territorialité.

Dans ce cas, deux questions se posent : celle de la délimitation du territoire (on se posera la question pour le territoire de la République française) et celle de savoir ce que signifie une infraction commise ou réputée commise sur le territoire de la République.

La délimitation du territoire français

Le Territoire français comprend la terre, la mer et l'air. Il reste à connaître leur étendue parce que cette dernière délimite l'espace de la réalisation du risque pénal.

S'agissant de la terre, le territoire comprend d'abord la terre au sens de l'article 72 de la Constitution du 04 octobre 1958, c'est-à-dire les collectivités territoriales de la République : la France métropolitaine ; les Départements d'Outre-mer (Guadeloupe, Martinique, Guyane et la Réunion) ; les territoires d'Outre-mer (Nouvelle Calédonie, Polynésie française, Wallis et Futuna, terres australes et antarctiques françaises) ; les collectivités territoriales (Mayotte, Saint-Pierre et Miquelon) ; les îles éparses de l'Océan Indien (Bassas-de-India, Europa, Glorieuses, Juan-de-Nova, Tromelin et l'Iles de Clipperton).

Sur le plan maritime, le territoire comprend la mer territoriale. (Exception au principe de la liberté des mers, principe de droit international public).

La mer dite territoriale est la bande située entre la terre et une ligne imaginaire parallèle à la côte. Selon la loi du 24 décembre 1971, il s'agit de 12 milles marins, soit 22,25 km à partir des bases des côtes.

Dans cet espace, l'Etat exerce donc sa souveraineté.

Par ailleurs, la mer comprend également ce que l'on appelle la zone économique au large des côtes du territoire de la République. Il s'agit, en réalité, des zones d'exploitation et d'exploration dans lesquelles s'exerce la souveraineté nationale.

De plus, la loi pénale française est applicable aux infractions commises à bord ou à l'encontre des navires battant pavillon français « en quelque lieu qu'ils se trouvent » et même en haute mer. Quant aux navires de la marine nationale, seule la loi française est applicable et en quelque lieu qu'ils se trouvent.

Pour les navires étrangers de commerce, ils ne relèvent pas de la souveraineté française. En conséquence, seule la loi étrangère visée sera compétente. Sauf dans 3 cas : pour les infractions commises à bord par ou contre une personne qui n'est pas de l'équipage ; pour les infractions troublant la tranquillité du port ; et lorsque les autorités du navire réclament l'autorité portuaire même pour les infractions commises par l'équipage.

S'agissant de l'air, le territoire français comprend également l'espace aérien située au-dessus des terres et de la mer territoriale.

Les infractions commises à bord d'aéronef français rendent la loi française et les tribunaux français compétents quel que soit l'endroit où ils se trouvent. (Le mandat d'arrêt délivré par le juge d'instruction français peut être exécuté à bord d'un avion français sur un aéroport étranger). Que les appareils soient civils ou militaires.

Pour les infractions commises à bord d'un aéronef étranger dans l'espace français, la loi française est compétente (même si autorisation de survol) en cas de détournement d'aéronef (art. 462 Cp et art.224-6 CPP).

B. – la localisation d'une infraction sur le territoire français

Il s'agit de répondre à la question de savoir comment l'infraction est réalisée ou commise. Faut-il que tous les éléments constitutifs soient réalisés sur le territoire français ? ou bien peut-on se contenter d'une partie des éléments constitutifs ? Puis, qu'en est-il des actes de complicité commis en France alors que les infractions principales ont été commises à l'étranger ? Comment régler le problème des textes pénaux et des tribunaux compétents ?

Il est donc question de rechercher le critère de la localisation, ce critère étant fonction de la nature matérielle de l'infraction principale commise. On distingue ainsi l'infraction principale et l'acte de complicité.

1°). Localisation de l'infraction principale

Selon l'article 113-2 alinéa 2 du Code pénal « L'infraction est réputée commise sur le territoire de la République dès lors qu'un de ses faits constitutifs a eu lieu sur ce territoire ».

Les expressions « faits constitutifs » sont synonymes de « éléments constitutifs ».

Par exemple, en matière d'escroquerie commise par un responsable d'entreprise, les éléments constitutifs de l'escroquerie sont le mensonge, conforté par des manœuvres frauduleuses ayant provoqué la remise au préjudice d'un tiers avec intention coupable.

Un seul des éléments, s'il est commis sur le territoire français suffit à rendre les juridictions et la loi françaises compétentes. En d'autres termes, la loi française est compétente dès qu'il existe une localisation partielle de l'infraction.

Pour reprendre l'escroquerie, dès lors que des allégations mensongères ont été commises sur le territoire français, la loi française est compétente. Il en est de même, si la remise a eu lieu en France alors que les manœuvres frauduleuses ont été commises en Argentine ou au Etats-Unis.

On peut également citer l'exemple du recel. Selon l'article 113-3 du CP, l'infraction continue qui se prolonge dans le temps par la persistance de son action et de l'intention de son auteur, et qui se déroulerait en partie en France et en partie dans un autre Etat est réputée commise en France. Tel est le cas du recel d'abus de biens sociaux, le bénéfice de l'abus de biens sociaux s'étant réalisé en partie au Luxembourg, et en partie en France.

2°) Localisation de l'acte du complice

La localisation de l'acte du complice recouvre une importance capitale dans le domaine des affaires. Il s'agit de la personne qui aide sciemment à la commission de l'infraction, ou qui donne les instructions pour la commettre. Le complice peut, en effet, avoir permis la justification de fonds provenant de détournements, peut également informer et faciliter la commission de l'infraction de recel d'abus de biens sociaux.

Lorsque l'infraction principale a été commise en France et que l'acte de complicité a été commis à l'étranger, on applique l'emprunt de criminalité, l'acte accessoire de complicité emprunte la criminalité de l'acte principal. Ainsi, la loi française est compétente.

Lorsque l'infraction principale a été commise à l'étranger et que l'acte de complicité a été commis en France, on écarte la règle de l'emprunt de criminalité (sinon la loi française ne serait pas compétente). Selon l'article 113-5 du CP « la loi pénale française est applicable à quiconque s'est rendu coupable sur le territoire de la République, comme complice, d'un crime ou d'un délit commis à l'étranger si le crime ou le délit est puni à la fois par la loi française et par la loi étrangère et s'il a été constaté par une décision définitive de la juridiction étrangère ». Il existe donc deux conditions : Le crime et le délit doit exister à l'étranger et l'individu auteur principal de l'infraction doit avoir été poursuivi pour que la loi française soit applicable au complice.

Il existe encore une autre méthode permettant de localiser la commission d'une infraction, cette méthode influant directement sur la détermination du risque pénal. Il s'agit de l'application du critère de l'indivisibilité. En effet, les tribunaux français sont encore compétents pour connaître des faits commis à l'étranger par un étranger si ces faits forment « un tout » indivisible avec les infractions commises en France imputables à un étranger. On pense à l'association de malfaiteurs : crime commis à l'étranger par un étranger issue d'une association de malfaiteurs. L'étranger, ayant pris part à cette association pour partie en France, a poursuivi l'entente ou la préparation du crime ou du délit à l'étranger.

Conclusion : Le principe de la territorialité comprend donc une expression maximale. Toutefois, il comprend des exceptions, ces exceptions ayant pour finalité de rendre la loi française compétente. En d'autres termes, si le principe de la territorialité est le principe général, il est insuffisant. La plupart des Etats appliquent les mêmes principes ce qui peut conduire à des conflits de lois et à une multiplication du risque pénal. Il existe, néanmoins, des compromis interétatiques (voir *infra* Chapitre 4).

C. – les exceptions au principe de la territorialité : applicabilité élargie de la loi nationale

Position du problème : pour les infractions commises hors du territoire de la République, le principe de la territorialité conduirait à exclure la compétence de la loi française. Mais, certaines infractions commises à l'étranger peuvent intéresser la France : soit l'auteur est français et a commis une infraction à l'étranger. Dans ce cas, son retour pose la problématique du recommencement de ses actes criminels sur le territoire français. Soit, la victime est de nationalité française et l'ordre public français a été troublé à l'étranger.

Il a donc fallu dans certaines hypothèses exclure le principe de la territorialité. Ces exceptions sont la compétence dite personnelle et dite celle réelle.

1°). La compétence personnelle : le principe de la personnalité

On applique ce principe lorsqu'on relève des carences de la répression étrangère. La loi étrangère n'a pas permis la condamnation du français coupable d'une infraction ou n'a pas condamné l'étranger coupable d'une infraction ayant causé un dommage à une victime française. C'est à travers ces hypothèses que l'on substitue le principe de la personnalité à celui de la territorialité.

Le système de la personnalité active

La personnalité active signifie que l'on tient compte de la personne coupable de l'infraction commise à l'étranger. Ainsi, selon l'article 113-6 alinéa 1 du CP, « la loi pénale française est applicable à tout crime commis par un français hors du territoire de la République ». Dans tous les cas, la loi française sera compétente alors même que le prévenu aura acquis la nationalité française postérieurement à la commission de l'infraction (art. 113-6 al. 3 et 113-11 al. 2 CP combinés).

Le système de la personnalité passive

Lie la compétence de la loi française à la nationalité de la victime d'une infraction, et ce quelle que soit la nationalité de l'auteur de l'infraction visée. Selon l'article 113-7 du Code pénal, la loi pénale française est applicable à tout crime, ainsi qu'à tout délit puni d'emprisonnement, commis par un français ou par un étranger hors du territoire de la République lorsque la victime est de nationalité française au moment de l'infraction.

Mais, deux conditions sont nécessaires pour que la loi française soit compétente en matière de crime ou de délit : aucune poursuite ne peut être exercée contre une personne justifiant qu'elle a été définitivement jugée à l'étranger pour les mêmes faits et, en cas de condamnation, que la peine a été subie ou prescrite. Cela conduit à dire que le principe de la personnalité est subsidiaire en ce que les intérêts de la souveraineté étrangère sont préservés *(Non bis in idem)*. Il faut ensuite que le crime ou le délit qui doit être punissable à l'étranger, le soit également en France.

Ces conditions sont relatives à la « réciprocité d'incrimination » : c'est une forme implicite de coopération entre Etats.

2°). La compétence réelle ou universelle

Le principe de la territorialité peut encore, dans certaines hypothèses, s'effacer devant l'exception de l'universalité même lorsque l'infraction a été commise hors du territoire français et par un étranger dont la victime est étrangère.

L'ordre public français est concerné dans ces hypothèses lorsque des infractions sont d'une particulière gravité : infraction contre la sûreté de l'Etat, d'une falsification ou contrefaçon de sceaux, de monnaies nationales, de crimes ou délits contre des agents diplomatiques ou consulaires français. C'est en raison des intérêts français en jeu que la loi française est applicable. Il importe peu que le coupable ait été ou non condamné à l'étranger.

Il en est de même pour les infractions commises à l'étranger, en application de conventions internationales. On trouve la base légale dans l'article 689 du Code de procédure pénale : « Les auteurs ou complices d'infractions commises hors du territoire de la République peuvent être poursuivis et jugés par les juridictions françaises soit », conformément aux articles du Code pénal (113-1 et suivants) « soit... lorsqu'une convention internationale donne compétence aux juridictions françaises pour connaître de l'infraction ».

Il peut s'agir des crimes contre l'humanité, des traitements inhumains, dégradants, cruels, du terrorisme de son financement, des infractions relatives aux produits nucléaires, des infractions en matière de sécurité maritime et aérienne, des captures illicites d'aéronef, du blanchiment.

Conclusion : lorsque la loi française est applicable en dehors du principe de la territorialité, la juridiction française répressive compétente est celle du lieu où réside le prévenu, celle de sa dernière résidence connue, celle du lieu où il est trouvé, celle de la résidence de la victime. Sinon, pour une question de recherche de preuves, le tribunal, ou la juridiction d'instruction compétente sera celui ou celle du lieu le plus proche de la frontière de l'Etat concerné (Art. 693 C.P.P.).

Ainsi, nous avons une vue d'ensemble sur l'applicabilité des lois nationales. Les règles de compétences prennent en considération le principe du respect de la souveraineté des Etats étrangers. L'expression est donc maximale en matière de délimitation du risque pénal. Afin de limiter les conflits de lois comme indiqués précédemment, il existe une règle internationale selon laquelle tout individu ne peut être jugé deux fois pour le même fait.

La règle *Non Bis in idem*[40] est alors un corollaire de cette prise en compte des souverainetés étrangères : cette formule exprime le princi-

---

[40] Voir chapitre 4.

pe selon lequel une personne déjà jugée pour une infraction ne peut être poursuivie à nouveau pour le même fait.

En Europe, comme aux Etats-Unis, ces principes sont intégrés dans l'ensemble à travers la ratification des conventions internationales (pour une étude détaillée sur ce thème voir Chapitre 4 en matière de coopération).

Les contours du risque pénal supposent également la connaissance de la qualité des responsables.

section III
la qualité des responsables

La qualité des responsables vise à connaître l'identité de l'auteur, des co-auteurs, de même que celle du complice. L'action et la complicité sont en effet deux notions distinctes.

§ 1. – les auteurs et les co-auteurs

La coaction est, en principe, nettement distincte de la complicité. Le co-auteur est un auteur à part entière : il réalise en même temps que les autres les éléments constitutifs de l'infraction reprochée.

Aussi, l'auteur ou les co-auteurs peuvent-ils être les chefs d'entreprise, ou encore les sociétés commerciales en tant que personne morale.

A. – la responsabilité pénale des personnes morales

***Avant la loi de 2004* :**

Le Code Pénal de 1810 n'était destiné qu'aux personnes physiques. Mais, au vu de la délinquance grandissante des personnes morales, la tradition a été bouleversée par le nouveau Code Pénal qui énonçait dans son article 121-2 que « les personnes morales sont responsables dans les cas prévus par la loi et les règlements des infractions commises pour leur compte, par leurs organes ou représentants ».

Quelles sont les conditions de mise en œuvre de la responsabilité pénale des personnes morales ?

Être dans le champ d'application des personnes morales concernées : une personne morale de droit privé à but lucratif (société civile ou commerciale, GIE...) ; une personne morale de droit privé à but non lucratif (associations, partis ou groupements politiques, syndicats, institutions représentatives du personnel...) ; une personne morale de droit public, à l'exception de l'Etat, dans la limite des infractions commises dans l'exercice d'activités susceptibles de faire l'objet de convention de délégation de service public pour les collectivités territoriales et leurs groupements.

L'infraction doit avoir été commise pour le compte de la personne morale : elle doit avoir procuré un profit à la personne morale ; elle doit avoir servi ses intérêts.

L'infraction doit avoir été commise par les organes ou représentants de la personne morale : organes et représentants légaux ou statutaires de la personne morale (assemblée générale, conseil d'administration, PDG, gérant, conseil municipal, maire...) ; dirigeant de fait, au cas où le dirigeant de droit n'est qu'un prête nom.

Ainsi, la responsabilité pénale des personnes morales était une responsabilité SPECIALE. En effet, on appliquait certaines infractions relatives aux personnes physiques et qui, commises par un organe ou représentant avait procuré un profit à la personne morale ou avait servi ses intérêts.

Avec la loi du 9 mars 2004 portant adaptation de la loi à l'évolution de la criminalité

Le principe de la responsabilité pénale des personnes morales a été généralisé. En d'autres termes, la disposition consistant à n'engager la responsabilité des personnes morales que lorsque la loi le précise pour telle ou telle infraction a été supprimée. Il en ressort que toutes les infractions sont susceptibles d'engager la responsabilité des personnes morales (les infractions commises à compter du 31 décembre 2005). Le risque pénal encouru par les sociétés commerciales et les organisations pourvues d'une personnalité juridique a été considérablement élargi.

Néanmoins, cette généralisation de la responsabilité pénale des personnes morales comporte une exception en matière de presse écrite ou audiovisuelle, afin d'éviter que l'application cumulée des règles sur la responsabilité « en cascade » concernant notamment les directeurs de publication et celle sur la responsabilité pénale des personnes morales n'aboutisse à une répression excessive.

Cette exception concerne principalement les délits de provocation, d'injures publiques et de diffamation.

En ce qui concerne les infractions pour lesquelles la responsabilité pénale des personnes morales est encourue, seule pourra être prononcée une peine d'amende dont le maximum est égal à cinq fois le montant de l'amende encourue par les personnes physiques.

En cas d'infraction intentionnelle, la règle devra en principe consister dans l'engagement de poursuites à la fois contre la personne physique auteur ou complice des faits, et contre la personne morale, dès lors que les faits ont été commis pour son compte par un de ses organes ou représentants.

En revanche, en cas d'infraction non intentionnelle, mais aussi d'infraction de nature technique pour laquelle l'intention coupable peut résulter de la simple inobservation, en connaissance de cause, d'une réglementation particulière, les poursuites contre la seule personne morale devront être privilégiées, et la mise en cause de la personne physique ne devra intervenir que si une faute personnelle est suffisamment établie à son encontre pour justifier une condamnation pénale.

Dès lors, parmi les infractions visées, on cite, notamment, le non-respect des règles d'hygiène et de sécurité du travail, de harcèlement moral, en matière de sociétés (C. com., art. L. 241-1 s.), les abus de biens sociaux entre sociétés d'un même groupe et le délit de présentation de comptes inexacts, délits en matière de démarchage ou de pratiques commerciales prohibées, les délits en matière de transports routiers (falsification de documents de travail, défaut de licence de transport, dépassement du temps de conduite, incitation aux excès de vitesse...), pratiques commerciales prohibées (C. consom., art. L. 121-1).

Le principe de la généralisation de la responsabilité pénale des personnes morales comporte donc un intérêt pratique important : le risque pénal est très étendu s'agissant des personnes morales.

B. – la responsabilité pénale du chef d'entreprise

On cite en premier lieu le principe dégagé par la jurisprudence, en matière pénale et consacré dans le Code pénal : ***« Nul n'est responsable pénalement que de son propre fait » (art. 121-1 CP).***

On note, en conséquence, une distinction avec le droit civil qui admet la responsabilité du fait d'autrui (des personnes dont on doit répondre).

Lorsqu'on envisage la responsabilité pénale du chef d'entreprise : on pense à la responsabilité du fait d'autrui. Mais, il n'en est rien. Il s'agit seulement en apparence d'une responsabilité du fait des préposés : la réalité est une responsabilité du fait personnel du chef d'entreprise.

La responsabilité pénale du chef d'entreprise découle de la loi et plus largement de la jurisprudence. La loi comprend toutes les dispositions relatives à l'hygiène et à la sécurité au travail, en matière de cotisations sociales. La jurisprudence fait une application élargie des textes relatifs aux infractions d'imprudence, de telle sorte que la responsabilité pénale du chef d'entreprise est très étendue (ce qui contrevient au principe de l'interprétation stricte de la loi pénale). En effet, c'est la pratique qui détermine, en définitive les contours du risque pénal. Si la jurisprudence effectue une interprétation large des textes répressifs, cela conduit à rendre le champ répressif flexible, ce qui crée une forme d'insécurité des actes accomplis au sein des entreprises.

Les conditions de cette responsabilité

Qui ? Ce sont les chefs d'entreprise au sein des industries réglementées, c'est-à-dire qu'il s'agit de toutes les entreprises soumises aux règles de police générale.

L'infraction ? Il s'agit d'une infraction commise par le préposé. Le salarié doit avoir commis une infraction à l'occasion de ses fonctions auxquelles il est employé dans l'entreprise.

Peu importe la nature de l'infraction commise : il peut s'agir d'une infraction de commission (pollution dans un cours d'eau) ou d'omission (le fait de ne pas porter des protections). La responsabilité du chef d'entreprise n'empêche pas les poursuites du préposé.

Par ailleurs, puisqu'il s'agit d'une responsabilité personnelle du dirigeant, on doit démontrer une faute imputable à l'employeur. En effet, l'employeur doit avoir commis une « faute personnelle ». La plupart du temps, il s'agit d'une faute dite d'imprudence. En effet, il incombe au chef d'entreprise de veiller personnellement à la stricte application par ses subordonnés des prescriptions légales ou réglementaires. Certains auteurs estiment qu'il s'agit implicitement d'une responsabilité pénale du fait d'autrui parce que le chef d'entreprise emprunte la matérialité de l'infraction directement commise par le salarié. Mais en réalité, les chefs d'entreprise ont un devoir d'exercer une action directe sur les faits de leurs préposés. Le non respect de la norme pénale témoigne alors de la faute, ou de la négligence dans l'application de la réglementation. C'est en ce sens qu'il s'agit d'une responsabilité de son propre fait conformément à l'article 121-1 du Code pénal. On dit que l'employeur laisse les salariés violer la norme. Toutefois, il existe un moyen d'écarter la responsabilité pénale : il s'agit de la délégation de pouvoir, celle-ci recouvrant un intérêt particulier sur le plan international.

La délégation de pouvoir exonère le chef d'entreprise de sa responsabilité :

La seule possibilité pour le chef d'entreprise d'échapper à la responsabilité pénale est de déléguer ses pouvoirs à un préposé. Mais, la délégation des pouvoirs ne se conçoit que dans une entreprise d'une certaine importance : le chef d'entreprise ne peut pas toujours veiller au respect de toutes les normes. L'employeur ne peut donner délégation de pouvoirs qu'à un salarié de l'entreprise pourvu de la compétence, de l'autorité et des moyens nécessaires. La délégation doit être antérieure à l'infraction commise. Elle ne peut être générale. En effet, elle doit être spéciale et concerné un secteur donné, non équivoque. L'écrit n'est pas exigé, mais il est fortement recommandé.

Par la délégation de pouvoirs, il y a transfert de responsabilité pénale sur le délégataire : exemple, en matière de blessure par imprudence, de pollution, etc. Ce n'est que de cette manière que la responsabilité du chef d'entreprise ne sera pas engagée. On dit que le risque pénal est transféré ou déplacé sur le délégataire[41].

La délégation n'exonère pas la personne morale. En effet, ce n'est pas parce qu'il existe une délégation que l'infraction n'emportera que la responsabilité du délégataire : « le salarié d'une société titulaire d'une délégation de pouvoirs en matière d'hygiène et de sécurité est un représentant de la personne morale… Il engage donc la responsabilité pénale de celle-ci en cas d'atteinte involontaire à la vie ou à l'intégrité physique trouvant sa cause dans un manquement aux règles qu'il était tenu de faire respecter en vertu de la délégation »[42].

---

[41] O. Richebé, « La gestion du risque pénal dans l'entreprise : enjeu d'efficacité économique ? », *Colloque Paris*, 22 mai 2008, *in Petites affiches*, 20 novembre 2008, p. 15.
[42] Cass. crim. 30 mai 2000, Bull. crim. n°206.

§ 2. - la complicité punissable

Selon l'article 121-7 du Code pénal, « est complice d'un crime ou d'un délit la personne qui sciemment, par aide ou assistance, en a facilité la préparation ou la consommation. Est également complice la personne qui par don, promesse, menace, ordre, abus d'autorité ou de pouvoir aura provoqué à une infraction ou donné des instructions pour la commettre ».

Pour que la complicité soit répréhensible, il faut d'abord constater l'existence d'un acte principal, pour ensuite faire l'association avec l'acte de complicité.

A. - une condition préalable : l'existence d'un acte principal

L'acte de complicité est rattaché à l'acte principal. Si cette infraction principale n'a pas été commise, il ne peut y avoir de complicité. Il s'agit donc de la règle de l'emprunt de criminalité.

La règle de l'emprunt de criminalité :

Il n'existe pas de complicité punissable sans infraction principale. En effet, le droit français est gouverné par l'unité de l'infraction qui fait de la complicité un acte accessoire. Cet acte accessoire est nécessairement rattaché à un comportement principal : il emprunte le caractère délictueux, sinon quoi ce ne serait pas un acte de complicité.

Exemple : donner une arme et l'auteur ne l'utilise pas : on ne peut réprimer le simple fait de donner une arme.

En cas de complicité par instigation

Cette complicité est toujours incriminée qu'il s'agisse d'un crime, d'un délit ou d'une contravention (donc même en matière de contravention). En effet, le second alinéa de l'article 121-7 du code pénal vise de façon générale « les infractions » sans préciser la nature. Cette forme de complicité est donc générale. Par ailleurs, l'article R. 610-2 al. 2 du même code dispose que « la complicité des contraventions, au sens de l'alinéa 2nd de l'article 121-7, est punie conformément à l'article 121-6 ». En conséquence, la complicité par instigation (provocation) d'une contravention est possible.

En cas de complicité par aide ou assistance

Cette forme de complicité n'est, en principe, incriminée qu'en ce qui concerne les crimes et les délits, seules infractions mentionnées à l'article 121-7 al.1er CP. S'agissant des contraventions, cette complicité n'est normalement pas réprimée sauf si le texte réglementaire le prévoit expressément. En conséquence, cette complicité est générale pour les crimes et délits, spéciale pour les contraventions.

Remarques : Si la complicité n'est incriminée que si l'infraction principale est punissable, cela ne signifie pas pour autant que cette infraction principale doive être effectivement poursuivie.

Le fait que l'infraction soit punissable exclut les hypothèses suivantes : l'infraction est prescrite ; elle a fait l'objet d'une amnistie réelle c'est-à-dire liée à la nature des faits et non à la personne ; l'infraction ne présente plus de caractère d'infraction en raison d'une immunité familiale ; ou l'infraction n'a pas été commise ou tentée.

Mais, il n'est pas nécessaire que l'auteur de l'acte principal ait été puni, condamné ou même poursuivi. L'emprunt de criminalité ou l'emprunt de qualification concerne le fait principal et non l'auteur de ce fait principal.

La complicité est punissable même si l'auteur de l'infraction principale a été déclaré pénalement irresponsable, en raison d'un trouble mentale ou de sa minorité ou s'il fait l'objet d'une amnistie personnelle.

De même, si l'auteur n'est pas poursuivi pour des raisons de fait : classement sans suite en opportunité, ou personne non identifiée, décès, etc., la complicité est encore punissable. Dans ces hypothèses le juge devra constater qu'une infraction a été commise.

B. – l'association à l'infraction : l'acte de complicité

L'acte de complicité comprend des éléments matériels, de même qu'un élément intellectuel.

1°). Les éléments matériels de complicité

Le Code pénal distingue clairement deux formes de complicité, dont chacune est répréhensible en elle-même : la complicité par aide ou assistance et la complicité par instigation.

La complicité par aide ou assistance :

C'est la forme de complicité la plus répandue : formule très large, et susceptible d'applications très variées. A la différence de l'aide, l'assistance suppose la présence sur place du complice. Ex. : immobilisation d'une personne victime d'un vol.

L'aide recouvre, notamment tous les cas de fournitures de moyens qui auront procuré des armes, des instruments ou tout moyen qui aura servi à l'action. Le moyen fourni à l'action peut être un objet mobilier ou même immobilier. Il y a complicité même si l'aide ou l'assistance a été inefficace. Il importe peu que les instruments remis au voleur aient servi ou non.

Il faut un **acte antérieur ou concomitant à l'infraction principale**.

L'aide ou l'assistance doit avoir pour but de faciliter « la préparation ou la consommation » du crime ou du délit. Il n'y a donc pas de complicité quand les agissements sont intervenus après l'infraction. Toutefois, si l'entente préalable a pu être caractérisée, les juges prennent en compte les actes postérieurs, tels que le complice attendant l'auteur des faits après leur commission. C'est même ces faits postérieurs qui permettent de prétendre à une entente préalable (il y aura donc complicité).

Exemple : Le banquier en matière de blanchiment ; ou encore un avocat a été déclaré coupable de complicité de banqueroute parce qu'il a prêté son aide et son assistance à la dissimulation d'actif[43].

La complicité par instigation

L'instigation prévue au 2e alinéa de l'article 121-7 du Code pénal peut prendre deux formes : la provocation ou la fourniture de moyens.

L'une comme l'autre ne sont répréhensibles que si elles sont adressées à un individu déterminé.

– ***L'instigation par provocation :***

Constitue une complicité punissable qu'à la condition d'être caractérisée par l'un des agissements limitativement énumérés par l'article 121-7 CP : don, promesse, menace, ordre, abus d'autorité ou de pouvoir.

– ***L'instigation par fourniture d'instructions :***

Se distingue de la provocation en ce qu'elle n'implique pas de contrainte sur la volonté de l'auteur des faits : donner des renseignements nécessaires à la commission de l'infraction, adresse d'un logement susceptible d'être cambriolé, donner des informations financières. Mais, il ne faut pas que cela soit des renseignements vagues.

---

[43] Cass. crim. 29 mars 2000, Bull. crim n° 141.

2°). L'élément intellectuel de la complicité

L'élément moral de la complicité est nécessairement intentionnel. Il s'agit de la connaissance du caractère délictueux des actes de l'auteur et la volonté de participer à leur commission. L'aide ou l'assistance doit être apportée « sciemment ». La personne qui prête sa voiture sans savoir que c'est pour commettre un vol, ne peut être complice.

Le repentir du complice avant la commission de l'infraction

L'intention du complice doit être concomitante à l'aide ou à l'assistance ou à la fourniture d'instruction. Si le complice change d'avis avant la réalisation de l'infraction : cela ne suffit pas, il devra agir positivement pour assurer son impunité, récupérer l'arme, alerter la victime, prévenir la police.

Cas de discordance entre l'infraction envisagée par le complice et l'infraction effectivement commise

La personne peut-elle être considérée comme complice lorsque l'infraction commise par l'auteur principal est plus grave que celle qui était prévue ?

Si l'infraction réalisée est sans rapport avec celle projetée : il n'y a pas complicité (remise d'une arme pour un vol et commission d'un meurtre).

En revanche, il y a complicité lorsque l'infraction commise est bien celle prévue mais avec des conditions différentes (vol simple, vol aggravé).

C. – l'assimilation du complice à un auteur : emprunt de qualification et tempérament de l'emprunt de pénalité

Selon l'article 121-6 du Code pénal de 1994 « sera puni comme **auteur** le complice de l'infraction ». Cet article ne signifie pas que le complice sera puni de la même peine que l'auteur en question, mais il sera puni comme s'il était lui-même un auteur principal de la qualification retenue. En conséquence, c'est l'emprunt de la qualification conduisant à la possibilité d'une condamnation différente de celle effectivement prononcée à l'encontre de l'auteur principal visé. Autrement dit, le complice encourt la peine prévue pour l'infraction retenue en dehors de celle qui aurait été prononcée à l'encontre de l'auteur principal. Cet emprunt de qualification confère au juge une autonomie dans l'application du principe de la personnalisation des peines (art. 132-24 CP).

Ces principes généraux sont applicables à toutes les infractions de droit commun. Ils recouvrent la même application dans le secteur financier et économique. Dès lors que l'on connaît le préalable à la caractérisation des infractions pénales d'affaires, on peut mieux les appréhender. Autrement dit, dès lors que les contours du risque en matière pénal sont connus, on peut en mesurer l'importance pour chacune des infractions d'affaires. Certes, la connaissance de la norme pénale et de ses modalités d'application ne permet pas de quantifier le contenu du risque. Le périmètre répressif n'est déterminé pour le juriste que par rapport aux limites fixées par les lois. Si ces limites ne sont pas franchies aucun risque n'est encouru. En revanche, dès que le fonctionnement des organisations comprend des actes susceptibles d'entrer dans la norme pénale, le champ pénal est ouvert par la caractérisation de l'irrégularité de l'acte. Il s'agit alors de comprendre non plus comment l'acte entre dans le périmètre répressif, mais de mesurer le degré de gravité de l'irrégularité de l'acte. Ce degré de gravité est fonction de la qualification des faits, cette dernière conduisant à une réponse répressive. Il s'agit, cette fois, de mesurer le risque réalisé en identifiant les faits commis.

chapitre 3

la mesure du risque pénal : caractérisation des infractions d'affaires et financières

Par mesure du risque pénal, on doit comprendre la définition exacte des interdits et les peines encourues par les responsables. Qu'il s'agisse des personnes morales, ou des personnes physiques, auteurs des infractions pénales, la mesure du risque diffère selon les faits commis. Conformément au principe de la légalité, lorsque l'infraction est réalisée, on doit connaître la gravité de cette infraction. Celle-ci est certes comprise à travers les peines encourues pour chacune des infractions. Mais, la mesure du risque pénal est directement dépendant de la qualification adéquate des faits : s'agit-il d'une escroquerie, d'un abus de biens sociaux, d'une corruption, d'un blanchiment, d'un recel, d'une contrefaçon etc. ? C'est donc en appliquant les règles relatives aux contours du risque pénal que l'on parvient à mesurer la gravité des faits et les peines subséquentes pour une hypothèse donnée.

Dans le secteur des affaires, les infractions sont très nombreuses. Si certaines ne relèvent spécifiquement que du domaine des affaires comme l'abus de biens sociaux, ou du domaine financier comme le délit d'initiés, d'autres sont des infractions de droit commun. Ces dernières, pouvant être commises par les particuliers, comprennent néanmoins une dimension importante en droit des affaires. Aussi, doit-on relever le caractère spécifique de certaines infractions parce qu'elles intègrent une dimension internationale plus conséquente.

section I

le droit commun appliqué au secteur financier et des affaires

Les principales infractions de droit commun commises dans le domaine des affaires concernent l'escroquerie, l'abus de confiance, le faux et l'usage de faux, le recel et d'une certaine façon l'association de malfaiteurs.

§ 1. – l'escroquerie

L'escroquerie est le fait, soit par l'usage d'un faux nom ou d'une fausse qualité, soit par l'abus d'une qualité vraie, soit par l'emploi de manœuvres frauduleuses, de tromper une personne physique ou morale et de la déterminer ainsi, à son préjudice ou au préjudice d'un tiers, à remettre des fonds, des valeurs ou un bien quelconque, à fournir un service ou à consentir un acte opérant obligation ou décharge (art. 313-1 du Code pénal).

Si on applique le principe de la légalité, l'interprétation stricte de la loi conduit à distinguer et à caractériser les conditions préalables et les éléments constitutifs de cette infraction.

A. – les conditions préalables

L'objet du délit répond à la question de savoir ce qui peut faire l'objet de l'escroquerie. L'article 313-1 du Code pénal comprend un sens large : le bien peut ne pas être corporel. Il peut s'agir en effet de fonds, de valeurs, d'un bien quelconque, d'une fourniture de service ou encore d'un acte opérant obligation ou décharge.

B. – les éléments constitutifs

Les éléments constitutifs de l'infraction comprennent les éléments matériels et l'élément moral, c'est-à-dire l'intention coupable.

1°). Les éléments matériels

Les éléments matériels de l'escroquerie sont la tromperie, la remise d'une chose et le préjudice.

La tromperie :

Suppose toujours un mensonge à la condition qu'il soit accompagné de moyens frauduleux c'est-à-dire qu'il faut un acte matériel extérieur au mensonge car c'est cet acte extérieur qui corrobore le mensonge, lui donne force et crédit.

Il existe plusieurs hypothèses de mensonge :

L'usage de faux nom : le fait de se faire connaître sous un nom, prénom ou pseudonyme autre que le sien, de nature à provoquer une erreur sur la personne[44].

L'usage de fausse qualité : il s'agit de tout mensonge sur l'état des personnes : nationalité, se prétendre inspecteur en assurance ; représentant de commerce, créancier, chef d'entreprise, associé d'une SARL…[45].

---

[44] Ce peut être par usurpation d'un nom d'autrui ; Paris, 12 déc. 1938, DH 1939- 121.

[45] Cass. Crim. 9 mai 1990, Bull. crim n° 175.

L'abus de qualité vraie : utiliser de façon illicite une qualité que l'on possède réellement, exercer sa profession pour obtenir plus que son dû[46].

L'emploi de manœuvres frauduleuses : il s'agit d'un moyen plus complexe que les précédents. Rappel : liberté des preuves (art. 427 CPP).

Le nouveau code pénal ne définit plus les manœuvres frauduleuses à travers leur but comme l'ancien article 405 du Code pénal de 1810. Mais, cela ne change rien parce que les juges y font toujours référence. C'est même nécessaire pour prouver ces manœuvres :

Ces manœuvres peuvent tendre à persuader de l'existence de fausses entreprises (toute exploitation commerciale et industrielle quelle que soit sa forme juridique). Elles peuvent tendre à persuader de l'existence d'un pouvoir ou d'un crédit imaginaire ou encore tendre à faire naître l'espérance ou la crainte d'un succès, ou de tout autre évènement chimérique.

Poursuite et incrimination **:** le simple mensonge ne suffit pas, de même la simple réticence ne suffit pas. Il faut donc un mensonge conforté, révélé par un fait matériel, extérieur au mensonge destiné à lui donner force et crédit.

Exemple : l'intervention d'un tiers, témoignages, affirmations, même de bonne foi, le tiers peut avoir été dupé[47] ; la production de pièces écrites ou de documents écrits qui corroborent le mensonge, le PV de plainte, police, pièces de l'escroc lui-même, un PV d'assemblée générale modifié ; une certification mensongère par un commissaire aux comptes[48] ; les mises en scène : machinations variées ayant pour effet d'induire la victime en erreur, en rendant vraisemblables les allégations mensongères de l'escroc (arrangements de stratagèmes, organisations de ruses).

La remise de la chose

Il s'agit de la remise d'un bien ou de la fourniture d'un service, d'un acte opérant décharge. C'est la remise qui consomme le délit d'escroquerie : le moment de la remise est donc très important car c'est à partir de celui-ci que le délai de 3 ans commence à courir (prescription – action publique).

---

[46] Cass. Crim. 8 juillet 1986, Bull. crim n° 232.

[47] Cass. Crim. 2 juin 1986, Bull. Crim. N° 186.

[48] Cass. Crim. 31 janv. 2007, 2 arrêts, Dr. penal 2007, comm. 56.

S'il n'y a pas remise, il faut se poser la question de la tentative (commencement d'exécution qui n'a été suspendu ou n'a manqué son effet que par des circonstances indépendantes de la volonté de son auteur).

Le moment de la remise est nécessairement postérieur aux manœuvres frauduleuses. Ce délit est complexe, mais il est instantané c'est-à-dire qu'il est consommé en un instant, l'instant de la remise.

Exemple d'une escroquerie par cession de parts sociales : l'inscription de la créance a été considérée comme le moment à prendre en considération pour la remise. En d'autres termes, la jurisprudence n'attend pas le paiement effectif matériel [49].

***Difficulté en cas de remises successives* :** il convient de considérer l'ensemble des remises depuis la première remise. Mais, le point de départ du délai de prescription est retardé au jour de la dernière remise.

Le préjudice

Les juges doivent caractériser le préjudice : en précisant que l'escroquerie est le fait de tromper une personne physique ou morale et de la déterminer ainsi à son préjudice ou au préjudice d'autrui.

La jurisprudence est exigeante sur la nécessité de caractériser le préjudice d'autrui (Cass. crim. 26 oct. 1994)[50].

2°). L'élément moral

L'élément moral correspond à l'intention coupable (volonté, conscience). Il s'agit de la mauvaise foi. Elle est prouvée à travers les manœuvres frauduleuses. Une simple négligence ne suffit pas à constituer le délit. La volonté consciente doit également porter sur le préjudice causé.

L'auteur encourt 5 ans d'emprisonnement et 375 000 euros d'amende. Mais, les peines encourues peuvent être plus sévères selon les circonstances.

7 ans d'emprisonnement et 750 000 euros d'amende peuvent être prononcés lorsque l'escroquerie est commise :

- par une personne dépositaire de l'autorité publique ou chargée d'une mission de service public ;
- par une personne qui prend indûment la qualité d'une personne dépositaire de l'autorité publique ;
- par une personne qui fait appel au public, fonds, aides humanitaires ;

---

[49] Cass. Crim. 4 mai 1987, Bull. Crim n° 175.

[50] Cass. Crim 26 oct. 1994, Bull. Crim n° 341; Dr. penal 1995. comm. 65.

– selon la qualité de la victime, particulièrement vulnérable, âge, maladie, infirmité, déficience physique, psychique, grossesse ;
– en bande organisée.

EXEMPLE PRATIQUE

Monsieur CRISTI et Madame TREMOND sont associés d'une société à responsabilité limitée (SARL- LIBRE VOYAGE) dont le siège est à Paris. CRISTI est gérant et associé minoritaire conformément à ses apports et aux statuts de la SARL. Madame TREMOND est associée majoritaire et concubine de Monsieur CRISTI. En accord avec son associée, le gérant CRISTI a obtenu d'un cessionnaire français Monsieur DUPUIS qu'il accepte d'acquérir 400 parts sociales de la SARL. Les négociations sur la cession de parts ont eu lieu lors d'un congrès sur la sécurité financière tenu à New-York, le 20 août 2007. Suite aux négociations, les deux protagonistes se sont à nouveau rencontrés à Paris pour conclure le contrat de cession. Monsieur DUPUIS accepte la cession des 400 parts sociales pour 6 860 euros avec une condition résolutoire selon laquelle le bilan arrêté au moins un mois avant l'achat ne fasse pas apparaître un déficit supérieur à 30 500 euros.

L'expert comptable, ne disposant pas de toutes les pièces comptables, a certifié que la perte était de 29 000 euros. Le cessionnaire DUPUIS, satisfait, accepte définitivement la cession le 22 octobre 2007.

Fiers de leurs opérations, CRISTI et TREMOND décident de partir pour Saint-Pétersbourg afin de s'investir dans de nouvelles affaires, celles-ci se révélant très prometteuses. En effet, trois de leurs amis résidant à Moscou, leur ont proposé une nouvelle activité commerciale dans le domaine du Voyage.

Quelques temps plus tard, le cessionnaire DUPUIS découvre que la perte n'était pas de 29 000 euros, mais de 43 000 euros. Il décide alors de se constituer partie civile devant le juge d'instruction compétent, l'affaire lui paraissant très complexe. L'instruction révèle que de nombreuses opérations similaires ont été commises aux Etats-Unis, puis en Russie. Puis, parallèlement, l'enquête, ayant été ouverte par le Bureau Central Interpol, a révélé l'existence d'un vaste réseau organisé international impliquant une trentaine de personnes dont les deux concubins, CRISTI et TREMOND. Ce réseau se livre, en effet, à des activités illicites de revente de commerces soit, en difficulté, soit inexistants ou fictifs.

Ce cas soulève le problème de la commission de plusieurs infractions par plusieurs auteurs. Il sera donc repris une fois toutes les infractions étudiées.

La question pouvant être résolue à ce stade est la suivante : quelle infraction a commis Monsieur Cristi, le gérant de la SARL.

ÉLÉMENTS DE RÉPONSE

1. - Faits : Rappel des faits pertinents :

On est en présence d'une SARL dont le siège est situé à Paris, gérée par l'associé minoritaire Monsieur CRISTI. Sa concubine, Madame TREMOND est l'associée majoritaire.

Les deux en accord, l'associé gérant (monsieur Cristi) cède à M. Dupuis 400 parts sociales sous la condition résolutoire selon laquelle le bilan arrêté au moins un mois avant l'acte de cession ne fasse pas apparaître un passif supérieur à 30 500 euros.

Pour cela, les comptes ont été certifiés par un expert comptable qui n'a pas disposé de toutes les pièces comptables. La perte signifiée a été de 29 000 euros. Suite aux négociations, cette cession a été définitivement conclue le 22 octobre 2007 pour 6860 euros.

Les concubins CRISTI et TREMOND, ayant vendu leur affaire, s'investissent dans de nouvelles entreprises à l'étranger (Saint-Pétersbourg).

Mais, le cessionnaire Dupuis découvre que la perte s'élevait à 43 000 euros (dépassement de la condition résolutoire).

S'étant alors constitué partie civile, l'instruction a révélé des opérations similaires aux Etats-Unis et en Russie, mais encore l'existence d'un réseau d'une trentaine de personnes pour lequel les deux acteurs ont pris part. Il s'agit des activités de revente de commerce soit inexistants, soit fictifs.

2. - Problèmes de droit et règles de droit applicables

La question se pose de savoir quelles sont les incriminations pénales pour lesquelles monsieur Cristi s'est rendu responsable et si la loi française est applicable.

Dès lors, il convient de rechercher l'infraction ou les infractions pénales concernées : il semblerait que l'infraction la plus caractérisée soit l'escroquerie.

L'escroquerie est visée à l'art. 313-1 du Code pénal selon lequel : « L'escroquerie est le fait, soit par l'usage d'un faux nom ou d'une fausse qualité, soit par l'abus d'une qualité vraie, soit par l'emploi de manœuvres frauduleuses, de tromper une personne physique ou morale et de la déterminer ainsi, à son préjudice ou au préjudice d'un tiers, à remettre des fonds, des valeurs ou un bien quelconque, à fournir un service ou à consentir un acte opérant obligation ou décharge ».

Compte tenu des éléments d'extranéité, certains agissements ayant eu lieu à l'étranger, on doit rechercher si la loi française est compétente. On appliquera alors les conditions d'applicabilité à savoir le principe de la territorialité, voire celui de la personnalité active.

3. - Argumentation :

Sur la caractérisation de l'escroquerie :

En l'espèce, la personne visée est assurément Monsieur Cristi parce qu'il s'agit de la personne qui engage la personne morale (SARL) : le gérant de la SARL.

Mais encore faut-il prouver que l'escroquerie est caractérisée.

Selon l'article 313-1 du Code pénal : l'escroquerie ne peut être caractérisée que si le mensonge est établi, et que celui-ci a été conforté par des manœuvres frauduleuses, voire même l'intervention d'un tiers de bonne foi ; que si ces manœuvres ont déterminé la remise de valeurs, de fonds ou d'un bien quelconque ; que si le préjudice d'un tiers est caractérisé, à savoir en l'espèce celui de M. Dupuis ; que si l'intention coupable de M. Cristi est manifeste.

D'abord, le fait de tromper son prochain suppose un mensonge à condition qu'il soit accompagné de moyens frauduleux c'est-à-dire d'un acte matériel qui vient conforter le mensonge. Le mensonge consiste en l'espèce à présenter une affaire sous l'apparence de sa prospérité. De plus, en l'espèce, Monsieur cristi fait intervenir un tiers de bonne foi, l'expert comptable qui ne disposait pas de toutes les pièces.

La certification des comptes, ainsi effectuée, conforte le mensonge et fait croire que le déficit ne dépassait pas les 29 000 euros. M. Dupuis qui avait imposé une condition résolutoire à hauteur de 30 500 euros a donc pu être déterminé à acquérir les 400 parts sociales. Les faits nous révèlent qu'il a donné son accord le 22 octobre 2007 ce qui nous conduit à traiter de la remise.

Ensuite, la remise

Il s'agit de la remise d'un bien quelconque, de valeurs ou de la fourniture d'un service. C'est cette remise qui consomme le délit d'escroquerie, sinon, il s'agit d'une tentative.

La remise est obligatoirement postérieure à l'emploi des manœuvres frauduleuses. En l'espèce, l'acte de cession est définitivement formé lors de l'accord définitif, soit le 22 octobre 2007. Par ailleurs, les faits nous révèlent que les concubins enthousiasmés de leurs affaires sont partis à Saint-Pétersbourg : on est en droit de penser que le paiement de la cession a été effectué, auquel cas la remise a eu lieu sur le plan matériel. Au pire, on peut considérer que l'inscription de la créance équivaut à une remise.

En l'espèce, la cession conclue, conduit à la remise d'une créance : inscription de la créance au profit du cédant (Cristi). De plus, on n'oublie pas que l'art. 313-1 vise également un bien quelconque et la créance est un bien quelconque.

Enfin, le préjudice

Le préjudice du tiers doit être prouvé. En l'espèce, il peut l'être sans difficulté. Le préjudice de M. Dupuis consiste à subir des pertes plus importantes que celles qui avaient été déclarées et certifiées par l'expert comptable.

Aussi, ne doit-on pas oublier le principe général selon lequel il ne saurait exister de crime, ni de délit sans intention de le commettre. Il s'agit alors de démontrer l'intention coupable de M. Cristi.

L'élément moral : l'intention coupable

Cette démonstration ne soulève aucune difficulté. M. Cristi est gérant de la SARL. Il est donc le mieux placé pour connaître la situation financière de la société. De plus, les faits nous apprennent que les deux concubins participent à un réseau organisé. Bien que ces éléments n'interfèrent pas directement dans la caractérisation des manœuvres de la dite escroquerie, on peut comme les magistrats, apprécier souverainement les circonstances de la cause démontrant que l'intéressé savait que de telles manœuvres étaient illicites. Par ailleurs sa volonté de l'acte ne fait aucun doute sur le fait de ne pas remettre toutes les pièces comptables à l'appuie de la certification des comptes. En conséquence, c'est à travers les manœuvres frauduleuses que l'intention coupable de Monsieur Cristi est démontrée.

Sur la prescription

Le délai de l'action publique est de 3 ans à compter de la commission des faits. En considérant l'acte au 22 octobre 2007, l'infraction ne sera prescrite qu'au 22 octobre 2010. Il en ressort que les poursuites peuvent avoir lieu.

Sur la localisation de tous ces actes :

Par ailleurs, il suffit qu'un des éléments constitutifs, et même l'une des conditions préalables aient eu lieu sur le territoire de la République pour que la loi française soit applicable : tel est le cas de l'escroquerie ayant été consommée à Paris. En d'autres termes, la loi française est compétente pour l'escroquerie, même si la remise a pu avoir lieu dans un autre Etat. Il suffit qu'un des faits constitutifs ait eu lieu sur le territoire de la République : tel est le cas du mensonge.

4. - Conclusion

Monsieur Cristi encourt 5 ans d'emprisonnement et 375 000 euros d'amende pour escroquerie à la cession de parts sociales. En application du principe de la personnalisation des peines, les juges pourront prononcer une sanction en fonction des circonstances de la commission des faits et de la personnalité de l'auteur des faits.

§ 2. - l'abus de confiance

L'abus de confiance est le fait par une personne de détourner, au préjudice d'autrui, des fonds, des valeurs ou un bien quelconque qui lui ont été remis et qu'elle a acceptés à charge de les rendre, de les représenter ou d'en faire un usage déterminé (art. 314-1 du Code pénal).

L'abus de confiance est puni de 3 ans d'emprisonnement et de 375 000 euros d'amende.

A. - les conditions préalables

Les conditions préalables de l'abus de confiance consistent à vérifier quelle est la chose pouvant faire l'objet de cette infraction, cette chose devant préalablement être remise.

La chose :

La chose, objet de l'abus de confiance, consiste à savoir ce qui peut faire l'objet d'un abus de confiance. Cette chose peut être des fonds, valeur ou bien quelconque : il s'agit des meubles corporels, écrits, de même que les biens incorporels, tout ce qui constitue une valeur patrimoniale[51]. Il peut s'agir, notamment, du fait de conserver une autorisation de prélèvement sur compte bancaire et de communiquer le code à une personne non autorisée[52]. Mais, on comprend que l'abus de confiance ne peut concerner l'immeuble.

La remise :

La chose a été remise à charge de la rendre, d'en faire un usage déterminé, ou de les représenter. Cela signifie que le bénéficiaire n'a pas la liberté de disposition de la chose qui lui a été remise. On dit que la remise a été faite à titre précaire. Il n'existe donc pas de transfert de propriété ou de pleine possession. Ce sera le cas des objets et meubles déposés dans un appartement meublé ; de chèques remis à un mandataire par le mandant, le mandataire devant en faire un usage déterminé, d'un véhicule, ordinateur remis aux salariés. Cette remise peut être contractuelle, légale ou réglementaire.

---

[51] Cass. Crim. 14 nov. 2000, Bull. Crim. n° 338 ; Dr. Pénal 2001, comm.. 28, S. Jacotin, Dr. penal 2001, chron.16.

[52] Cass. Crim. 19 mai 2004, Bull. crim. n° 125.

B. – les éléments constitutifs

Acte de détournement : l'acte matériel

Il peut s'agir d'un refus de restitution, de la destruction, de la vente, de la disparition de la chose remise préalablement. La preuve de cet acte matériel peut être apportée par tous moyens. La preuve est libre en droit pénal (art. 427 CPP).

Le préjudice causé par le détournement

En application du principe de la légalité, l'article 314-1 du Code pénal mentionne : « au préjudice d'autrui ». L'abus de confiance ne peut donc être caractérisé que si le préjudice est établi. Il reste à savoir comment la jurisprudence entend le préjudice. La jurisprudence ne se montre pas très exigeante sur la caractérisation de cet élément. En effet, les juges n'exigent pas la caractérisation d'un préjudice précis. Il semblerait qu'elle admette que le préjudice découle du détournement, même si le coupable n'a tiré aucun profit du détournement[53].

L'intention coupable

Nul crime, nul délit sans intention de le commettre. Il ne peut donc s'agir d'une négligence ou d'une imprudence. Dès lors, des distorsions comptables, des déficits d'exploitation constatés lors d'inventaires ne constituent pas nécessairement un abus de confiance. Si l'on relève des négligences, ou des fautes, seules seront relevées les responsabilités civile et contractuelle. En matière d'abus de confiance, le coupable doit avoir agi sciemment en sachant qu'il détourne et viole la loi. Sur ce point, la jurisprudence est assez sévère parce qu'elle admet que le prévenu aurait du prévoir en fonction de ses obligations contractuelles[54]. Les juges mettent en avant un faisceau de présomptions par rapport aux circonstances de la commission de l'infraction : mauvaise foi.

Les peines encourues sont de 3 ans et 375 000 euros d'amende. Ces peines peuvent être aggravées : 7 ans et 750 000 euros si le coupable fait appel au public pour obtenir une remise de fonds ; ou si cette infraction est commise de manière habituelle.

10 ans d'emprisonnement et 1 500 000 euros d'amende si l'auteur est un mandataire judiciaire, un officier public ou ministériel qui commet ces actes dans le cadre de sa profession.

---

[53] Cass. Crim. 3 déc. 2003, Bull. crim n° 232.

[54] Cass. Crim. 22 janv. 2003, Dr. Pénal 2003, Comm. 69.

Mais, l'auteur peut encore encourir des peines complémentaires, telles que l'interdiction de droits, d'exercice d'activité professionnelle. Les personnes morales peuvent être déclarées responsables pénalement : elles encourent le quintuple de l'amende, de même que des peines complémentaires (dissolution, fermeture de l'établissement…).

Prescription : 3 ans à compter de la commission de l'infraction. Mais, la jurisprudence admet le report du délai au jour où la victime a été en mesure de découvrir l'infraction s'il existe une dissimulation[55], ce qui accroît la mesure du risque pénal.

Exemple pratique : Abus de confiance et les contrats de prêts

Contrat de prêt à la consommation :

Le délit n'est constitué que par le détournement d'une chose remise à charge d'être restituée. Cela exclut les hypothèses où la remise est faite en pleine propriété[56].

Un prêt de consommation est consenti à Monsieur X aux fins d'acquisition d'un fonds de commerce, d'un garage et d'un entrepôt pour exercer son activité de travailleur indépendant. Une fois les sommes remises et perçues, monsieur X les utilise à un tout autre usage. Il est alors poursuivi pour abus de confiance parce qu'en utilisant les fonds à d'autres fins que celles convenues, il a détourné les sommes qui lui avaient été confiées.

La Cour de cassation casse l'arrêt ayant retenu une telle qualification parce que l'abus de confiance ne porte que sur des fonds, valeurs ou bien quelconque remis qu'à titre précaire. Or, l'intéressé était devenu propriétaire des fonds. Lorsque la chose est transmise en pleine propriété, le propriétaire est libre d'en disposer[57]. Même s'il s'agit d'un prêt affecté, ce transfert des fonds ne donne naissance qu'à une dette de remboursement par équivalent.

---

[55] Cass. Crim. 27 nov. 1958, Bull. crim. 698 ; 23 mai 2002, Dr. pénal 2002, comm. 104.

[56] Cass. Crim. 19 sept. 2007, n° 06-86.343, D. 2008- jurisp. 958, note D. Rebut.

[57] Cass. Crim. 26 janv. 2008, Bull. crim n° 29.

Cela est différent lorsqu'il s'agit d'affecter les fonds à titre de subvention.

Affectations de fonds reçus à titre de subvention[58]

Un conseil régional conclut avec un gérant d'une société civile deux conventions qui prévoient l'attribution de deux subventions destinées à la construction de logements étudiants. La collectivité territoriale verse un acompte. Mais, le gérant utilise la somme pour se verser un salaire et payer les frais de fonctionnement de la société.

L'abus de confiance doit ici être retenu parce les subventions n'ont pas été remises à charge d'un remboursement par équivalent. Il s'agit d'une attribution à usage déterminé et exclusif. L'abus de confiance a consisté à détourner l'affectation des fonds alloués alors que le possesseur des fonds n'avait pas la liberté d'en disposer, il n'avait pas la libre disposition. L'élément intentionnel résulte de la connaissance qu'avait l'intéressé sur l'affectation précise des fonds reçus à titre de subvention pour la construction de logements étudiants. Dans cette hypothèse le risque pénal est réalisé et l'auteur encourt 3 ans d'emprisonnement et 375 000 euros d'amende.

§ 3. – le faux et l'usage de faux

Il s'agit d'une infraction de droit commun, mais largement connue en droit des affaires car ces actes servent à la fois à commettre et à dissimuler d'autres infractions (abus de biens sociaux, banqueroute).

Texte applicable : selon l'article 441-1 du Code pénal, constitue un faux toute altération frauduleuse de la vérité, de nature à causer un préjudice et accomplie par quelque moyen que ce soit, dans un écrit ou tout autre support d'expression de la pensée qui a pour objet ou qui peut avoir pour effet d'établir la preuve d'un droit ou d'un fait ayant des conséquences juridiques. Le faux et l'usage de faux sont punis de 3 ans d'emprisonnement et de 45 0000 euros d'amende.

---

[58] Cass. Crim. 9 janv. 2008, n° 07-83.425, Dr. pénal 2008, comm. n° 50, M. Véron.

A. - le Faux

La formulation du texte applicable est très générale.

La nature du support : le contenant

La nature du support importe très peu. Il peut s'agir d'un écrit, de bandes magnétiques, de disquettes, de clés USB.

Le contenu du support : doit « être de nature à », « a pour objet ou peut avoir pour effet d'établir la preuve d'un droit ou d'un fait ayant des conséquences juridiques ». En réalité, si le contenu sert à faire valoir un droit, ou sert de fondement à une action, voire une extinction (extinction d'une dette), la falsification est pénalement punissable.

Par exemple : le bordereau de cession de créances, bordereau Dailly, la falsification des bulletins de salaires.

L'altération de la vérité : élément matériel de l'infraction :

On distingue le faux matériel du faux intellectuel :

Le faux matériel : ce sont les procédés matériels qui atteignent physiquement un écrit existant, ou laissent des traces que l'on peut détecter par expertises : ratures, grattages, surcharges, signatures contrefaites ; insertion de clauses dans un écrit préexistant.

Le faux intellectuel : Il s'agit de procédés d'altération de la vérité plus subtils qui laissent le support intact dans son aspect matériels. C'est le cas des faux commis à l'occasion de déclarations (déposition police, pour une escroquerie à l'assurance, la tierce personne qui est la police effectuant et inscrivant les déclarations). C'est encore le cas de celui qui modifie les notes de brouillon devant servir à effectuer et dresser un PV[59].

Qu'il s'agisse du faux matériel ou du faux intellectuel : le faux n'est punissable que si l'altération de la vérité conduit ou peut avoir pour effet d'établir la preuve d'un droit ou d'un fait ayant des conséquences juridiques. Ne tombera donc pas sous le coup de la loi, les altérations comme des mentions secondaires qui ne modifient pas la valeur probante d'un document ou d'un écrit.

L'altération qui est de nature à causer signifie que le préjudice peut très bien ne jamais être causé. Cela est très logique parce que le faux est

---

[59] Cass. crim. 30 avril 2003, Dr. pénal 2003, comm. 109 ; 3 juin 2004, Dr. pénal 2004, comm. 114

punissable indépendamment de l'usage. Ce n'est que l'usage qui cause un préjudice. Exemples : faux en écriture du commerce, faux sur feuilles de présence aux assemblées générales ou sur procès-verbaux de conseils d'administration.

L'intention coupable : il doit s'agir d'une altération frauduleuse ce qui exclut toute imprudence. L'auteur des faits doit avoir agi sciemment, en sachant qu'il altère la vérité.

Les peines encourues sont de 3 ans d'emprisonnement et de 45 000 euros d'amende.

Si le faux porte sur un document délivré par l'administration publique afin de constater un droit, une identité, les peines sont plus importantes. Elles sont de 5 ans d'emprisonnement et 75 000 euros d'amende.

Si c'est une personne dépositaire de l'autorité publique qui le commet les peines sont de 7 ans d'emprisonnement et de 100 000 euros d'amende ;

Si le faux porte sur un document ou une écriture publique et authentique, actes judiciaires, huissiers, notaires les peines sont de10 ans d'emprisonnement et de 150 000 euros d'amende. Enfin, si c'est une personne dépositaire de l'autorité publique qui commet ce dernier acte, les peines sont de 15 ans d'emprisonnement et de 225 000 euros d'amende.

B. – l'usage de faux

L'usage consiste à se servir du document falsifié, ou du support en question. Il s'agit de faire valoir un droit, de servir de preuve en justice notamment, obtenir un paiement, ou un remboursement. L'usage du faux est distinct du faux : l'auteur de l'usage du faux reste punissable même si l'auteur du faux est inconnu. A chaque usage, une infraction est constituée. Il s'agit d'une infraction intentionnelle : l'auteur doit avoir usé du faux en sachant qu'il s'agissait d'un faux.

EXEMPLE PRATIQUE

Il est reproché à un dirigeant d'une société d'avoir établi des fausses factures en sous-évaluant le prix des marchandises pour diminuer le coût des droits de douanes. Il a ainsi effectué des factures fictives qui ne correspondaient à aucune opération réelle.

Peut-il être poursuivi pour faux sachant que l'intéressé soutient que le faux ne peut être réalisé que dans les documents ayant des effets juridiques. En effet, selon lui, cette qualification ne peut être retenue parce qu'une facture ne constitue qu'un écrit soumis à vérification comptable, et cet écrit est sans valeur probatoire.

ÉLÉMENTS DE RÉPONSE

Constitue un faux le fait d'établir des pièces justificatives inexactes concernant le prix de marchandises facturées en vue de justifier de mouvements de fonds en comptabilité[60].

Ce qu'il faut comprendre est que ne constitue un faux en écriture que l'altération d'un écrit ou autre support d'expression de la pensée valant titre. Or, la facture est un écrit qui répond à ces exigences à partir du moment où elle est enregistrée en comptabilité pour justifier des mouvements de fonds. C'est l'écriture comptable qui conférera à la facture le caractère de faux. Si on ne dispose pas de cette écriture comptable, dans ce cas, la facture ne peut constituer un faux, mais une pièce écrite sans valeur juridique.

§ 4. - le recel

Texte applicable : selon l'article 321-1 du Code pénal, le recel est le fait de dissimuler, détenir ou de transmettre une chose ou de faire office d'intermédiaire afin de la transmettre en sachant que cette chose provient d'un crime ou d'un délit. C'est encore le fait, en connaissance de cause, de bénéficier par tout moyen, du produit d'un crime ou d'un délit. Le recel fait encourir 5 ans d'emprisonnement et 375 000 euros d'amende.

---

[60] Cass. Crim. 20 juin 2007, n° 06-88.825, Dr. pénal 2007, comm. n° 142, obs. M. Véron

A. – les conditions préalables

La qualification de recel ne peut être retenue que s'il est d'abord établi l'existence d'un crime ou d'un délit préalable qui a procuré une chose (la chose recelable).

1°). La préexistence d'un crime ou d'un délit

En effet, le recel est un délit de conséquence : il implique, par essence, la référence à une infraction de base dont les juges doivent constater la préexistence. Il faut donc une infraction originaire, celle-ci devant obligatoirement être un crime ou un délit.

En d'autres termes, l'infraction préalable ne peut être une contravention. Elle ne peut pas être non plus une infraction putative, une infraction abrogée avant l'acte de recel, ou une infraction amnistiée (amnistie réelle, s'attachant aux faits).

Le crime ou le délit doit avoir été commis par un tiers : en effet, par exemple, on ne peut être voleur ou receleur à la fois. En revanche, le complice d'un vol peut être receleur.

Il faut donc que soit caractérisé le fait objectivement punissable, et cela même si les circonstances de ce fait n'ont pas été établies dans le détail.

En effet, il n'est pas nécessaire qu'une personne ait été poursuivie ou même que la personne poursuivie pour le crime ou le délit préalable ait été effectivement condamnée.

L'auteur de l'infraction originaire peut même être inconnu à partir du moment où l'on peut établir qu'une infraction a été commise.

De même, l'auteur de l'infraction préalable peut être en fuite, cela ne change en rien la possibilité d'une poursuite de l'auteur du recel.

De même encore, dans l'hypothèse de l'auteur de l'infraction originaire, s'il a été poursuivi et s'il a bénéficié d'une relaxe ou d'un acquittement : l'incrimination de recel demeure possible si la relaxe ou l'acquittement n'enlève rien à la commission de l'infraction principale (ex. relaxe et trouble neuro-psychique, irresponsabilité en raison de son âge, immunité familiale, ce qui n'enlève rien à la matérialité des faits originaires et permet de poursuivre l'auteur du recel)[61].

L'infraction préalable au recel peut être :

Une escroquerie, un abus de confiance, un abus de biens sociaux, le faux en écriture, un trafic d'influence, une banqueroute, un délit d'ini-

---

[61] Cass. Crim., 3 avril 1995, Bull. crim. N° 142; JCP éd. G-II- 22429, note E.-M. Derieux.

tié, une contrefaçon, un délit de fixation, d'enregistrement ou transmission d'images de mineurs à caractère pornographique en vue de leur diffusion, une violation du secret de l'enquête et de l'instruction, du secret de fabrique, du secret professionnel...[62].

2°). L'objet du délit

Selon l'article 321-1 du Code pénal, la chose doit provenir du crime ou du délit. Cela peut être l'objet même de l'infraction originaire. Mais, il peut également s'agir des choses subrogées à l'objet de l'infraction originaire : ex. la chose acquise avec le produit de l'infraction originaire, l'argent provenant de la vente de la chose volée. Le recel se perpétue à travers toutes les transformations de la chose recelée.

Exemple : un travail salarié exécuté sur l'objet contrefait (pièces de monnaie) ne saurait faire disparaître l'infraction originaire de contrefaçon, et, par voie de conséquence, le délit de recel de contrefaçon ; ou encore les voyages aériens, les locations de voitures ou d'hélicoptères et séjours en hôtels correspondant à des recels d'abus de biens sociaux (crim. 6 févr. 1997.), argent provenant de la vente de voitures volées...

B. – les éléments constitutifs

1°). Les éléments matériels

Receler : *recelare*, cacher, au XVIIIe siècle : recevoir une chose de provenance frauduleuse. Le recel est une infraction comportant plusieurs expressions : il peut s'agir de la dissimulation, de la détention, de la transmission, de l'entremise aux fins de transmission ou du bénéfice du produit ou du délit du crime.

***La dissimulation* :** fait de cacher sciemment en tout ou partie les choses enlevées, détournées ou obtenues à l'aide d'un crime ou d'un délit ;

***La détention de la chose* :** la notion de détention comprend des aspects différents. C'est la détention qui fait de l'infraction du recel une infraction continue. Il peut s'agir d'une détention matérielle lorsque le receleur a reçu lui-même l'objet de provenance frauduleuse. Lorsqu'il conserve la chose chez lui, ou chez un tiers, de bonne ou de mauvaise foi. La détention peut donc avoir lieu hors de son domicile. Aussi, la jurisprudence n'exige-t-elle pas une détention effective de la chose, la simple possibilité de la détention est admise dans certaines hypothèses

---

[62] Cass. crim., 3 avril 1995, arrêt préc. ; 29 avril 1996, Bull. crim n° 174.

(créances non encore payées, suite à une cession de parts sociales d'une SARL, dans l'hypothèse d'un recel d'escroquerie)[63].

Peu importe l'emploi que fait le receleur de la chose, même s'il n'en a tiré aucun profit. La détention peut consister également en la simple consommation de la chose.

La Transmission de la chose **:** a été consacrée par le Code pénal de 1994. Sous l'empire du Code pénal de 1810, la transmission n'était pas visée par l'article 460, mais la jurisprudence l'avait admise. La transmission de la chose fait du recel une infraction instantanée (se consomme en un instant).

L'entremise à fin de transmission de la chose **:** par exemple l'intermédiaire qui reçoit sciemment une commission provenant de la négociation de titres volés qu'il n'a pas détenus peut être déclaré coupable de recel.

Le Bénéfice du produit du crime ou du délit **:** le fait en connaissance de cause de bénéficier par tous les moyens du produit du crime ou d'un délit. Il s'agit du recel profit.

2°). L'élément moral : l'intention coupable

Conformément à la définition de l'intention coupable en droit pénal : le receleur doit avoir agi volontairement et en connaissance de cause.

Il doit savoir que la chose provient d'un crime ou d'un délit.

Il doit vouloir en pleine conscience accomplir l'acte matériel de recel, tout en ayant conscience de l'illégalité des faits.

Mais, en réalité, l'élément intentionnel du recel est caractérisé dès lors que l'auteur a connaissance de l'origine infractionnelle de la chose. En effet, lorsque cette connaissance est établie : par voie de conséquence la détention, la dissimulation, l'entremise, etc., sont nécessairement conscientes et volontaires.

Cette connaissance doit être concomitante à l'acte de recel. Mais, parce que le recel est continu, il suffira d'établir que cette connaissance existe à un quelconque moment de la détention, dissimulation etc.

Toutefois, sur ce point la jurisprudence a du évoluer parce qu'un conflit existe avec l'article 2279 du Code civil : « En fait de meubles, la possession vaut titre ». Celui qui a acquis un objet en toute bonne foi pouvait se voir poursuivre de recel s'il avait appris au cours de la déten-

---

[63] Cass. crim 18 janvier 1988, Bull. crim n° 22

tion l'origine frauduleuse de l'objet. Cette situation était choquante : lorsque la chose avait été acquise de bonne foi, puis que le possesseur apprenait par la suite l'origine infractionnelle de la chose. S'il refusait de la restituer, l'incrimination de recel était possible. Mais, en 1977, la Chambre criminelle de la Cour de cassation est revenue sur cette sévérité, et l'incrimination de recel ne saurait être retenue.

Sur le droit de la preuve : les aveux, les témoignages, les présomptions de faits tirés des résultats des perquisitions, du comportement (achat sans facture...), fuite, destruction de l'objet, indications mensongères sur les circonstances d'achat sont de nature à prouver le recel.

Le régime de l'infraction : les peines encourues sont de 5 ans d'emprisonnement et 375 000 euros d'amende

Le recel peut être aggravé selon les modalités de réalisation. Dans ce cas, les peines sont plus importantes et peuvent aller jusqu'à 10 ans d'emprisonnement et 750 000 euros d'amende. Ces circonstances aggravantes tiennent au fait que le recel peut être commis de façon habituelle, ou bien à celui qui consiste à faciliter la commission du recel par l'activité professionnelle. L'aggravation des peines peut encore avoir lieu selon le rattachement à l'infraction originaire, si la peine pour l'infraction originaire est supérieure à celle du recel, et si le receleur avait une connaissance précise de l'infraction originaire. Dans cette hypothèse, le risque pénal est très élargi.

S'agissant d'une infraction continue, tant que la détention dure, le recel n'est pas consommé. Le délai de 3 ans ne commence à courir que lorsque le recel est consommé, lorsque la détention cesse. Mais, dans certaines hypothèses, l'infraction peut être instantanée : cas de la transmission par un tiers.

Par ailleurs, la jurisprudence a tendance à reculer le délai de prescription de l'action publique.

Par exemple, recel d'abus de biens sociaux : pour l'infraction originaire (l'abus de biens sociaux), la Cour de cassation a admis le report du délai au moment de la découverte de l'infraction, ce qui l'a conduite à reporter le délai de prescription du recel.

Cassation criminelle. 6 févr. 1997 : « Le recel ne saurait commencer à se prescrire avant que l'infraction dont il procède soit apparue et ait pu être constatée dans les conditions permettant l'action publique ». Cela revient à admettre la quasi-imprescriptibilité des infractions d'affaires, ce qui contrevient au principe de la légalité.

EXEMPLE PRATIQUE

Rappel des faits :

Monsieur CRISTI et Madame TREMOND sont associés d'une société à responsabilité limitée (SARL- LIBRE VOYAGE) dont le siège est à Paris. CRISTI est gérant et associé minoritaire conformément à ses apports et aux statuts de la SARL. Madame TREMOND est associée majoritaire et concubine de Monsieur CRISTI. En accord avec son associée, le gérant CRISTI a obtenu d'un cessionnaire français Monsieur DUPUIS qu'il accepte d'acquérir 400 parts sociales de la SARL. Les négociations sur la cession de parts ont eu lieu lors d'un congrès sur la sécurité financière tenu à New-York, le 20 août 2007. Suite aux négociations, les deux protagonistes se sont à nouveau rencontrés à Paris pour conclure le contrat de cession. Monsieur DUPUIS accepte la cession des 400 parts sociales pour 6 860 euros avec une condition résolutoire selon laquelle le bilan arrêté au moins un mois avant l'achat ne fasse pas apparaître un déficit supérieur à 30 500 euros.

L'expert comptable, ne disposant pas de toutes les pièces comptables, a certifié que la perte était de 29 000 euros. Le cessionnaire DUPUIS satisfait accepte définitivement la cession le 22 octobre 2007.

Fiers de leurs opérations, CRISTI et TREMOND décident de partir pour Saint-Pétersbourg afin de s'investir dans de nouvelles affaires, celles-ci se révélant très prometteuses. En effet, trois de leurs amis résidant à Moscou, leur ont proposé une nouvelle activité commerciale dans le domaine du Voyage.

Quelques temps plus tard, le cessionnaire DUPUIS découvre que la perte n'était pas de 29 000 euros, mais de 43 000 euros. Il décide alors de se constituer partie civile devant le juge d'instruction compétent, l'affaire lui paraissant très complexe. L'instruction révèle que de nombreuses opérations similaires ont été commises aux Etats-Unis, puis en Russie. Puis, parallèlement, l'enquête, ayant été ouverte par le Bureau Central Interpol, a révélé l'existence d'un vaste réseau organisé international impliquant une trentaine de personnes dont les deux concubins, CRISTI et TREMOND. Ce réseau se livre, en effet, à des activités illicites de revente de commerces soit, en difficulté, soit inexistants ou fictifs.

La question se pose désormais de savoir quelle infraction a commis la concubine de M. Cristi, Madame Trémond, celle-ci étant associé majoritaire de la SARL.

ÉLÉMENTS DE RÉPONSE

Sur la caractérisation du recel d'escroquerie : la personne visée est Madame Tremond, l'associée majoritaire.

Selon l'article 321-1 NCP : le recel est « fait de dissimuler, détenir ou de transmettre une chose ou de faire office d'intermédiaire afin de la transmettre en sachant que cette chose provient d'un crime ou d'un délit ».

Mais, c'est aussi le fait, en connaissance de cause, de bénéficier par tout moyen, du produit d'un crime ou d'un délit.

La personne visée, c'est-à-dire celle à qui profite l'escroquerie : l'associée majoritaire.

En l'espèce, on doit donc cibler les conditions préalables sans lesquelles le recel n'est pas réalisable avant de prouver ses éléments matériels et psychologiques.

– La première condition préalable est la préexistence d'un crime ou d'un délit. Le recel est donc un délit de conséquence. En l'espèce, il s'agit de l'escroquerie qui a été clairement caractérisée en tous ses éléments (escroquerie commise par Monsieur Cristi). Il est donc inutile de développer davantage sur cette condition puisqu'il faut une référence à une infraction originaire qui doit être commise par un tiers, le tiers étant en l'espèce Monsieur Cristi.

– La seconde condition est de viser la chose recelée. En effet, cette chose doit provenir d'un crime ou d'un délit : en l'espèce, il s'agit du prix de la cession de 6 860 euros, de la créance ou de la somme si le paiement a été effectué.

Il peut s'agir de l'objet même de l'infraction originaire ou de choses subrogées à l'objet de l'infraction originaire. Le recel se perpétue à travers toutes les transformations de la chose recelée.

En l'espèce, les conditions préalables sont largement démontrées. On doit donc rechercher quels sont les éléments matériels du recel commis par l'associé majoritaire.

– Les éléments matériels : Le recel est caractérisé soit par la dissimulation, soit la détention, la transmission, l'entremise aux fins de transmission, ou encore le profit tiré de l'infraction originaire.

En l'espèce, il s'agit du bénéfice de l'escroquerie, ce bénéfice revenant principalement à l'associée MAJORITAIRE, Madame TREMOND.

Il reste l'élément moral selon lequel le receleur doit avoir voulu tirer profit de l'infraction originaire, en connaissance de cause. On peut donc souligner l'absence de difficulté pour cette démonstration en ce qu'étant professionnelle, elle ne pouvait être placée dans l'ignorance de la situation financière de la société, et connaissait l'existence de l'escroquerie, d'autant plus qu'elle est majoritaire. Madame Trémond encourt 5 ans d'emprisonnement et 375 000 euros d'amende. Par ailleurs, on doit localiser les actes dans l'espace pour vérifier si la loi française est applicable. Cette démonstration constitue pour l'hypothèse du recel de l'escroquerie, l'application directe du principe de la territorialité pour des faits susceptibles d'être internationalisés.

Sur la localisation de tous ces actes :

Il suffit qu'un des éléments, ou même l'une des conditions préalables aient eu lieu sur le territoire de la République pour que la loi française soit applicable : tel est le cas de l'escroquerie ayant été consommée à Paris. En d'autres termes, la loi française est compétente pour l'escroquerie et même pour le recel, la condition préalable étant l'escroquerie. Dans ce cas, même si l'associée (hypothèse) n'a pu disposer du bénéfice de la cession que plus tard, à Saint-Pétersbourg, cela n'enlève rien à la compétence de la loi française.

§ 5. – l'Association de malfaiteurs - Rapprochement avec la Convention de Palerme (15 déc. 2000)

On aurait pu penser que l'association de malfaiteurs n'est pas une infraction de droit commun. Mais, en réalité, le Conseil d'Etat a eu l'occasion de l'affirmer : « L'association de malfaiteur est une infraction dépourvue de caractère politique »[64]. En effet, on rappelle la classification des infractions selon leur nature : de droit commun, politique et militaire. Cette infraction n'est pas militaire, ni politique. Etant une infraction de droit commun, elle présente, néanmoins, des particularités. Celles-ci sont démontrées à la lecture des articles du Code pénal y afférant.

En effet, selon l'article 450-1 al. 1er du Code pénal « *Constitue une association de malfaiteurs tout groupement formé ou entente établie en vue de la préparation, caractérisée par un ou plusieurs faits matériels, d'un ou plusieurs crimes ou d'un ou plusieurs délits punis d'au moins 5 ans d'emprisonnement.* ».

Il s'agit, en conséquence, d'une infraction atypique de droit commun, en ce que le législateur a incriminé l'accomplissement d'actes préparatoires (en principe non punissables). C'est la constitution matérielle de ces actes préparatoires qui constitue l'infraction. Or, l'acte préparatoire est un acte antérieur à celui caractérisant la tentative de l'infraction (Commencement d'exécution).

Cela est exceptionnellement justifié par la recrudescence de la délinquance organisée. Par ailleurs, cette infraction est à rapprocher de la Convention de Palerme de 2000, en vigueur depuis le 29 septembre 2003.

En effet, l'objet de cette convention internationale est de garantir que chaque Etat dispose dans son droit pénal des moyens de réprimer les principales infractions de nature transnationale, ces infractions impliquant un groupe criminel organisé. Parmi le groupe d'infractions, comme le blanchiment et la corruption, cette convention vise « *la participation à un groupe criminel organisé* » *: art. 5 de la Convention de Palerme.*

Selon cet article, la nature criminelle de cette activité est caractérisée par l'existence d'un groupe criminel organisé, c'est-à-dire, par un groupe structuré de 3 personnes ou plus existant depuis un certain temps et agissant de concert dans le but de commettre une ou plusieurs infractions graves pour en tirer directement ou indirectement, un avantage financier ou un autre avantage matériel.

Dès lors que l'infraction commise ou projetée est passible, en droit interne, de 4 ans d'emprisonnement, et que l'on est dans la situation précédemment décrite, on est en présence d'un groupe criminel organisé.

---

[64] CE 24 févr. 1995, D. 1995. n° 11.

En droit français, cela correspond à l'association de malfaiteurs avec quelques différences néanmoins.

L'existence de l'infraction d'association de malfaiteurs présente un intérêt considérable : elle vise la prévention en évitant que des crimes et délits graves soient commis ; elle réprime les ententes illicites, ce qui contribue à développer l'éthique en droit international des affaires.

Elle est caractérisée par une entente, celle-ci devant être extériorisée matériellement et cette entente doit viser la préparation de crimes ou délits.

A. – une entente matérialisée : extériorisée par des faits matériels

La participation à une association de malfaiteurs réside dans l'existence d'un groupement formé ou d'une entente établie dans un but bien déterminé. Mais, il ne s'agit pas d'un groupe d'individus réunis par une communauté d'idées, auquel cas de nombreux groupements seraient incriminés et une atteinte aux libertés de la pensée manifestement constituée.

En réalité, il doit s'agir d'individus ayant formé la résolution d'agir en commun et de passer ultérieurement à l'action. Il n'est pas nécessaire que le groupement soit fortement structuré ou hiérarchisé et composé de nombreuses personnes. La Convention de Palerme exige au moins 3 personnes. En droit français, on a caractérisé une association de malfaiteur, le fait de recruter une personne pour commettre une infraction, pour repérer les lieux et fournir des renseignements et instructions[65].

La preuve de la décision de passer à l'action, et en conséquence de l'entente est extrêmement difficile à rapporter. Pour que l'entente soit punissable, elle doit être caractérisée par un ou plusieurs faits matériels. Ces éléments sont laissés à l'appréciation souveraine des juges de fond. Mais, ils doivent relever précisément les faits matériels dans leur décision de condamnation.

Par exemple, le projet criminel peut résulter de la découverte d'un véhicule contenant des armes, des gants de chirurgiens sans rapport avec la profession, de plaques d'immatriculation diverses, de documents relatifs à la surveillance d'établissements bancaires[66], de l'utilisation d'un véhicule volé, ou de l'achat d'armes, d'essais ou d'explosifs[67].

[65] Cass. Crim. 30 avril 1996, Bull. crim. n° 176, Rev. sc. Crim. 1997 p. 113, obs. Delmas-Saint-Hilaire.

[66] Cass. Crim. 6 sept. 1990, Dr. pén. 1991 n° 3.

[67] Cass. Crim. 15 déc. 1993, Dr. Pén. 1994, comm. 13.

S'agissant plus particulièrement du droit des affaires, il peut s'agir de documents comptables attestant de certaines opérations, de contrats et négociations matérialisés par des documents et visant la commission d'opérations constitutives d'un abus de biens sociaux, ou de blanchiment d'argent... ; d'un disque dur d'ordinateur, de CD Rom contenant des informations sur des accords ou une préparation de commission d'infractions.

B. – l'entente doit être commise dans le but de la préparation de crimes ou délits

Cela ne suffit pas de caractériser les faits matériels. Encore faut-il démontrer que ces faits visent la préparation de crimes ou délits. Il doit s'agir de la préparation de crimes ou délits faisant encourir au moins 5 ans d'emprisonnement (La convention de Palerme vise les infractions passibles d'au moins 4 ans). C'est la loi du 15 mai 2001[68], qui a fixé le seuil à partir duquel, l'association de malfaiteurs est punissable : les infractions préparées doivent être passibles d'au moins 5 ans d'emprisonnement.

Dans ce cas, les infractions préparées peuvent être une corruption (5 ans dans le secteur privé, depuis la loi du 04 juill. 2005), un blanchiment. Puisque le Code cite également les délits, les délits d'affaires faisant encourir une peine de 5 ans d'emprisonnement sont concernés : l'abus de biens sociaux, le recel, l'escroquerie.

Avant la loi du 15 mai 2001, il devait s'agir d'infractions passibles d'au moins 10 ans. Aujourd'hui, les infractions faisant encourir des peines de 5 ans d'emprisonnement sont concernées. Le législateur vise, ainsi, la préparation des délits graves comme la corruption, le blanchiment, l'abus de biens sociaux, et comme indiqué ci-dessus, l'escroquerie, mais encore le recel de ces infractions, etc.

Dès lors, la peine encourue pour la préparation de telles infractions est de 5 ans d'emprisonnement et de 75 000 euros d'amende (art. 450-1 al. 3 CP). Lorsque les infractions projetées font encourir une peine d'au moins 10 ans, la peine encourue pour l'association de malfaiteurs est alors plus importante : 10 ans et 150 000 euros d'amende (art. 450-1 al. 2 CP.).

Les exemples sont nombreux en matière informatique, de terrorisme et de trafic de stupéfiants :

---

[68] L. n° 2001-420.

Informatique : La participation à un groupement formé ou à une entente établie en vue de la préparation, caractérisée par un ou plusieurs faits matériels, d'une ou plusieurs infractions informatiques (accès, maintien frauduleux dans tout ou partie d'un système automatisé de données) est susceptible de faire encourir une peine d'emprisonnement jusqu'à 5 ans. (art. 323-2 du CP entrave au système de traitement automatisé et 323-4 CP issu de la loi du 21 juin 2004 relative à la confiance en l'économie numérique). On pense également à la cybercriminalité comprenant diverses ententes : l'incrimination d'association de malfaiteurs est donc un instrument de lutte contre cette délinquance transnationale organisée[69].

Une prévenue a été déclarée coupable d'association de malfaiteurs par sa participation active à la préparation d'attentats à caractère terroriste selon la détention et le transport d'armes[70].

Un employé de transport aérien, chargé de l'acheminement de 10 kg d'héroïne expédié par un avion de Paris en direction du Canada, a été condamné pour association de malfaiteurs, la preuve ayant été rapportée par la caractérisation de rendez-vous avec l'organisateur et le fait de recevoir des sommes d'argent clandestinement lors de ces rendez-vous[71].

Pour cette infraction d'association de malfaiteurs, dès lors qu'une partie de l'entente a été réalisée aux Etats-Unis, une autre partie au Liban, qu'un des membres se trouve en France et accomplit un acte matériel en vue de la préparation d'une infraction, la loi française est applicable. De la même manière, imaginons que l'entente ait eu lieu pour partie en France, que l'infraction projetée doit avoir lieu au Etats-Unis, l'association de malfaiteurs est caractérisée en France ; peu importe que l'infraction projetée, le soit à l'étranger.

Dès lors que c'est en France que le prévenu a recruté ses hommes, un des éléments matériels, l'ensemble de l'infraction d'association des malfaiteurs est réputée commise sur le territoire de la République.

---

[69] Art. 323-4 CP : « la participation à un groupement formé ou à une entente établie en vue de la préparation, caractérisée par un ou plusieurs faits matériels, d'une ou plusieurs infractions » visées aux art. 323-1 à 323-3-1 du Code pénal est puni des mêmes peines (jusqu'à 5 ans d'emprisonnement).

[70] Douai 19 oct. 1994, Gaz. Pal. 1995.1. somm.161.

[71] Cass. Crim. 3 nov. 1970, 15 mai 1997, JCP 1997. IV. 2408.

EXEMPLE PRATIQUE

En reprenant l'énoncé du cas précédent :

Les concubins CRISTI et TREMOND, ayant vendu leur affaire, s'investissent dans de nouvelles entreprises à l'étranger (Saint-Pétersbourg).

Mais, le cessionnaire Dupuis découvre que la perte s'élevait à 43 000 euros (dépassement de la condition résolutoire).

S'étant alors constitué partie civile, l'instruction a révélé des opérations similaires aux Etats-Unis et en Russie, mais encore l'existence d'un réseau d'une trentaine de personnes pour lequel les deux acteurs ont pris part. Il s'agit des activités de revente de commerce soit inexistants, soit fictifs.

ÉLÉMENTS DE RÉPONSE

L'association des malfaiteurs : art. 450-1 du Code pénal à combiner avec la Convention de Palerme de 2003 : il s'agit de tout groupement formé ou entente établie en vue de la préparation, caractérisée par un ou plusieurs faits matériels, d'un ou plusieurs crimes ou d'un ou plusieurs délits punis d'au moins 5 ans d'emprisonnement.

En l'espèce, les faits nous révèlent la préparation de toutes ces infractions à travers l'existence du réseau d'une trentaine de personnes en vue d'une vente de commerces inexistants ou fictifs.

De plus, si nous reprenons les cas d'escroquerie et de recel faisant encourir 5 ans d'emprisonnement. Les éléments démontrés cidessus peuvent contribuer à démontrer l'entente extériorisée en vue de la préparation d'autres actes, soit à Saint-Pétersbourg, aux Etats-Unis et en Russie.

En conclusion, les infractions d'escroquerie (M. Cristi) et de recel (Associée majoritaire Trémond) sont caractérisées. La loi française est applicable. De même, l'infraction d'association de malfaiteurs répond au problème de l'internationalisation des activités illicites perpétrées par les deux concubins. M. Dupuis dispose, s'il est patient, des chances d'obtenir réparation de son préjudice. Les concubins Cristi et Trémond, quant à eux, encourent les peines de 5 ans d'emprisonnement et de 375 000 euros d'amende.

section II

le droit spécifique au secteur des affaires

Parmi, les nombreuses infractions concernant directement le secteur financier et des affaires, on cite la présentation des comptes annuels inexacts, les infractions commises par le commissaire aux comptes ; l'abus de biens sociaux, la banqueroute et les opérations d'initiés.

§ 1. – présentation des comptes annuels inexacts

Il existe une multiplicité d'opérations relatives aux comptes et au capital social. Le législateur a, en effet, prévu de nombreuses incriminations telles que : les incriminations relatives à la comptabilité sociale ; celles relatives à la répartition de dividendes fictifs et celles relatives au capital social. Celles que nous traitons sont celles relatives à la comptabilité sociale.

Parmi les infractions relatives à la comptabilité sociale, on cite le défaut d'établissement des documents comptables ; le défaut de présentation des documents comptables et enfin celle qui nous intéresse plus particulièrement dans ce cadre : la présentation de comptes annuels inexacts ou la présentation de faux bilan.

Dans la vie sociale, la comptabilité occupe une place fondamentale. C'est la comptabilité qui permet de connaître la situation financière de l'entreprise et qui permet d'en contrôler la gestion.

C'est pourquoi, le législateur de 1966 a imposé aux dirigeants sociaux de respecter des règles très strictes en matière de comptabilité : d'où la menace de sanctions pénales.

A. – les sociétés concernées

La Société à responsabilité limitée (SARL), la société anonyme (SA) et la société en commandite par actions (SCA).

S'agissant de la SARL, le fait, pour les gérants (même en l'absence de toute distribution de dividendes) de présenter aux associés des comptes annuels ne donnant pas, pour chaque exercice, une image fidèle du résultat des opérations de l'exercice, de la situation financière et du patrimoine à l'expiration de cette période en vue de dissimuler la véritable situation de la société, est puni d'un emprisonnement de 5 ans et d'une amende de 375 000 euros (art. L. 241-3-3° du Code de commerce).

On rappelle que les dividendes constituent la part des bénéfices réalisés pour une société distribuée à la fin d'un exercice aux associés en application d'une délibération de l'assemblée annuelle.

S'agissant des SA, est puni d'un emprisonnement de 5 ans et de 375 000 euros d'amende, le président, les administrateurs ou les directeurs généraux d'une Société Anonyme qui a ou ont publié ou présenté aux actionnaires des comptes annuels ne donnant pas, pour chaque exercice, une image fidèle du résultat des opérations de l'exercice, de la situation financière, et du patrimoine à l'expiration de cette période, en vue de dissimuler la véritable situation de la société (article L. 242-6-2 du Code de commerce).

S'agissant des sociétés en commandite par actions (SCA): article L. 243-1 du Code de commerce, le principe est le même. Les articles L. 242-1 à L. 242-29 du Code de commerce sont applicables aux sociétés en commandites par actions.

On rappelle également qu'il n'y a nul crime, nul délit sans intention de le commettre. Les opérations de faux bilans sont des infractions intentionnelles. Ce sont ces éléments qui permettent de qualifier les faits de présentation de comptes annuels inexacts. Comme pour toute infraction, afin de mesurer l'acte illicite, on doit caractériser les éléments constitutifs de l'infraction.

B. – les éléments constitutifs

La présentation de comptes annuels inexacts comprend un élément matériel et un élément moral (l'intention coupable).

1°). L'élément matériel

Il s'agit d'une dissimulation de la vérité. Par conséquent, l'élément matériel est le mensonge. Dans ce cas, nous devons envisager les moyens du mensonge, le support du mensonge et le contenu du mensonge.

Les moyens du mensonge **:**

Pour les SARL, la loi envisage la présentation des comptes aux associés. Pour les SA et SCA : la loi prévoit la publication et la présentation des comptes.

Mais cela ne change rien à la caractérisation de l'élément matériel car la jurisprudence entend par publication des comptes, le fait de les porter à la connaissance du public, de toute personne intéressée. Il peut donc s'agir de tout procédé : la communication des comptes à l'assemblée générale des actionnaires ; la mise à disposition des comptes aux actionnaires au siège social par écrit, article, des lettres, des circulaires, publication au BALO (Bulletin des Annonces légales Obligatoires) et même oralement s'il s'agit d'une déclaration publique.

C'est la présentation ou la publication des comptes infidèles qui marquera le point de départ de la prescription de l'action publique : 3 ans à compter de la présentation. Mais, en cas, de dissimulation, la jurisprudence décide de faire partir le délai de prescription à compter de la découverte de l'infraction (ce qui contrevient au principe de la légalité).

Le support du mensonge correspond à la question de savoir quels sont les documents concernés :

L'inventaire : divers documents de l'actif et du passif à la clôture de l'exercice ;

Le bilan : actifs et passifs en faisant apparaître de façon distincte les capitaux propres ;

Le compte de résultat : produits et charges ; document de synthèse qui sert à calculer le résultat net de l'exercice. Il comprend la déduction des amortissements et des provisions.

Un rapport de gestion : qui expose la situation de la société durant l'exercice écoulé, son évolution prévisible, les activités de la société en matière de recherche et de développement.

La question est posée de savoir si le bilan provisoire peut constituer un support du mensonge. La réponse donnée par la Cour de cassation a été positive ce qui augmente d'autant plus le risque pénal. Ainsi, dans une affaire dans laquelle une dirigeante d'une SA, soumise à un redressement judiciaire, il a été décidé que le bilan provisoire pouvait constituer le support du mensonge. La dirigeante a donc été condamnée pour présentation de comptes annuels inexacts. En effet, même si elle a présenté un bilan provisoire. Elle l'a adressé à une banque. Le pourvoi soutenait que ce document n'avait aucune valeur probante parce qu'il n'avait pas encore été approuvé par les actionnaires, ni même publié. La Chambre criminelle de la Cour de cassation rejette le pourvoi et caractérise l'infraction de faux bilan, le caractère provisoire étant sans incidence sur la présentation devant une banque afin d'obtenir des nouveaux crédits.

Le contenu du mensonge

Il s'agit de la dissimulation de la vérité, de la véritable situation de la société. Le mensonge consiste à ne pas donner « pour chaque exercice, une image fidèle du résultat des opérations de l'exercice, de la situation financière et du patrimoine à l'expiration de cette période ». L'acte consiste soit à majorer l'actif, soit à minorer le passif ou bien à commettre des omissions coupables.

Par exemple, une SA dont l'objet social est de construire des bâtiments scolaires, dont le principal client est l'Etat. Si l'Etat se retire et n'est plus le principal client de la société, la SA pourrait connaître des difficultés. Elle peut même faire l'objet d'une reconversion suite à une perte très importante de marché. Le crédit bancaire peut même augmenter démesurément. Si pour poursuivre les crédits, le PDG gonfle le bilan par augmentation frauduleuse de l'actif, en inscrivant des créances contestables à la charge de l'Etat ancien client : nous sommes en présence d'une présentation inexacte des comptes annuels. C'est ainsi que dans une affaire similaire la Cour de cassation a énoncé que l'acte a été caractérisé par la manifestation d'une apparente prospérité alors que la situation financière était obérée.

La preuve du contenu du mensonge peut être rapportée par tous moyens : les faits sont présentés comme exacts alors que les inexactitudes sont grossières.

Mais, il est plus courant que les inexactitudes soient plus subtiles : surélévation d'un élément de l'actif, ou même du passif. Mais, il faut faire attention, le risque pénal n'existe que si les actes sont intentionnels. Car, en effet, s'il s'agit de négligences ou d'erreurs, on ne peut condamner pour faux bilan. On doit caractériser l'intention coupable. **C'est ici que la frontière entre erreur de gestion et actes frauduleux n'est pas toujours évidente.**

2°). L'intention coupable

L'infraction de présentation de comptes annuels inexacts est une infraction intentionnelle. En effet, l'altération de la vérité doit avoir été commise sciemment (dol général et dol spécial).

Le dol général signifie que l'auteur doit avoir agi sciemment, c'est-à-dire en connaissance de cause (volonté et conscience de l'illicéité de l'acte). Le dol spécial est un élément ajouté par la loi et conduit à l'obligation de démontrer que l'auteur doit avoir agi en vue de dissimiler la véritable situation financière de la société. Le dol spécial est différent du mobile, même si parfois la jurisprudence prend en compte le mobile de l'auteur.

Exemple de qualification des faits : le faux en écriture de commerce et le faux bilan

Au sein d'une société, le gérant effectue des achats sans facture auprès de fournisseurs non identifiés. Afin de couvrir les opérations, le gérant justifie les comptes par des irrégularités. Présentation de comptes annuels inexacts. Néanmoins, parce que l'irrégularité provient directement de fausses factures, il faut préférer la qualification de faux en écriture (de commerce).

§ 2. – les infractions commises par les commissaires aux comptes

Avant d'étudier les infractions susceptibles d'être commises par les commissaires aux comptes, on doit connaître toutes celles prévues à l'encontre du dirigeant qui empêchent les commissaires aux comptes d'exercer leurs missions.

1er point : Les commissaires aux comptes doivent relater dans leurs rapports qu'ils présentent à l'assemblée générale des actionnaires et associés l'accomplissement de leur mission : ils doivent le cas échéant dénoncer les irrégularités ou inexactitudes comptables découvertes (art. L. 225-100 du Code de commerce)

2e point : La désignation des commissaires aux comptes est obligatoire pour les SA, de même que pour les SARL de taille importante (bilan, chiffre d'affaires et nombre de salariés qui dépasse le seuil fixé par l'art. R 221-5 du Code de com., soit 1 500 000 euros au bilan ; 3 100 000 euros de chiffre d'affaire et 50 salariés), de même que pour les SNC. En pratique, même si le choix doit se faire en assemblée générale, ce sont bien les dirigeants qui imposent leurs choix en utilisant les dispositions statutaires de la société.

Dès lors, si les dirigeants n'ont pas provoqué la désignation du commissaire aux comptes : ils commettent une infraction faisant encourir une peine de deux ans d'emprisonnement et 30 000 euros d'amende (art. L 820-4-1° C. com issu de l'ord. du 8 sept 2005). L'élément intentionnel est ici non exigé.

3e point : le défaut de convocation des commissaires aux comptes est également une infraction pénale. Ils doivent être convoqués à toutes les assemblées générales ainsi qu'aux réunions du Conseil d'administration ou du directoire qui arrête les comptes de l'exercice écoulé (Art. L. 225-238 art. R. 823-9 : convocation en LRAR). Si les commissaires aux comptes ne sont pas convoqués aux assemblées des actionnaires : 2 ans d'emprisonnement et 30 000 euros d'amende.

4e point : les commissaires aux comptes bénéficient d'un droit d'information et du pouvoir d'investigation (pouvoir très important) afin de contrôler de manière permanente la situation financière de la société (art. L 225-235 et L. 820-4-2° du Code de commerce). Si les dirigeants font ***obstacle à ce droit d'information***, ou à la mission de vérification des comptes : ils encourent 5 ans d'emprisonnement et 75 000 euros d'amende.

A. – la non révélation de faits délictueux

L'article L. 242-27 du Code de commerce sanctionne d'une peine de 5 ans d'emprisonnement et de 75 000 euros d'amende tout commissaire aux comptes qui n'a pas révélé au procureur de la République les faits délictueux dont il a eu connaissance. Certes, le commissaire aux comptes est tenu au secret professionnel (art. L. 820-7 C. commerce ; 226-13 et 226-14 du Code pénal). Mais, l'article 225-240 du Code de commerce précise que leur responsabilité ne peut être engagée en cas de révélation au ministère public : c'est même une obligation. Par ailleurs, selon l'article L 821-12 issu de la loi du 1er août 2003, les commissaires aux comptes sont tenus de fournir tous les renseignements et documents qui leur sont demandés à l'occasion des inspections et contrôles de l'exercice de leur profession sans qu'ils puissent opposer le secret professionnel.

1°). L'élément matériel

C'est l'absence de révélation des faits délictueux connus. Les faits délictueux peuvent être toute infraction commise sur la situation patrimoniale de la société : une escroquerie ; un recel d'escroquerie, un abus de biens sociaux ou encore une présentation de comptes annuels inexacts.

La connaissance de ces faits : sur ce point la jurisprudence est très sévère. Elle a décidé que le commissaire aux comptes doit rechercher toute infraction susceptible d'être commise. Il ne doit pas attendre qu'elle se révèle.

Sa compétence professionnelle ne lui permet pas de soulever son ignorance de la loi. Quant à la révélation des faits délictueux : la loi n'impose pas de délai. Mais, c'est la jurisprudence qui exige que cela soit rapide, c'est-à-dire après la connaissance de l'existence de l'infraction.

2°). L'intention coupable

Il faut rechercher la mauvaise foi du commissaire aux comptes dans l'omission. Il s'agira de la volonté libre et éclairée de ne pas dénoncer les faits. L'absence de vigilance n'exonère pas le commissaire aux comptes.

De plus, la pratique contribue à l'accroissement du risque pénal encouru par le commissaire aux comptes en facilitant la caractérisation des infractions pénales : l'utilisation des présomptions de culpabilité de fait principalement fondées sur la compétence professionnelle du commissaire augmente le risque pénal. Il en ressortira un renversement de la charge de la preuve consistant à ce que ce sera au commissaire aux comptes de prouver qu'il n'était pas en mesure de connaître les faits délictueux. La jurisprudence va encore plus loin en ce qu'elle utilise la présomption de connaissance de faits délictueux pour établir l'acte de complicité, par exemple d'escroquerie. Ainsi, non seulement le commissaire aux comptes peut être poursuivi pour non révélation de l'escroquerie commise par le dirigeant, mais il pourra encore être poursuivi pour complicité d'escroquerie. C'est ce qui a été retenu dans un arrêt du 31 janvier 2007 qui s'est basé sur le fait que le commissaire aux comptes a certifié les comptes sociaux d'une manière réitérée[72].

La poursuite de cette infraction ne peut avoir lieu que dans les trois ans à compter de la certification des comptes par le commissaire aux comptes (délai de prescription).

B. – le délit d'informations mensongères

Puisque c'est la mission même des commissaires aux comptes de certifier les comptes exacts, la loi érige en infraction pénale le fait de

[72] Cass. Crim. 31 janvier 2007, pourvoi n° 05-85.885 et 06-81.258, Revue des sociétés 2007, p. 584, note Bouloc B.

certifier des informations fausses ou mensongères sur la situation financière de la société.

Selon l'article L. 225-235 du Code de commerce modifié par la loi du 1er août 2003, les commissaires aux comptes doivent certifier que les comptes sont réguliers et sincères et donnent une image fidèle du résultat des opérations de l'exercice écoulé ainsi que de la situation financière et du patrimoine de la société à la fin de cet exercice. Les informations fournies par le commissaire aux comptes doivent donc être exactes et fidèles à la situation financière de la société. L'article L. 820-7 du Code du commerce sanctionne le fait de donner des informations mensongères. Il envisage deux hypothèses :

- soit le commissaire aux comptes aura donné de telles informations dans ces documents dont il a pris l'initiative ;
- soit, le commissaire aux comptes aura confirmé les informations dans les documents fournies par la société : exemple, un faux bilan[73]. Même s'il s'agit le plus souvent de tromper les associés, le destinataire des informations mensongères importe peu. De la même manière, le moyen et support du mensonge importe peu. Le plus souvent, il s'agira d'un avis écrit donné dans un rapport. Mais, il peut encore s'agir d'une confirmation donnée à l'oral au cours d'un conseil d'administration ou d'une assemblée générale. Ces mêmes agissements peuvent être poursuivis sous la qualification d'escroquerie (la manœuvre frauduleuse) selon les cas.

Cette infraction est intentionnelle : le commissaire doit avoir agi en connaissance de cause. Il doit savoir que les informations sont mensongères. Dans ces hypothèses, il sera difficile pour le commissaire aux comptes de soulever son ignorance car c'est l'objet même de sa mission.

Les peines encourues sont de 5 ans d'emprisonnement et de 75 000 euros d'amende.

§ 3. – l'abus de biens sociaux

Est puni d'un emprisonnement de 5 ans et d'une amende de 375 000 euros, le fait, pour les gérants, de faire, de mauvaise foi, des

[73] Cass. Crim. 12 janv. 1981, Rev. Sociétés 1981. 612, Note B. Bouloc

biens ou du crédit de la société, un usage qu'il savent contraire à l'intérêt de celle-ci, à des fins personnelles ou pour favoriser une autre société ou entreprise dans laquelle ils sont intéressés directement ou indirectement (Art. L. 241-3-4 du Code de commerce pour les SARL).

Est puni de 5 ans d'emprisonnement et de 375 000 euros, le président, les administrateurs ou les directeurs généraux d'une société anonyme de faire, de mauvaise foi, des biens ou du crédit de la société, un usage qu'ils savent contraire à l'intérêt de celle-ci, à des fins personnelles ou pour favoriser une entreprise dans laquelle ils sont intéressés directement ou indirectement ». Idem pour les SAS, les SCA... (Art. L. 242-6-3° du Code de Commerce pour les SA et les sociétés en commandite par actions).

Qui est concerné ? :

Les gérants des SARL ou EURL, les présidents, administrateurs, directeurs généraux d'une société anonyme, des sociétés anonymes de type nouveau qui comportent un directoire, des sociétés par actions simplifiées, les gérants des SCA. Les dirigeants de droit ou de fait sont concernés.

A. – les éléments constitutifs

L'infraction d'abus de biens sociaux comporte quatre éléments constitutifs. Dès lors, pour qualifier l'acte d'abus de biens sociaux, on doit démontrer : un acte d'usage ; cet acte doit être contraire à l'intérêt social ; il doit être commis dans un intérêt personnel et il doit être accompli de mauvaise foi.

En d'autres termes, si l'un de ces quatre éléments constitutifs fait défaut, l'abus de biens sociaux n'est pas caractérisé. Néanmoins, la pratique révèle qu'à partir de la caractérisation de certains des quatre éléments constitutifs, les autres sont présumés. Cette pratique a eu pour conséquence d'accroître démesurément le risque pénal qui repose sur les responsables d'entreprise.

1°). Un acte d'usage

Il s'agit d'un acte consistant à s'approprier directement des biens appartenant à la société ou à faire payer par celle-ci des dépenses à caractère strictement personnel. Néanmoins, la notion d'usage ne suppose pas nécessairement une appropriation et un transfert de patrimoine de la société dans celui du dirigeant malhonnête.

User, c'est se servir, même temporairement et avec l'intention de restituer. Il s'agit, par exemple de bénéficier de prêts, d'avances, de véhicules, de logement, d'utiliser de manière indue le matériel de la société commerciale.

Aussi, l'acte d'usage doit-il être un acte positif, mais l'abus sera consommé par la prise de décision, même si l'exécution est ultérieure.

Le contenu de l'usage : il s'agit de l'usage des biens sociaux. Ils regroupent l'ensemble des meubles et des immeubles corporels et incorporels, créances, baux, brevets. Et peu importe que la société détienne ces biens en qualité de propriétaire ou de locataire, ou même de dépositaire.

2°). Un acte contraire à l'intérêt social

Il faut encore que cet usage soit contraire à l'intérêt de la société conformément au principe de la légalité (autonomie de la personne morale) (art. L. 242-6-3° C. com.).

Il faut alors appréhender le sens de l'intérêt social : on doit distinguer une société indépendante et le groupe de sociétés.

– Société indépendante :

Puisque la loi pénale est d'interprétation stricte : l'abus de biens sociaux ne sanctionne qu'un acte contraire à l'intérêt social. Or, les juges ont souvent réprimé des actes illicites sans que ces actes soient contraires à l'intérêt de la société commerciale.

Exemple : les gérants d'une société de transport versent une somme d'argent à un adjoint au maire de la commune de X pour en obtenir le marché du transport scolaire. On peut dire que cet acte n'est pas contraire à l'intérêt social. C'est même le contraire car cet acte sert directement l'intérêt patrimonial de la société, acquisition de marchés supplémentaires. En réalité, il s'agit du délit de corruption active et passive. Pour autant, la Chambre criminelle de la Cour de cassation a retenu l'abus de biens sociaux (Crim. 22 avril 1992) [74]. En conséquence, il faut noter une acceptation assez large par la Cour de cassation de « l'acte contraire à l'intérêt de la société ».

Par la suite, la Cour de cassation est revenue sur cette jurisprudence depuis 92 à aujourd'hui selon plusieurs étapes.

---

[74] Cass. Crim. 22 avril 1992, Bull. Crim. n°169 ; Rev. Sociétés 1993, p. 124, obs. B Bouloc.

Dans une première étape que nous qualifierons d'implicite :

Des dirigeants avaient été poursuivis parce qu'ils avaient prélevé des fonds sociaux destinés à constituer une caisse noire[75]. Cette caisse noire avait pour finalité de rémunérer des travailleurs clandestins. Certes, ce comportement avait un but illicite au sens de la jurisprudence de 1992. Mais, dans cet arrêt, la Cour de cassation n'a pas prononcé une condamnation pour abus de biens sociaux. En réalité, le but poursuivi n'était pas contraire à l'intérêt de la société commerciale, mais à celui de l'ordre public social (travail clandestin).

La deuxième étape a été plus explicite :

Un dirigeant de société a remis au gendre d'un ministre (Y) de l'argent prélevé sur les fonds de la société pour qu'il intervienne auprès de son beau-père et en obtienne une remise fiscale au profit d'une société[76].

La Cour de cassation censure la Cour d'appel en lui reprochant une contradiction et une insuffisance de motifs. En effet, la Cour d'appel ne pouvait, à la fois constater que l'acte litigieux n'était pas contraire à l'intérêt de la société et condamner pour abus de biens sociaux. Un élément constitutif faisait donc défaut. Serait-ce un retour à l'interprétation stricte de la loi pénale ?

Mais, il a encore été retenu que les procédés de tenue irrégulière de comptabilité et de fausses imputations de factures conduisent à l'usage contraire à l'intérêt de la société parce qu'ils exposent la personne morale à des poursuites pénales[77].

Si l'acte n'est pas contraire à l'intérêt de la société, même s'il comporte un but illicite, il n'y aura pas d'abus de biens sociaux. En revanche, d'autres qualifications sont possibles telles que le trafic d'influence, la corruption, le délit de favoritisme, etc.

– Particularité du groupe de sociétés :

Il est vrai que chacune des filiales dispose de l'autonomie patrimoniale. Un usage contraire à son intérêt serait constitutif d'un abus de bien sociaux. Toutefois, la jurisprudence a admis une certaine souples-

---

[75] Cass. Crim. 11 janv. 1996, Bull. Crim. n°21 ; D. 1996-IR- 103.

[76] Crim. 6 févr. 1997, Bull. Crim. n°48, JCP 1997-II- 22 823, note M. Pralus ; M. Pralus, Contribution au procès du délit d'abus de biens sociaux, JCP 1997-I-4001; voir not. Cass. Crim. 14 mai 2003, Bull. Crim. n°97.

[77] Cass. Crim. 14 mai 2003, arrêt préc.

se, en ce que les sociétés peuvent effectuer des échanges et prêts financiers. (Crim 4 févr. 1985 Rozenblum)[78].

Exemple : des sociétés immobilières prêtent de l'argent à des sociétés d'exploitation de meubles, chaussures, voyages, coiffure, etc., ces sociétés appartenant au même groupe. La Cour de cassation a posé des principes :

Les flux financiers, prêts, ne sont possibles d'une société à une autre que si trois conditions sont réunies : le concours financier doit être dicté par un intérêt économique, social ou financier commun ; cet intérêt doit être apprécié au regard d'une politique élaborée pour l'ensemble du groupe et ce concours financier ne doit pas être démuni de contrepartie, ni excéder les possibilités financières de celle qui en supporte la charge.

Si ces trois conditions ne sont pas réunies, par exemple, une filiale prêtant de l'argent à une société mère, l'abus de biens sociaux est caractérisé.

3°). Un acte accompli dans un intérêt personnel

Les deux premiers éléments constitutifs ne suffisent pas : il faut encore que les coupables aient fait usage des biens ou du crédit de la société à des fins personnelles ou pour favoriser une autre société ou entreprise dans laquelle ils sont intéressés directement ou indirectement.

Cette exigence limite la portée de l'incrimination : même si l'acte est défavorable pour la société mais qu'il n'a pas été commis à des fins personnelles, l'infraction n'est pas caractérisée. Toutefois, la jurisprudence ayant admis assez largement le but illicite, caractérise de la même manière l'intérêt personnel. On se rapproche des présomptions de culpabilité de fait (courant dans le droit pénal des affaires).

L'intérêt personnel peut être d'ordre matériel (sommes indues, faire payer la société des dépenses personnelles), ou moral (intérêts électoraux, sauvegarde de la réputation familiale) : l'usage fait par un dirigeant social du crédit de la société est contraire à l'intérêt de la société et est commis dans un but personnel, dès lors que sans contrepartie, il expose l'actif à un risque de perte par le fait de la volonté frauduleuse

---

[78] Cass. Crim. 4 février 1985, Bull. crim. n°54 ; JCP 1986-II- 20 585, note Jeandidier ; D. 1985. 478, note Ohl ; 13 février 1989, Bull. Crim. n° 69 ; 4 sept. 1996, Bull. Crim n° 314.

[79] Cass. Crim. 8 déc. 1971, Bull. Crim. n° 346, revue des sociétés 1972, p. 514, note B. Bouloc.

de son auteur[79].

Concrètement, lors des poursuites et au moment du jugement, c'est au dirigeant de prouver que l'acte ainsi visé n'était pas contraire à l'intérêt de la société et ne visait pas son intérêt personnel : présomption d'innocence et charge de la preuve ? Il s'agit d'un véritable renversement de la charge de la preuve (même chose pour le recel d'abus de biens sociaux) : la simple utilisation abusive des biens de la société dans un intérêt personnel suffit à caractériser le délit d'abus de biens sociaux en dehors de toute appropriation définitive[80].

4°). L'élément moral : un acte accompli de mauvaise foi

L'auteur doit avoir agi de mauvaise foi et doit savoir que l'usage des biens était contraire à l'intérêt de la société (Volonté, conscience de l'acte). Cette double exigence en matière de preuve est tempérée par la jurisprudence : selon elle, l'élément intentionnel se limite à la connaissance, voire à la conscience que l'acte incriminé porte atteinte à l'intérêt de la société commerciale. Or, selon les juges, cette exigence découle nécessairement des faits matériels : on est presque dans la présomption de mauvaise foi du dirigeant, sachant que certains éléments matériels sont largement admis, voire présumés.

En matière de preuve, cela revient à exiger de la part du dirigeant poursuivi de rapporter la preuve de sa bonne foi. Nous sommes donc en présence d'un délit quasi-matériel en dépit du principe énoncé à l'article 121-3 du CP : nul crime, nul délit sans intention de le commettre.

Aussi, faut-il soulever le problème de la prescription.

B. – le problème pratique de la prescription : un risque pénal très étendu

Alors que le délai de 3 ans doit commencer à courir à compter de la consommation du délit (commission), la jurisprudence a admis que ce délai pouvait commencer à courir à partir du jour où l'infraction a été découverte. On comprend la finalité poursuivie, certes : il s'agit de l'utilité répressive. De plus, l'abus de biens sociaux (délinquance en col blanc) suppose souvent des falsifications comptables ingénieuses, la découverte des preuves étant rendue difficile. Mais, il n'en demeure pas moins que le principe de la légalité est violé.

Ainsi, le point de départ de l'action publique est le jour où l'infrac-

---

[80] Cass. Crim. 8 mars 1967, D. 1967, p. 586, note Dalsace.

tion a été effectivement découverte, et plus précisément le jour où le délit est apparu et a pu être constaté dans les conditions permettant l'exercice de l'action publique[81].

Par la suite, la jurisprudence a tempéré sa position, le principe de la légalité étant transgressé. La prescription doit commencer à courir à compter de la commission de l'infraction. En matière d'abus de biens sociaux, le point de départ sera la présentation des comptes annuels. Ainsi, dans une affaire de 1997, la Cour de cassation a décidé que la prescription de l'action publique des chefs d'abus de biens sociaux court, sauf dissimulation, à compter de la présentation des comptes annuels par lesquels les dépenses litigieuses sont mises indûment à la charge de la société[82]. Or, la jurisprudence caractérise la dissimulation assez largement. Ainsi, caractérise une dissimulation de nature à faire courir le délai de prescription à compter d'une date postérieure à celle de la présentation des comptes annuels, le fait de ne présenter les conventions réglementées litigieuses qu'après 3 ans dans un rapport spécial révélé après un contrôle minutieux[83]. Caractérise encore une dissimulation de nature à reporter le délai de prescription, l'arrêt qui relève que certaines dépenses n'ont pas été enregistrées en comptabilité et que d'autres ont été présentées sous une fausse imputation ou sur la base de factures comportant de fausses indications[84]. C'est dire qu'en matière d'abus de biens sociaux, la dissimulation est presque toujours caractérisée, ce qui conduit à retarder le plus souvent le point de départ de la prescription et à confirmer implicitement la jurisprudence antérieure.

Pire encore, en matière de recel d'abus de bien sociaux : on est en présence d'un double report : « Le recel ne saurait commencer à se prescrire avant que l'infraction dont il procède soit apparue et ait pu être constatée dans les conditions permettant l'action publique » Crim. 6 févr. 1997. On est en présence d'une quasi-imprescriptibilité des infractions d'affaires...

Une nouvelle décision ajoute la confusion en ce domaine. En effet,

---

[81] Cass. Crim. 15 juin 1973 et 3 oct. 1973, D. 1974. 646, obs. B. Bouloc ; 10 août 1981, Rev. des sociétés 1983, p. 383, note B. Bouloc.

[82] Cass. Crim. 5 mai 1997, Bull. Crim. n°219 ; dans le même sens, Cass. Crim 27 juin 2001, Bull. Crim n° 164 ; 8 oct. 2003, Bull. Crim. n°184.

[83] Cass. Crim. 10 avril 2002, Bull. Crim. n°85.

[84] Cass. Crim. 14 mai 2003, Bull. Crim. n°97.

[85] Cass. Crim. 9 janvier 2008, n° 07-82.436, D. 2008, études et commentaires 1573.

dans une très récente affaire[85], un gérant de fait, a donné caution la société commerciale pour un prêt en faveur de son épouse. La sûreté supportée par la société était un cautionnement hypothécaire et en conséquence soumis aux formalités de publicité dans le registre des hypothèques. Ce gérant a alors été poursuivi pour abus de biens sociaux. La Cour de cassation retient que parce qu'il y avait publicité on ne pouvait relever une quelconque dissimulation permettant de faire retarder le point de départ du délai de prescription. Mais, l'originalité est qu'au lieu de prendre pour point de départ la présentation des comptes annuels, la Cour de cassation retient le jour de la publicité de la sûreté.

EXEMPLE PRATIQUE

La société anonyme, SA-ROSSIGNOL a été constituée en 1994 et comporte 16 actionnaires. Son objet comprend principalement la production et la commercialisation de gommes de résines synthétiques. Son siège social est à Paris et les entités de production se situent à Marseille. Le PDG de la SA, Monsieur GARREAUD est confronté à des difficultés financières personnelles. Il a alors, le 03 février 2006, fait supporter par la trésorerie de la SA ses nombreuses amendes pour des infractions au Code de la route, infractions qu'il a commises lors de ses dernières vacances à Toulouse. Par ailleurs, le 15 février 2006, M. GARREAUD a effectué un prélèvement de 95 000 euros au dépens de la SA pour faciliter le financement d'une construction immobilière en voie d'achèvement à Barcelone. En effet, sa banque ne lui avait accordé qu'un faible crédit. Par la suite, l'expert-comptable, Monsieur MERCIER, se rend compte des agissements de M. GARREAUD. Se connaissant depuis plusieurs années, les deux protagonistes étaient devenus des proches. L'expert MERCIER s'est alors montré coopératif en dissimulant certaines opérations sur les documents comptables.

ÉLÉMENTS DE RÉPONSE

1. Faits :

On est en présence d'une société anonyme, SA ROSSIGNOL qui a pour objet principal, la production et la commercialisation de gommes de résines synthétiques. Son siège social est à Paris, tandis que les entités de production se situent à Marseille.

M. Garreaud (PDG de la SA), confronté à des difficultés financières personnelles, a fait supporter le montant de ses amendes personnelles par la trésorerie de la SA. De plus, il a prélevé un montant de 95 000 euros aux dépens de la même société pour le financement d'une construction immobilière à Barcelone. Par la suite, l'expert comptable, Monsieur Mercier a dissimuler certaines opérations sur les documents comptables.

2. Les problèmes et règles applicables

En premier lieu, il s'agit de rechercher quelles sont les infractions commises par le PDG et l'expert-comptable.

Il semblerait que l'infraction imputable à M. Garreaud soit l'abus de biens sociaux : *Art. L. 242-6-3° du Code de Commerce pour les SA et les sociétés en commandite par actions : « est puni de 5 ans d'emprisonnement et de 375 000 euros, le président, les administrateurs ou les directeurs généraux d'une société anonyme de faire, de mauvaise foi, des biens ou du crédit de la société, un usage qu'ils savent contraire à l'intérêt de celle-ci, à des fins personnelles ou pour favoriser une entreprise dans laquelle ils sont intéressés directement ou indirectement ».*

Sa caractérisation suppose, néanmoins, la preuve des éléments constitutifs tant matériels que moral. Aussi, s'agit-il de localiser la commission de tels actes : il sera alors important de rappeler le principe de la territorialité qui en l'espèce ne semble pas poser de difficulté.

3. Démonstration-argumentation

– Sur l'abus de biens sociaux :

On commence par citer le principe : la définition de l'abus de bien sociaux : usage que l'on sait contraire à l'intérêt de la société pour favoriser une entreprise personnelle, etc.. Il suffit de reprendre la partie du cours correspondante à l'ABS. Si l'abus de biens sociaux suppose l'usage, on revient aux faits d'espèce et on montre qu' il existe un usage. Par exemple, en l'espèce l'usage dans un intérêt personnel a été manifestement caractérisé par le paiement d'amendes personnelles, mais encore par le prélèvement occulte des 95 000 euros pour favoriser l'entreprise personnelle à l'étranger à Barcelone. Sur ces deux faits, les prélèvements ne répondent pas à l'objet de la société et caractérisent l'usage contraire à l'intérêt de celle-ci.

De cette manière et en reprenant chacun des éléments constitutifs, on relèvera que le PDG a commis deux abus de biens sociaux. On fait la même chose sur l'élément moral. L'intention coupable est également caractérisée eu égard à la qualité de dirigeant de l'intéressé, celui-ci prélevant sciemment des fonds pour désintéresser des créanciers personnels et non des créanciers de la société.

Aussi, faut-il rappeler le principe de territorialité qui en l'espèce pour l'abus de biens sociaux ne pose aucune difficulté puisque tous les éléments constitutifs ont été commis sur le territoire de la République, même s'il s'agissait de financer une opération à l'étranger.

– Sur la présentation des comptes annuels inexacts

On aurait pu penser que l'expert comptable était un complice en ce qu'une aide a été apportée pour dissimuler la commission de l'infraction d'abus de biens sociaux. Toutefois, cette collaboration a eu lieu postérieurement à l'abus de bien sociaux et il paraît difficile d'envisager l'antériorité de l'acte du complice dans la commission de l'abus de biens sociaux. En revanche, l'infraction la plus appropriée est sans conteste la présentation des comptes annuels inexacts. Selon l'article L. 242-6-2° du code de commerce *est puni d'un emprisonnement de 5 ans et de 375 000 euros d'amende, le président, les administrateurs ou les directeurs généraux d'une Société anonyme qui a ou ont publié ou présenté aux actionnaires., ..., des comptes annuels ne donnant pas, pour chaque exercice, une image fidèle du résultat des opérations de l'exercice, de la situation financière, et du patrimoine à l'expiration de cette période, en vue de dissimuler la véritable situation de la société*.

En l'espèce, le cas ne précise pas quels documents sont concernés, mais seulement les documents comptables. On suppose que la dissimulation de la vérité, de la véritable situation de la société a été commise par des omissions coupables, ou une majoration de l'actif. L'élément intentionnel ne pose pas non plus de difficulté en ce que le professionnel du chiffre s'est rendu compte des agissements et à commis des falsifications sciemment. Son rôle étant de certifier les comptes, la volonté de l'acte illicite et sa conscience sont démontrées. Le mensonge a donc consisté à ne pas donner pour l'exercice visé « une image fidèle du résultat des opérations de l'exercice, de la situation financière et du patrimoine » de la SA.

§ 4. - le délit de banqueroute

De nombreuses sociétés peuvent connaître des difficultés et se trouver en situation d'échec. Aussi, pour échapper aux conséquences des procédures collectives, les dirigeants peuvent-ils être tentés de commettre des actes illicites. La loi n° 85-98 du 25 janvier 1985 relative au redressement et à la liquidation judiciaires des entreprises, intégrée depuis l'ordonnance du 18 septembre 2000 dans le Code de commerce (art. L. 620-1 à L. 628-3) sanctionne notamment la banqueroute. Cette infraction présente un caractère spécifique. En effet, cette spécificité tient à la diversité des cas de banqueroute : il n'existe pas une infraction de banqueroute mais des infractions de banqueroute. Avant d'étudier les cas de banqueroute ainsi que la condition de procédure, il convient de savoir qui peut être auteur de l'infraction de banqueroute.

A. - les auteurs : la qualité de banqueroutier

La loi du 25 janvier 1985 et les réformes successives ont procédé à une innovation, en l'étendant aux artisans, aux agriculteurs, aux liquidateurs, aux représentants permanents et enfin aux dirigeants sociaux de droit ou de fait, ayant une activité économique.

En effet, sous l'empire de la loi du 13 juillet 1967, l'incrimination de la banqueroute ne pouvait être retenue qu'au travers de la qualité de commerçant. Le dirigeant social ne pouvait être poursuivi que sous couvert de délits assimilés à la banqueroute, pour les mêmes faits. Ainsi, l'infraction de banqueroute est susceptible d'être commise par les dirigeants sociaux de droit ou de fait ayant une activité économique.

Le dirigeant **de droit** est celui qui est régulièrement investi des fonctions d'administration et de direction, c'est-à-dire tous les organes légaux de la personne morale, qui désignés régulièrement, ont pour tâche de gérer cette société. Sont ainsi visés dans les S.A., le président du Conseil d'administration, le directeur général adjoint, les administrateurs pour lesquels il suffit d'être désigné dans les statuts. Dans les autres types de sociétés et dans le groupement d'intérêt économique, sont dirigeants, l'administrateur ou les membres de l'organe qui remplissent cette fonction et cela même en l'absence de publicité de leur nomination.

Le dirigeant **de fait** est la personne qui se comporte comme le dirigeant de droit, en s'immisçant dans la gestion de l'entreprise. Il existe trois conditions cumulatives pour reconnaître une personne physique comme dirigeant de fait : est dirigeant de fait celui qui en toute souveraineté et indépendance exerce une activité positive de gestion et de direction.

B. – les cas de banqueroute : les éléments constitutifs

La loi du 25 janvier 1985 a retenu cinq cas de banqueroute. Actuellement, suivant l'article L. 654-2 du Code de commerce sont coupables de banqueroute, les dirigeants sociaux contre « lesquels a été relevé l'un des cas ci-après :

1- Avoir, dans l'intention d'éviter ou de retarder l'ouverture de la procédure de redressement judiciaire, soit fait des achats en vue d'une revente au-dessous du cours, soit employé des moyens ruineux pour se procurer des fonds ;
2- Avoir détourné ou dissimulé tout ou partie de l'actif du débiteur ;
3- Avoir frauduleusement augmenté le passif du débiteur ;
4- Avoir tenu une comptabilité fictive ou fait disparaître des documents comptables de l'entreprise ou de la personnalité morale ou s'être abstenu de tenir toute comptabilité lorsque la loi en fait obligation ;
5- Avoir tenu une comptabilité manifestement incomplète ou irrégulière au regard des dispositions légales ».

On peut les regrouper en deux thèmes : Art. L.654-2-1° à -5°

1°). L'aggravation du passif

a) Maintien artificiel de l'activité de l'entreprise en difficulté:
1. achats en vue d'une revente au dessous du cours
2. l'emploi de moyens ruineux pour se procurer des fonds

b) Le détournement ou la dissimulation d'actif :
1. le détournement d'actif
2. la dissimulation d'actif

c) L'augmentation frauduleuse du passif

2°). Les irrégularités comptables

a) La tenue d'une comptabilité fictive
b) La disparition des documents comptables
c) L'absence de comptabilité
d) la tenue d'une comptabilité manifestement incomplète ou irrégulière

1°). L'aggravation du passif

a) Le maintien artificiel de l'entreprise en difficulté

– Achats en vue d'une revente au dessous du cours

Le dirigeant social a « dans l'intention d'éviter ou de retarder l'ouverture de la procédure de redressement, fait des achats en vue d'une revente au dessous du cours ». Ce premier acte de banqueroute suppose la réunion de deux conditions. En effet, d'abord, la revente doit être précédée d'un achat, ensuite l'achat lui-même doit être effectué en vue de la revente. L'existence de ces deux éléments cumulés doit être précisément constatée par les juges du fond[86].

La notion de revente à perte qui découle de cette incrimination soulève des difficultés. En effet, toute revente à perte n'est pas une revente au dessous du cours. Celle-ci peut être imposée par certaines situations. Ce sera le cas, par exemple des denrées périssables ou des fruits

[86] Cass.Crim.12 mars 1974, Bull. Crim. n°102 ; D.1974.I.R.114.

abîmés. Aussi, la revente à perte est-elle autorisée par l'article 1-II de la loi du 2 juillet 1963, relative au maintien de la stabilité économique et financière. Outre les deux conditions cumulées relatives à l'achat préalable et à la revente au dessous du cours, le délit n'est constitué que si l'intention « d'éviter ou de retarder l'ouverture de la procédure de redressement ou de liquidation judiciaire » est constituée. En d'autres termes, il doit être démontré le fait que le dirigeant social ait agi dans l'intention d'échapper aux conséquences des procédures collectives. La pratique montre que bien souvent l'infraction n'est pas retenue car il est difficile de prouver que les achats ont bien été effectués en vue d'une revente au dessous du cours et dans le but d'éviter une ouverture de procédure de redressement ou de liquidation judiciaire. En effet, la qualification pénale de banqueroute ne peut être retenue que s'il est démontré que les achats ont été effectués dans la seule intention d'une revente à perte. Cela implique que le dirigeant social qui effectue une simple revente à perte de marchandises, n'est pas condamnable pour banqueroute.

Par ailleurs, l'activité de l'entreprise en difficulté est prolongée artificiellement par le biais de l'emploi de moyens ruineux pour se procurer des fonds.

– L'emploi de moyens ruineux pour se procurer des fonds

L'emploi de moyens ruineux pour se procurer des fonds relève de la casuistique. La jurisprudence fait une application au cas par cas, du fait que le caractère ruineux ne se distingue pas toujours de l'emploi de techniques dangereuses de financement, qui elles ne sont pas forcément ruineuses. Constituent des moyens ruineux :

- le fait d'escompter des fausses factures et des traites de complaisance, dont le coût ne peut qu'aggraver la situation financière de l'entreprise,
- le fait pour le gérant d'une société de contracter à des taux d'intérêts élevés des emprunts qui, même s'ils ont pu procurer une aide provisoire ou quelques profits momentanés à la société avaient pour but de retarder la constatation de la cessation des paiements,
- le fait de mettre en circulation des effets fictifs.
- les prêts participatifs à des taux excessifs,
- de même l'affacturage qui est une technique courante de gestion commerciale peut être caractérisé de moyen ruineux par les frais importants qu'il génère.

Le juge doit apprécier le caractère frauduleux de ces moyens ruineux. Ainsi, n'a pas été retenu comme moyen ruineux, le recours régulier à des capitaux extérieurs sous forme de découverts bancaires ou d'emprunts hypothécaires, à des taux d'intérêts normaux alors même que le découvert consenti par la banque s'élevait à plus de la moitié du capital social. En revanche, si le découvert bancaire consenti à une entreprise est trop important à tel point qu'il se révèle être hors de proportion avec le chiffre d'affaires, ce découvert se révèle être un moyen ruineux. Aussi, l'emploi de moyens ruineux est-il un facteur favorisant la complicité bancaire, par le biais des crédits octroyés[87].

En outre, l'élément intentionnel de l'emploi de moyens ruineux doit exister. Celui-ci doit être caractérisé par la volonté de retarder la mise en œuvre d'une procédure de redressement ou de liquidation judiciaire. L'intention se déduit, le plus souvent, par les circonstances de fait, c'est-à-dire par l'acte lui-même.

Le passif se révèle augmenté par le biais de ces manœuvres, que ce soit par l'achat en vue d'une revente au dessous du cours ou par l'emploi de moyens ruineux. Le caractère frauduleux de ces manœuvres est alors incriminé par l'infraction de banqueroute. Aussi, cette incrimination sera-t-elle retenue, lorsque l'actif du débiteur fera l'objet de détournement ou de dissimulation.

b) Le détournement ou la dissimulation d'actif

– Le détournement d'actif

La loi dispose qu'est coupable de banqueroute, le dirigeant social qui a « détourné tout ou partie de l'actif du débiteur ». Le détournement se définit par la soustraction frauduleuse. Suivant la jurisprudence, l'acte de détournement suppose nécessairement un acte positif.

En revanche, l'acte de détournement peut être étendu à l'acte positif de disposition, d'utilisation ou même de cession de biens de tout ou partie de l'actif de l'entreprise, voire de l'actif personnel servant à l'entreprise, pour un entrepreneur individuel, en vertu de l'unicité du patrimoine. Pour un débiteur, personne morale, pour qu'il y ait détournement d'actif, il s'agira toujours de biens faisant partie du patrimoine de la personne morale, soumise à la procédure collective.

Ainsi, le détournement d'actif est caractérisé par :

---

[87] C. Mouly, *La responsabilité pénale du banquier en cas de banqueroute de son client*, D. 1984, chronique 32.

– l'encaissement par le gérant de commissions injustifiées et par l'utilisation des véhicules de la société pour son usage personnel,
– l'inscription au compte courant du dirigeant de fait de sommes revenant à la société,
– le transfert des marchandises et matériels de la société à une autre société pour que cette dernière procède elle-même à leur vente,
– la cession d'un élément d'actif d'une société en redressement judiciaire pour une somme bien inférieure à sa valeur vénale au bénéfice d'une autre société dans laquelle le dirigeant a des intérêts.
– Virements de fonds sur des comptes ouverts à l'étranger au nom d'une personne morale dont le dirigeant est le seul associé,

Par ailleurs, l'existence d'un lien économique entre deux sociétés ne saurait justifier le détournement de l'actif social au profit de l'autre société dans laquelle le dirigeant est intéressé.

En revanche, le détournement d'actif n'est pas caractérisé, lorsque le dirigeant social a cédé à un ou plusieurs créanciers de la personne morale tout ou partie des biens de cette dernière, dans la mesure où, égale ou supérieure à la valeur de ces biens, la créance du bénéficiaire est certaine, liquide et exigible.

Les hypothèses de détournement d'actif sont nombreuses. Cependant, un acte positif est exigé pour caractériser le détournement d'actif alors que certaines omissions de la part du dirigeant social sont susceptibles de nuire à l'entreprise en difficulté. En effet, le comportement passif du débiteur alors que certaines opérations se révéleraient nécessaires pour l'entreprise, pourrait aisément caractériser le détournement d'actif. Pourtant, la jurisprudence n'admet pas la qualification de détournement d'actif, dès lors que l'opération frauduleuse a pour source une omission.

Toutefois, la dissimulation d'actif semble être une qualification plus appropriée au comportement passif du dirigeant social.

– La dissimulation d'actif

La dissimulation d'actif suppose le fait de cacher ou d'omettre tout ou partie de l'actif à la connaissance des tiers et par conséquent aux créanciers. Elle est plus difficile à caractériser que le détournement d'actif. Même si le détournement et la dissimulation d'actif sont distincts, la dissimulation d'actif accompagne souvent l'acte de détournement d'actif. Dans ce cas, les deux actes constitueront une seule incrimination pour banqueroute.

La dissimulation d'actif est caractérisée lorsque le dirigeant s'abstient de déclarer dans la cessation des paiements, un ou plusieurs biens, ou lorsqu'il ne mentionne pas une créance. Cette abstention suppose que les créanciers soient privés de tout ou partie de leur gage.

L'intention coupable du dirigeant social doit être démontrée pour que l'infraction de banqueroute soit constituée par détournement ou dissimulation d'actif. Cet élément moral consistera le plus souvent en la connaissance par le dirigeant social de sa volonté de soustraire aux créanciers de la personne morale, une partie du patrimoine de cette dernière. La volonté du dirigeant ne se traduit pas nécessairement par l'intention de nuire aux créanciers. Il suffit que le responsable ait eu conscience de causer un dommage aux créanciers et à la personne morale pour que l'élément intentionnel soit caractérisé. De même, l'existence d'un intérêt personnel du prévenu n'est pas nécessaire à la qualification de détournement ou de dissimulation d'actif.

Aussi, un problème a-t-il été soulevé quant à la date de l'accomplissement du détournement ou de la dissimulation d'actif. Certains arrêts de la Cour de cassation ont relevé que le délit de banqueroute par détournement d'actif supposait, pour être constitué, l'existence d'une dissipation volontaire d'un élément du patrimoine du débiteur en état de cessation des paiements. Autrement dit, les faits incriminés doivent avoir été commis postérieurement à la cessation des paiements. Cependant, la jurisprudence s'est montrée mitigée. En effet, plusieurs arrêts ont retenu l'incrimination de banqueroute, que les faits aient été commis antérieurement ou postérieurement à l'état de cessation des paiements.

Dans un arrêt, en date du 5 octobre 1992, la Chambre criminelle de la Cour de cassation a retenu, implicitement l'antériorité des actes incriminés à l'état de cessation des paiements. En effet, il s'agissait d'un cas où il n'a pas pu être établi que les détournements ont été effectués postérieurement à la cessation des paiements. La Cour de cassation a considéré le délit de banqueroute comme constitué parce que les actes de détournements avaient provoqué la cessation des paiements. Puis, La Cour de cassation a précisé sa position dans un arrêt récent, du 21 septembre 1994, en décidant que « le délit de banqueroute est constitué, que les faits constatés soient antérieurs ou postérieurs à la date de cessation des paiements dès lors que,..., ils ont pour objet ou pour effet...d'affecter la consistance de l'actif disponible dans les conditions de nature à placer l'intéressé dans l'impossibilité de faire face au passif exigible ».

Enfin, le délit de banqueroute est aussi caractérisé par l'augmentation frauduleuse du passif (c).

c) L'augmentation frauduleuse du passif

Est coupable de banqueroute, le dirigeant social qui aura « frauduleusement augmenté le passif du débiteur ». L'augmentation du passif est aussi un cas de faillite personnelle. La loi reprend les termes de l'article 314-7 du Code pénal, qui sanctionne le délit d'organisation ou d'aggravation d'insolvabilité. Cependant, l'incrimination de la banqueroute est plus sévèrement réprimée. Il peut s'agir de la reconnaissance de dettes fictives. Dans ce dernier cas, deux conditions doivent être réunies, à savoir un faux en écriture et une entente frauduleuse avec des tiers, afin de simuler une créance. De même, l'augmentation frauduleuse du passif peut avoir été commise antérieurement ou postérieurement à la date de cessation des paiements.

En définitive, l'aggravation du passif est constituée de diverses manières, les achats en vue d'une revente au dessous du cours, les détournement ou dissimulation d'actif, l'emploi de moyens ruineux, ainsi que l'augmentation frauduleuse du passif. Ces divers procédés témoignent du caractère protéiforme des infractions de banqueroute. Cependant, ils n'engendrent pas de véritables problèmes de preuves quant à l'incrimination. En revanche, d'autres procédés peuvent être utilisés par les dirigeants sociaux, sans toucher directement au passif de la personne morale en redressement judiciaire. Ces procédés sont relatifs à la comptabilité. Ces derniers sont également un des moyens d'aggraver le déficit de l'entreprise en difficulté, mais ils doivent faire l'objet d'une étude particulière, car les différentes irrégularités comptables impliquent de nombreuses difficultés quant au problème de preuve. Dès lors le caractère protéiforme des infractions de banqueroute n'est que plus accentué.

2°). Les irrégularités comptables

La comptabilité, art science ou technique[88]. En tout état de cause, il appartient à la comptabilité de saisir, d'analyser et d'enregistrer les faits

---

[88] F. Thorin, « De la théorie comptable à la comptabilité fictive et à l'absence de toute comptabilité », *Gaz.pal.*, 1989, doctr.193.

économiques engendrés ou subis par l'entreprise et surtout de donner une image fidèle et sincère du patrimoine de cette dernière.

Cependant, lorsque l'entreprise connaît des difficultés, le dirigeant social peut être tenté de fausser la comptabilité de celle-ci, pour échapper aux conséquences de l'ouverture d'une procédure de redressement ou de liquidation judiciaire. La loi du 25 janvier 1985 réformée par celle du 26 juillet 2005, au travers de sa finalité de sauvegarder l'entreprise en difficulté, prévoit des sanctions en matière de comptabilité irrégulière.

a) La tenue d'une comptabilité fictive

L'infraction de banqueroute est caractérisée, lorsque le dirigeant social a « tenu une comptabilité fictive ». La tenue d'une comptabilité fictive révèle une gravité non moindre.

Que faut-il entendre par « comptabilité fictive » ? Un auteur[89], la définit en l'assimilant à une double comptabilité soigneusement tenue, l'une « officielle », destinée à être produite, l'autre « véritable », destinée à l'information du seul délinquant. Cependant, la définition étant quelque peu restreinte, la jurisprudence a adopté une interprétation extensive de la fictivité de la comptabilité. En effet, la Chambre criminelle de la Cour de cassation assimile de simples écritures fictives à la comptabilité fictive. Est fictive, une comptabilité qui repose sur des opérations sans fondement réel et purement « imaginaire ». De même, la comptabilité est fictive, lorsqu'il existe une inscription de valeur importante sans fondement réel ou des factures fictives. La notion de comptabilité fictive[90] dépasse celle de la comptabilité incomplète ou irrégulière, puisque la loi du 10 juin 1994 a rajouté un nouveau cas de banqueroute qui est celui d'avoir « tenu une comptabilité manifestement incomplète ou irrégulière ». Autrement dit, de fausses écritures ou des irrégularités ne caractérisent pas une comptabilité fictive, car il faut relever une certaine fréquence pour que les comptes annuels soient rendus fictifs.

Aussi, faut-il relever l'intention coupable du dirigeant social. La négligence de ce dernier ne saurait constituer l'infraction de banqueroute pour comptabilité fictive. Des difficultés de preuves sont ressenties quant aux procédés employés et à l'intention du dirigeant. Toutefois, l'élément

---

[89] J. Devèze, « Comptabilité fictive », *Rev.proc.coll.*, 1990, n°2.173.

[90] F. Thorin, *op.cit.*

moral sera caractérisé par la preuve de la connaissance que le dirigeant social avait du caractère défectueux du procédé comptable utilisé.

Le dirigeant social peut aussi faire disparaître des documents comptables.

b) La disparition de documents comptables

Elle est particulièrement grave parce qu'elle élimine tout élément permettant de connaître la situation de la société et même toutes les preuves des engagements souscrits par le dirigeant. La disparition porte sur le Livre journal, le Grand livre, le Livre d'inventaire et tout autre document comptable de la société. Toutefois, il n'est pas nécessaire que cette disparition soit totale. La jurisprudence antérieure à la loi de 1985 avait admis qu'une disparition partielle caractérisait suffisamment l'infraction de banqueroute, c'est-à-dire que la disparition pouvait ne concerner que certains documents, même si ces derniers ne constituaient pas les livres comptables. La loi de 1985 n'a pas remis en cause ces solutions et la jurisprudence demeure valable. La jurisprudence demeure totalement souveraine sur l'appréciation de l'incrimination et la nature des documents comptables. De même que pour la comptabilité fictive, cette incrimination nécessite une intention délibérée. La disparition des documents comptables doit être volontaire. Le dirigeant d'une S.A.R.L. qui ne présente pas sa comptabilité aux organes de la procédure collective ou aux autorités judiciaires, se rend coupable du délit de disparition des documents comptables, même si ces derniers ont été régulièrement tenus au sein de l'entreprise. La preuve de l'élément moral est déduite de la connaissance par le prévenu de la disparition des documents comptables.

Aussi, qu'en est-il de l'abstention de tenir une comptabilité.

c) L'absence de toute comptabilité : cas de l'article 197-4°

La loi incrimine le fait de « s'être abstenu de tenir toute comptabilité lorsque la loi en fait l'obligation ».

D'abord, l'emploi du terme « comptabilité » a rendu l'interprétation malaisée. Le législateur n'a pas défini ce qu'il entendait par « comptabilité ». Dès lors, il faut y entendre tous les documents comptables : le Livre journal, le grand livre, le livre d'inventaire et tout autre document de nature comptable.

Ensuite, en raison de l'interprétation stricte du texte pénal, le délit ne peut être établi que si l'absence porte sur la totalité de ces documents.

En d'autres termes, une comptabilité insuffisante ne peut être assimilée à l'absence de comptabilité[91].

Cependant, l'existence de documents comptables ne suffit pas à empêcher toute condamnation. En effet, la comptabilité manifestement incomplète ou irrégulière constitue une autre incrimination pour banqueroute.

d) La tenue d'une comptabilité manifestement incomplète ou irrégulière

Le dirigeant social est coupable de banqueroute, lorsqu'il a « tenu une comptabilité manifestement incomplète ou irrégulière au regard des dispositions légales ». Cette nouvelle incrimination met fin aux difficultés d'interprétation des notions de tenue d'une comptabilité fictive, de la disparition de documents comptables ou enfin de l'absence de toute comptabilité. En effet, cette qualification qui a été supprimée par la loi du 25 janvier 1985, impliquait que de nombreux faits demeuraient impunis, s'ils n'avaient pas été assimilés à la tenue de comptabilité fictive ou à la disparition de documents comptables. Ainsi, la loi du 10 juin 1994 corrige cette lacune, en permettant aux juges de poursuivre ceux qui sciemment ont commis des irrégularités comptables. L'adverbe « manifestement » oblige le juge à distinguer entre les fautes comptables graves et la simple faute de gestion commise par un dirigeant de bonne foi.

Ainsi, se trouve caractérisé l'aspect protéiforme des infractions de banqueroute, celles-ci révèlent une diversité de comportements de la part des dirigeants sociaux. Ces faits peuvent avoir été commis antérieurement ou postérieurement à la date de cessation des paiements, selon la jurisprudence. En effet, ces actes commis avant l'état de cessation des paiements doivent être réprimés sur le chef de l'incrimination de banqueroute puisque ceux-ci sont susceptibles d'être la cause directe de cette cessation des paiements et accroître les difficultés préexistantes de l'entreprise. La spécificité de l'infraction de banqueroute tient aux qualifications de ces comportements qui ne peuvent être réduites à,

---

[91] La 9e Chambre de la C.A. de Paris considère qu'il y a absence de toute comptabilité, lorsque les prescriptions des articles 8, 9 et 10 du Code de commerce explicités par les dispositions du décret du 29 novembre 1983 et plus précisément des articles 1 à 6 du dit décret, n'ont pas été respectées (art. qui visent la tenue du Livre journal, du Grand livre et du livre d'inventaire), arrêt, 14 juin 1988, Daniel Fauconnier, *Gaz.pal.*14 et 15 oct.1988, n. J.-P. Marchi.

une seule qualification pénale ou à un concept unique de l'acte de banqueroute.

Aussi et surtout, l'infraction de banqueroute est spécifique quant à la mise en œuvre des poursuites. En effet, force est de constater que les poursuites pénales ne sont pas déclenchées de manière commune. On relève un particularisme procédural des infractions de banqueroute.

C. – la condition de l'ouverture d'un redressement judiciaire : la condition de procédure

Aux termes de l'article L.654-2 du Code de commerce, l'ouverture d'une procédure de redressement judiciaire est une exigence préalable obligatoire pour poursuivre l'auteur de banqueroute.

Il s'agit d'une expression non pénale. Ainsi, tant qu'un tribunal commercial ou de grande instance n'a pas rendu un jugement d'ouverture de sauvegarde, de redressement ou de liquidation judiciaire, la juridiction pénale ne saurait poursuivre le dirigeant social sur la qualification de banqueroute.

Connaître les difficultés financières d'une entreprise est du ressort d'une juridiction spécialisée, le Tribunal de commerce ou le Tribunal de grande instance. C'est seulement ces derniers qui, après avoir apprécié lesdites difficultés, ouvrent une procédure de sauvegarde, de redressement ou de liquidation judiciaire. Ce n'est qu'à ce moment que les juridictions pénales peuvent engager les poursuites pour banqueroute. Autrement dit, les poursuites pénales dépendent de l'ouverture d'un redressement ou d'une liquidation judiciaire. Il s'agit bien d'une condition préalable de procédure et non de fond, puisque ce sont les poursuites pénales qui en dépendent et non pas l'incrimination de l'infraction de banqueroute.

L'ouverture d'un redressement ou d'une liquidation judiciaire ne conditionne pas l'existence et le développement de l'activité matérielle constitutive de l'infraction de banqueroute. L'acte incriminé peut se produire avant l'ouverture du redressement ou de la liquidation judiciaire. Telle est l'hypothèse du premier cas de banqueroute prévu par l'article L. 654-2 du Code de commerce : le comportement du dirigeant social doit avoir pour but immédiat d'éviter ou de retarder l'ouverture de la procédure de redressement ou de liquidation judiciaire. Il peut en être de même pour le détournement ou la dissimulation de tout ou partie de l'actif qui serait de nature à compromettre la situation financière de l'entreprise et susceptible de donner lieu à l'ouverture d'une procédure collective. De même, l'augmentation frauduleuse du passif, les irrégularités comptables peuvent avoir été commises antérieurement au jugement d'ouverture.

Cependant, sur la base d'autres qualifications pénales, telles que l'abus de biens sociaux ou l'abus de confiance, le parquet ou la victime peut mettre l'action publique en mouvement, en attendant que le tribunal de commerce ait statué sur l'ouverture d'un redressement ou de liquidation judiciaire.

Ainsi, se trouvent préserver l'existence de preuves, l'intérêt de la société et des victimes.

Le respect du délai de prescription :

L'article L. 654-2 du Code de commerce dans sa rédaction de la loi du 26 juillet 2005 ne fait courir le délai de prescription de l'action publique que du jour du jugement ouvrant la procédure de sauvegarde, de redressement judiciaire ou de liquidation judiciaire. En d'autres termes, avant le jugement la prescription ne peut courir alors même que des actes de banqueroutes peuvent être commis[92].

Les peines encourues :

La banqueroute est punie de 5 ans d'emprisonnement et de 75 000 euros d'amende (art. L. 654-3 al. 1er du Code de commerce). Encourent les mêmes peines les complices de banqueroute, même s'ils n'ont pas la qualité de commerçant, d'agriculteur ou d'artisan ou ne dirigent pas, directement ou indirectement, en droit ou en fait, une personne morale de droit privé (art. L. 654-3 al. 2 du Code de commerce).

§ 5. – les opérations financières et les délits d'initiés - atteintes à la transparence des marchés

Le marché de la bourse n'a longtemps fait l'objet d'aucune restriction pénale. Ce n'est qu'à la fin des années 1960 qu'est apparue l'amorce d'un droit répressif des opérations de bourse. Le dispositif n'a que peu évolué depuis. Il vise à garantir l'égalité entre les spéculateurs.

---

[92] Cass. crim. 14 févr. 2007, dr. pénal 2007, comm. 73, note J.-H Robert

Pour cela, trois infractions essentielles existent : l'utilisation d'informations privilégiées ou le délit d'initié, la communication de telles informations et les actions illicites sur le marché.

A. – l'utilisation d'informations privilégiées : le délit d'initié

Le fameux « délit d'initié » est puni par l'article L. 465-1 du Code Monétaire et Financier depuis l'Ordonnance du 14 décembre 2000. Cette infraction comprend une spécificité quant aux auteurs commettant les actes illicites. De même, l'information privilégiée comprend une signification propre au domaine boursier, ce qui détermine d'autant plus les éléments constitutifs permettant de qualifier l'acte de délit d'initié.

1°). Les auteurs de l'infraction

Il peut s'agir de personnes physiques ou de personnes morales. Mais, il convient de distinguer les initiés directs et les initiés indirects.

Les initiés directs sont « les dirigeants de droit ou de fait d'une société commerciale agissant sur le marché boursier, soit le président, les directeurs généraux, les membres du directoire, les personnes physiques ou morales exerçant dans la société les fonctions d'administrateur ou de membre du conseil de surveillance ainsi que les représentants permanents des personnes morales exerçant ces fonctions ». (art. L. 225-109 Code de commerce). Compte tenu de leur fonction et de l'accès aux informations essentielles que cela leur offre, ces personnes sont supposées avoir agi en initiés. Cette présomption de connaissance de l'information privilégiée est irréfragable, ce qui signifie qu'il ne servirait à rien que ces personnes prétendent ne pas avoir eu connaissance de ces informations : un tel argument ne leur permettrait pas d'échapper aux sanctions pénales si les autres éléments constitutifs de l'infraction sont réunis.

Les initiés indirects sont « les personnes disposant, à l'occasion de l'exercice de leurs professions ou de leurs fonctions, d'informations privilégiées sur les perspectives ou la situation d'un émetteur dont les titres sont négociés sur un marché réglementé ou sur les perspectives d'évolution d'un instrument financier admis sur un marché réglementé ». Il s'agit donc des personnes qui travaillent pour l'une des sociétés agissant sur le marché boursier. C'est par exemple le cas des attachés de direction ou des secrétaires généraux de ces sociétés. Mais, cela peut aussi concerner les professionnels qui entretiennent avec ces sociétés des relations professionnelles et qui, dans ce cadre, peuvent avoir accès à des informations privilégiées : auditeur, administrateur, cadre de banque, avocat, expert-comptable, journaliste financier, voire directeur de cabinet ministériel.

2°). L'information privilégiée

L'information litigieuse est entendue largement par la jurisprudence. Il s'agit de la connaissance de tout fait ou événement pouvant avoir une incidence sur la vie d'une société ou le cours de ses titres : enregistrement de pertes lourdes ou de bénéfices dépassant les prévisions, la préparation d'une offre publique d'achat (OPA) ou d'une offre publique d'échange (OPE), une modification de capital, le départ d'associés, etc.

La jurisprudence exige seulement que cette information soit suffisamment précise et importante pour pouvoir être exploitée directement et immédiatement sur le marché. *A contrario*, une information reposant sur de simples rumeurs ou connue du public ne relève pas des informations privilégiées pouvant être exploitées dans le cadre du délit d'initié.

3°). Les éléments constitutifs

L'élément matériel

L'infraction consiste matériellement dans le fait de réaliser ou de permettre de réaliser, soit directement soit par personne interposée, une ou plusieurs opérations avant que le public ait connaissance des informations. C'est en cela qu'il y a rupture d'égalité entre les spéculateurs. Le délit nécessite donc la réalisation d'opérations en bourse, que l'initié les ait effectuées lui-même ou que les transactions litigieuses aient été réalisées par d'autres.

Il importe bien sûr que les magistrats s'assurent que les dites opérations ont été effectuées antérieurement à la publicité de l'information, ce qui suppose de leur part un examen minutieux de la chronologie des évènements.

En revanche, il n'est pas nécessaire d'établir que les initiés ou leurs exécutants aient tiré un profit quelconque des transactions. En effet, le profit tiré d'une opération boursière initiée n'est pas un élément constitutif du délit.

L'élément psychologique

Aux termes du texte incriminateur, l'opération doit avoir été réalisée sciemment. L'initié doit donc avoir eu conscience que l'opération réalisée reposait sur des informations privilégiées, et il doit avoir eu la volonté de les exploiter avant qu'elles ne soient connues des autres opérateurs boursiers. En conséquence, si un initié direct ou indirect dévoile par imprudence des informations privilégiées, permettant à un tiers de réaliser des opérations boursières, il n'encourt pas la sanction pénale du délit d'initié.

Le régime de l'infraction

Le délit d'initié est puni de 2 ans d'emprisonnement et 1.500.000 euros d'amende. Toutefois, cette amende peut être portée au-delà jusqu'au décuple du montant réalisé sans pouvoir être inférieur à ce même profit, ce qui constitue un exemple quasi unique de peine pour laquelle subsiste un seuil minimal, la réforme du Code pénal de 1992 ayant renoncé à cette pratique. (Art. L.465-1 al. 1er Code Monétaire et Financier)

La dimension internationale de cette infraction a été particulièrement bien mise en évidence dans le droit boursier à l'occasion de l'affaire Péchiney. En l'espèce, il était reproché à certains opérateurs d'avoir réalisé, depuis la France, un délit d'initié sur des titres exclusivement côtés à la bourse américaine. Plus précisément, peu avant l'acquisition, sous forme d'OPA, de la société américaine Triangle par la société Péchiney, une grande quantité d'actions de la société cible avait été achetée, par l'intermédiaire d'un courtier londonien, par des opérateurs agissant depuis la France, puis revendue deux jours après l'annonce de l'OPA. La plus-value réalisée se chiffrait à plus de 9 millions de francs de l'époque. Les personnes concernées, dont plusieurs personnalités de haut rang, furent condamnées soit pour délit d'initié au sens strict, soit en tant que receleurs d'informations privilégiées[93].

Le schéma inverse est tout aussi envisageable où des opérateurs étrangers commettraient le délit d'initié lors d'opérations sur le marché boursier intérieur. Au principe de territorialité car les actions avaient été décidées par des français depuis la France, se substituerait simplement le critère de la personnalité, mais pour un résultat équivalent : la compétence des juridictions et des lois françaises.

B. – la communication d'informations privilégiées

L'article L.465-1 du Code Monétaire et Financier punit d'un an d'emprisonnement et d'une amende de 150 000 euros (loi du 2 août

---

[93] Cass. Crim. 26 oct. 1995, Bull. Crim. n° 324.

1989 a ajouté un alinéa 2 à l'article 10-1 de l'ordonnance de 1967) « *le fait pour toute personne disposant dans l'exercice de sa profession ou de ses fonctions d'une information privilégiée sur les perspectives ou la situation d'un émetteur dont les titres sont négociés sur un marché réglementé ou sur les perspectives d'évolution d'un instrument financier admis sur un marché réglementé, de la communiquer à un tiers en dehors du cadre normal de sa profession ou de ses fonctions* ».

En conséquence, en dehors de toute utilisation subséquente, la simple communication d'information privilégiée par des initiés directs ou indirects est désormais punissable.

Bien que le texte ne le précise pas de manière expresse, il semble nécessaire de limiter la répression de ce comportement aux hypothèses où la preuve sera rapportée que l'initié aura eu conscience du caractère privilégiée de l'information (au moins pour les initiés indirects, cette conscience restant irréfragablement présumée chez les initiés directs) et eu la volonté de la communiquer en dehors du cadre normal de sa profession ou de ses fonctions. En effet, l'article 121-3 du Code pénal dispose qu'il « n'y a point de crime ou de délit sans intention de le commettre ». Ce principe de portée générale impose de considérer qu'en l'absence de disposition expresse permettant de retenir l'infraction en cas d'imprudence, de négligence ou de manquement aux obligations de prudence ou de sécurité imposées par la loi ou le règlement, le délit doit avoir été commis intentionnellement.

C. – les actions illicites sur le marché

Les actions illicites visées ici sont celles qui ont pour objet de fausser le fonctionnement normal des marchés boursiers. La loi prohibe à cet égard deux types de procédés : la diffusion d'informations fausses ou trompeuses et les manœuvres sur les cours.

1°). La diffusion d'informations fausses ou trompeuses

L'article L-465-1 du Code Monétaire et Financier sanctionne « *le fait par toute personne, de répandre sciemment dans le public par des voies et moyens quelconques des informations fausses ou trompeuses sur les perspectives ou la situation d'un émetteur dont les titres sont négociés sur un marché réglementé ou sur les perspectives d'évolution d'un instrument financier admis sur un marché réglementé* ».

L'incrimination est large, puisqu'elle peut s'appliquer aussi bien à des personnes physiques que morales, professionnelles ou simples particuliers. En outre, tous les moyens de diffusion sont visés : article de presse, interview dans la presse écrite, radio ou télévision, dépêches, forum Internet. Ainsi, par exemple, un responsable de société a pu être condamné pour avoir indiqué à un journaliste spécialisé que le résultat annuel net de son entreprise était équilibré alors qu'elle connaissait une situation très difficile. Enfin, il n'est pas nécessaire que cette fausse information ait effectivement induit des opérateurs en erreur.

L'information doit, néanmoins, être de nature à avoir une influence sur les cours boursiers, ce qui la rapproche sensiblement de « l'information privilégiée » du délit d'initié.

La peine encourue est de 2 ans d'emprisonnement et de 1.500.000 euros d'amende.

Dès lors que l'information erronée fausse le jeu du marché boursier français, ou que celui dont elle émane est français si elle fausse le jeu d'un marché étranger, la loi française est applicable.

2°). Les manœuvres sur les cours

Selon l'article L. 465-2 du Code Monétaire et Financier, « *le fait, pour toute personne, d'exercer ou de tenter d'exercer, directement ou par personne interposée, une manœuvre ayant pour objet d'entraver le fonctionnement régulier d'un marché d'instruments financiers en induisant autrui en erreur » est également puni de 2 ans d'emprisonnement et de 1.500.000 euros d'amende*.

Le terme de manœuvre, qui peut correspondre à un mensonge ou à une mise en scène, est suffisamment imprécis pour permettre de réprimer de nombreux actes propres à induire en erreur et à inciter un tiers à acheter ou à vendre à tort sur le marché boursier. La manipulation des cours consiste ainsi, par exemple, à créer des mouvements artificiels de baisse par des ventes importantes ou, inversement, à entretenir ou accélérer des mouvements de hausse par des achats importants. En elle-même, cette technique n'est pas répréhensible. Elle ne le devient que si elle présente une apparence contraire à la réalité (les ventes n'en sont pas vraiment car c'est une société prête-nom appartenant au vendeur qui les achète et les lui restitue) ou si elles sont effectuées à découvert.

Il n'est pas nécessaire d'établir que certains se sont laissés abuser par de tels comportements, l'existence de victime n'étant pas un élément constitutif de l'infraction (d'ailleurs, le texte assimile l'exercice d'une manœuvre et la tentative d'exercice d'une telle manœuvre, laquelle doit en outre, toujours selon le texte « avoir pour objet » et non pour effet, l'entrave au fonctionnement régulier des marchés).

L'infraction, de même que la précédente, doit être considérée comme intentionnelle. Il faut apporter la preuve que l'opérateur a, ce faisant, voulu entraver le fonctionnement régulier des marchés.

Les infractions financières recouvrent la plupart du temps des éléments d'extranéité, d'où la problématique de l'internationalisation de ces infractions.

section III
la problématique particulière de l'internationalisation des infractions

Certaines infractions d'affaires comportent une particularité tant elles sont multiformes, dangereuses pour l'économie et la sécurité des personnes et difficiles à prouver. Sur le plan international, les Etats ont ratifié des conventions internationales destinées à lutter d'une manière plus effective contre un tel fléau. Ces infractions peuvent, certes, être commises dans le cadre national. Mais, leur dimension internationale a conduit les Etats à consacrer des textes à vocation internationale. Un progrès a donc été réalisé dans le sens de la lutte pénale contre les infractions, notamment de corruption, de cybercriminalité, de contrefaçon et de Blanchiment.

§ 1. – la lutte contre la corruption

La corruption représente l'une des principales menaces en matière de développement durable. Sapant le processus démocratique des pratiques commerciales[94], la multiplication des pactes corrupteurs rompt l'égalité des acteurs commerciaux, de même qu'elle fausse la libre concurrence. Les mécanismes, imposés ou volontaires, qui établissent les relations entre le monde des affaires et les milieux criminels sont de plus en plus protéiformes au point de soulever, aujourd'hui, le problème de la criminalité d'affaires organisée[95]. L'obtention des marchés par les transactions commerciales internationales, les dérogations administratives et fiscales, la prise de contrôle de société suite à l'acquisition d'informations, moyennant le versement de commissions occultes sont autant d'agissements profitant aux spéculateurs peu scrupuleux au dépens des autres investisseurs. Les conséquences sont colossales. Elles concernent les effets néfastes sur des populations entières, le fonctionnement des entreprises et leur crédibilité.

D'abord, s'agissant des effets sur les populations, et particulièrement sur les Etats connaissant des difficultés économiques, l'absence de transparence et de responsabilité des secteurs public et privé constituent le terrain fertile facilitant les versements de pots de vins : un versement d'une commission de un million d'euros peut conduire à une perte de cent fois supérieure dans un pays concerné qui subit alors un anéantissement des plans de développements projetés[96] ; les travaux d'infrastructure peuvent être inachevés, les routes ne permettant plus aux PME-TPE d'exporter leurs produits, les écoles et systèmes de santé peuvent faire

---

[94] L'indice de perception de la corruption nous fournit des informations précises sur la perception de la corruption à l'échelle nationale. C'est cet indice qui nous détermine sur les niveaux réels de la corruption. L'IPC résulte des enquêtes et évaluations d'experts nationaux selon 16 sources provenant de 10 organismes indépendants (Université de Colombia ; l'Economist Intelligence Unit ; Freedom House ; Information internationale basée à Beyrouth ; l'International Institute for Management Developpement (Lausanne) ; Merchant International Group Limited (Londres) ; Le Cabinet d'experts-conseils Political and Economic Risk Consultancy (Hong Kong) ; La Commission économique des Nations-Unies pour l'Afrique ; Le forum économique mondial et le Centre de recherche sur les marchés mondiaux (Londres). Le nombre de pays ayant fait l'objet de ces enquêtes est de 159 en 2005. Les notes vont de 10 (le moins corrompu) à 0 (très corrompu). Le pays ayant obtenu la meilleure note est l'Island avec 9,7 et la Finlande avec 9.6. La France obtient 7.5 ; les Etats-Unis 7.6 ; la Chine, 3.2 (niveau de corruption très élevé ; le Sri Lanka, 3.2 ; la Roumanie, 3 ; la Bosnie-Herzegovine, 2.9 ; le Nigeria, 1.9 ; Pour une étude complète, voir la Rapport mondial sur la corruption de 2006, Transparency International.

[95] A Brossard, « La Corruption », *in* D. Fontanaud (Dir.), *Problèmes politiques et sociaux, La criminalité organisée*, La Documentation Française, mai 2002, p. 39 et s.

[96] A. Gurrià, *L'OCDE lutte contre la corruption*, août 2006, p. 1 et s.

l'objet de lourdes paralysies du fait de versements réorientés sur des priorités à caractère personnel sous couvert de transactions commerciales. Par exemple, au Centrafrique, 72,5 % des entreprises déclarent avoir effectué un versement officieux au cours d'une année, soit pour l'obtention d'un service ou d'un permis de construire qu'elles auraient pu financer légalement à moindre frais ; soit pour éviter une menace sur le fonctionnement normal de ces entreprises[97] ; en Afrique du Sud, le procès Shaik[98] a mis en lumière la responsabilité de multinationales sur le versement de pots de vin dans les transactions relatives au marché de l'armement mettant en cause des entreprises françaises; au Bangladesh, le versement de commissions au profit des autorités douanières par les sociétés commerciales a été chiffré à 130 millions de dollars[99].

Aussi, la corruption ne concerne-t-elle pas que les Etats connaissant des difficultés économiques. Jusqu'à une période très récente, en Europe, une entreprise qui souhaitait obtenir un marché, pouvait verser une commission à un acheteur public intermédiaire. Concrètement, l'entreprise concernée créditait un compte à numéros au bénéfice du décideur intermédiaire et obtenait du ministère de l'Economie et des Finances une autorisation pour ce versement et pour la déductibilité fiscale de celui-ci. Aujourd'hui, de tels agissements sont incriminés du chef de corruption en ce qu'ils conduisent à une rupture d'égalité entre les différents acteurs commerciaux[100]. Aux Etats-Unis, si le bilan de la loi Sarbannes-Oxley a permis une certaine rationalisation des activités et flux d'informations, la lutte contre la corruption a du être renforcée, notamment sur l'attribution des marchés publics en Irak[101]. Au Japon, en

---

[97] Rapport Mondial sur la corruption, Transparency International, 2006 ; A. Gurrià, *L'OCDE lutte contre la corruption*, août 2006, p. 2 et s.

[98] Gouvernement d'Afrique du Sud, "Joint Investigation Report into the Strategic Defence Procurement Package", *Rapport d'enquête conjointe sur le programme d'approvisionnement de défense stratégique*, novembre 2001.

[99] Selon la réglementation, si un conteneur chargé de marchandises importées n'est pas dédouané dans le délai de 45 jours, les marchandises doivent être vendues aux enchères. Les commissions versées par les entreprises intéressées ont pour finalité de retarder la procédure de vente aux enchères. Cela constitue un moyen de bénéficier de la fluctuation des prix sur le marché.

[100] Convention de L'OCDE de 1997, sur la lutte contre la corruption.

[101] Il a été établi que 14 marchés en Irak ont été acquis en dehors de tout appel d'offres concurrentiel : V. not., Us General Accounting Office, Rebuilding Iraq : Fiscal Year 2003-Contract Award Procedures and Management Challenges ; Reconstruire l'Irak : procédures d'attribution des marchés et problèmes de gestion de l'exercice 2003, juin 2004 ; Rapport mondial sur la Corruption, préc., p. 205 et 206.

dépit de la réforme de 2005 du Code de l'éthique relatif aux agents d'Etat, des fuites d'informations émanant de hauts fonctionnaires au profit de sociétés commerciales pour l'acquisition de marchés publics ont révélé le versement de sommes infondées au détriment d'autres entreprises[102]. Néanmoins, on note une prise de conscience sur la lutte d'un tel fléau. Suite à la signature des conventions de l'OCDE et des Nations-Unies, de nombreux pays ont adapté leurs législations en matière de corruption, particulièrement depuis 2005[103].

Ensuite, les entreprises ont du faire évoluer leurs modalités de fonctionnement. De l'accommodement du pacte corrupteur, elles sont passées à l'ère de l'intégration d'une transparence plus importante quant à l'acquisition de marchés nouveaux. Au-delà des impératifs légaux, il y a fort à parier sur l'effet bénéfique de tels interdits : en effet, si toutes les entreprises pratiquaient des ententes et pactes corrupteurs, les intéressés ne pourraient gagner qu'un temps parce que les concurrents pourraient ultérieurement proposer des commissions plus importantes et acquérir le marché en dehors de toute concurrence. En d'autres termes, la répression de tels agissements ne pourrait qu'emporter l'adhésion des acteurs économiques parce ce qu'elle restaure une certaine effectivité de la libre concurrence.

Enfin, s'inscrivant dans le courant d'une gouvernance éthique plus grande, la pénalisation de ces comportements joue un rôle préventif en ce que la conduite des entreprises est induite dans le sens d'une crédibilité et notoriété protégées. En effet, plus que jamais la crédibilité des acteurs commerciaux est mise à l'ordre du jour. Les scandales financiers relatifs aux entreprises telles qu'Enron montrent à quel point les agissements déloyaux comportent des conséquences désastreuses pour les entreprises, les actionnaires et les salariés. L'intérêt des actionnaires, des investisseurs et des partenaires, celui des fournisseurs et des clients, de même que ceux des salariés et de l'environnement, le respect des lois sont les instruments mis en avant pour enrayer le phénomène de la corruption internationale.

On constate, en effet, une évolution générale des Etats et des entreprises suite à la signature de la Convention des Nations-Unies contre la

---

102 Rapport mondial sur la Corruption, préc., p. 245.

103 Convention de l'OCDE préc. ; Convention des Nations-Unies sur la lutte contre la corruption, 23 octobre 2003, entrée en vigueur en France le 14 décembre 2005.

corruption en 2003. Ratifiée par la France en juillet 2005[104], on assiste actuellement à une évolution notable de l'arsenal répressif en la matière. De nouvelles infractions de corruption ont été consacrées, produisant l'effet d'une extension du champ d'incrimination à tout le secteur privé. Sous l'influence du conseil européen[105] proposant une harmonisation de la définition de la corruption dans le secteur privé, on est conduit à s'interroger sur l'efficacité de cette lutte à travers l'instauration de lois pénales plus sévères, et en conséquence à travers l'extension de l'interdit éthique. Certes, cette lutte à vocation internationale est nécessaire afin de maintenir une concurrence loyale. Mais, elle n'en demeure pas moins insuffisante au point de rendre délicats les impératifs d'éthique entrepreneuriale.

Les textes applicables sont donc nombreux. On cite en effet, la Convention de l'OCDE du 17 décembre 1997 relative à la lutte contre la corruption d'agents publics étrangers dans les transactions commerciales : transposition effectuée par la loi du 30 juin 2000[106] ; la Convention de l'OCDE du 17 décembre 1997 relative à la lutte contre la corruption d'agents publics étrangers dans les transactions commerciales : transposition effectuée par la loi du 30 juin 2000 ; la Convention pénale du Conseil de l'Europe sur la corruption du 27 janvier 1999, ratification autorisée par la loi du 11 février 2005 et également le protocole additionnel du 15 mai 2003 et la convention de l'Organisation des nations Unies du 31 octobre 2003 : ratification autorisée par la loi du 04 juillet 2005.

Principalement, les textes internationaux stipulent que les Etats sont tenus de prévoir des sanctions et des mesures efficaces et dissuasives incluant des sanctions privatives de liberté pouvant donner lieu à l'extradition. Les personnes morales devront être, elles aussi, tenues pour responsables des infractions pénales commises à leur profit. Elles seront passibles de sanctions efficaces, de nature pénale ou non pénale, y compris pécuniaires.

Qu'en est-il du droit français ? Notre arsenal répressif répond d'ores et déjà de manière satisfaisante aux exigences de cet engagement inter-

---

[104] Loi n° 2005-743 du 4 juill. 2005

[105] Décision cadre de l'Union Européenne 2003/568/ JAI du 22 juillet 2003 relative à la lutte de la corruption dans le secteur privé, JO L 192/ 31/07/2003.

[106] Organisation de Coopération et de Développement Economique.

national. Il s'agit de sanctionner le recours à des procédés frauduleux pour obtenir un bénéfice indu. L'autorité de l'Etat y est menacée parce que ses représentants se discréditent en commettant de tels actes, parce que les particuliers qui en bénéficient contournent les règles de la vie en société que l'Etat est censé faire respecter, et parce que les autres citoyens ont de l'Etat une image dévalorisée.

Par ailleurs, depuis 2005, l'ensemble le secteur privé est concerné : les pactes corrupteurs recouvrent désormais de multiples expressions, surtout s'agissant des sociétés commerciales. Il s'agira alors de réprimer une forme de concurrence déloyale[107].

Enfin, la loi du 13 novembre 2007 relative à la lutte contre la corruption opère une avancée indéniable même si des progrès demeurent encore à faire sur le plan international[108].

A. – dans le secteur public

Les texte applicables : les articles 432-11-1° et 433-1-1°- 435-1 ; 435-2 ; 435-3 et -4 du Code pénal issus de la loi de 2007.

La corruption consiste à rémunérer une personne pour qu'elle accomplisse ou n'accomplisse pas un acte relevant de sa fonction. Il faut donc une collusion, une entente, un pacte corrupteur entre deux personnes pour qu'il y ait atteinte effective à l'autorité de l'Etat. Ces deux personnes sont : un fonctionnaire (qui sollicite ou agrée) et un particulier (qui propose ou cède). Mais, le droit pénal a décidé de ne pas attendre la réalisation effective du dommage pour agir et réprimer. Le droit pénal n'attend pas le pacte corrupteur et intervient dès la proposition d'entente. La corruption est donc une infraction formelle.

La corruption active :

La corruption active est le fait de proposer sans droit, directement ou indirectement, des offres, des promesses, des dons, des présents ou des avantages quelconques pour obtenir d'une personne dépositaire de l'autorité publique, chargée d'une mission de service public ou investie d'un mandat public, qu'elle accomplisse ou s'abstienne d'accomplir un acte de sa fonction ou facilité par sa fonction. C'est

[107] B. Pereira, « Ethique, Gouvernance et Corruption », *Revue Internationale de Droit Economique*, avril 2008, p. 5 à 25.

[108] Loi n° 2007-1598 du 13 nov. 2007, « La lutte contre la corruption », Dossier (coord. Chantal Cutajar), D. 2008, p. 1067 à 1099.

également le fait (art. 433-1 al. 2) de céder aux personnes susvisées qui auraient sollicité ces mêmes avantages pour les mêmes objectifs.

La corruption passive :

La corruption passive c'est le fait, par une personne dépositaire de l'autorité publique, de solliciter, d'agréer, sans droit, directement ou indirectement, des offres, des promesses, des dons, des présents ou des avantages quelconques, pour accomplir un acte de sa fonction ou facilité par sa fonction.

Les moyens de la corruption : Ils sont très variés et doivent simplement avoir un caractère pécuniaire (argents, bijoux, tableaux, voyages d'agrément,...).

Le but de la corruption : L'acte peut être un acte positif, une action (abattement fiscal, renseignements, avis favorable à un projet) ou un acte négatif, une abstention (ne pas dresser de procès-verbal).

Le corrompu : D'autres articles du Code pénal incriminent le même comportement lorsque le corrompu est soit un magistrat, un juré ou toute autre personne siégeant dans une formation juridictionnelle (arbitre, expert, conciliateur), soit un membre d'une profession médicale ou de santé qui dissimule ou certifie faussement, dans une attestation, l'existence d'une maladie, soit un employeur, soit un salarié (dans le Code du travail). Les différentes hypothèses souhaitées par la Convention de l'OCDE de 1997 sont donc déjà incriminées.

Les peines encourues : La corruption active ou passive d'un fonctionnaire ou d'un magistrat sont des délits, normalement passibles de 10 ans d'emprisonnement et 150 000 euros d'amende[109].

Mais, si c'est un magistrat qui est corrompu en matière criminelle, alors l'infraction est un crime puni de 15 ans de réclusion criminelle. La corruption d'un médecin est un délit puni de 5 ans d'emprisonnement. Celle d'un salarié est punie de 5 ans d'emprisonnement depuis 2005.

B. – dans le secteur privé

La corruption concerne largement le secteur privé alors que jusqu'à présent la plupart des textes ne traitaient que de la corruption du secteur public. C'est une décision cadre du Conseil de l'Union communautaire

---

[109] Art. 432-11 CP

[110] Décision-cadre 2003/586/JAI du Conseil de l'Union Européenne.

du 22 juillet 2003 [110] qui rappelle que la corruption introduit une distorsion de la concurrence et représente un obstacle à un sain développement économique. Cette décision cadre a prévu d'ériger en infraction pénale tous les actes de corruption commis dans les activités professionnelles, en responsabilisant toute personne privé physique et personne morale de droit privé.

Ainsi, selon les nouveaux articles 445-1 et 445-2 du Code pénal issus de la loi du 4 juillet 2005, toute personne « qui sans être dépositaire de l'autorité publique ou chargée d'une mission de service public, exerce, dans le cadre d'une activité professionnelle ou sociale, une fonction de direction ou un travail pour une personne physique ou morale, ou un organisme quelconque » encourt les sanctions pour corruption.

Ces articles reprennent les deux modèles de corruption :

- *la corruption active* qui consiste à proposer une contrepartie à l'acte ou l'abstention attendue du corrompu (que ce soit à l'initiative du corrupteur ou en cédant à la proposition du corrompu)
- *la corruption passive* qui consiste pour le corrompu à accepter d'accomplir un acte, ou au contraire de s'abstenir d'effectuer un acte avec une contrepartie, que ce pacte lui soit proposé et accepté, ou qu'il le sollicite lui-même.

Désormais, la corruption, dans le secteur privé, n'est plus applicable aux seuls salariés, mais à n'importe quel professionnel quel que soit son statut, dès lors qu'il exerce une activité de direction ou un travail : dirigeants, associés, commerçants, architectes, avocats, notaires, experts comptables peuvent être corrompus (et non plus seulement le fonctionnaire). Il en est de même pour les associations et leurs membres.

Les peines : 5 ans d'emprisonnement et 75 000 euros d'amende (aggravation de la peine du salarié corrompu qui encourait 2 ans avant 2005).

C. – la prescription et le problème de la brièveté du délai

Comme tout délit cette infraction de corruption se prescrit par 3 ans à compter de sa commission. Pourtant, il s'agit d'une infraction occulte qui se réalise dans le contexte commerciale et financier souvent à l'insu des actionnaires. En effet, selon l'article 7 du Code de procédure pénale, le point de départ du délai de prescription est déterminé au jour de la commission de l'infraction. Mais, compte tenu du caractère occulte, la

[111] Cass. Crim. 13 déc. 1972, Pourvoi n° 72-30997, Bull. Crim. n° 391.

jurisprudence a reporté le délai[111]. En 1972, la Cour de cassation a énoncé que le délit de corruption passive qui est commis par le simple fait de solliciter ou d'agréer des offres, promesses, dons, présents, conduit à retenir que « c'est seulement du jour de cette perception que court le délai de prescription ». Cela revient à retenir que le délai de 3 ans ne court pas dès la commission de l'infraction, lors de la collusion, mais à partir du moment de l'exécution de l'accord illicite, c'est-à-dire à compter de l'exécution du pacte corrupteur. Dans l'affaire Carignon en 1997, il a encore été précisé que bien qu'étant une infraction instantanée qui doit être consommée dès la conclusion du pacte corrupteur, le délit « se renouvelle à chaque exécution du pacte de corruption »[112]. Dès lors, si les paiements sont échelonnés dans le temps, le délai commence à courir à la date du dernier paiement. Dans le même sens en 2003, 2004 et 2005, il a été réaffirmé que le pacte corrupteur se renouvelle à chaque exécution dudit pacte de sorte que la prescription démarre à partir du dernier acte d'exécution[113]. Cette pratique peut être expliquée par le souci d'efficacité répressive compte tenu des difficultés pour découvrir les faits sur le délai de 3 ans. Néanmoins, il n'en demeure pas moins que le principe de la légalité est transgressé de manière contestable, de même que celui de l'interprétation stricte de la loi pénale. C'est pourquoi, il paraît regrettable que la loi du 13 novembre 2007 n'ait pas compris la refonte du délai de prescription en la matière. Il est vrai que 3 ans constituent un délai bref compte tenu de la gravité de cette infraction, surtout si elle est internationalisée. Certains Etats, ayant ratifié les conventions internationales, ont prévu des délais de prescription plus longs : le droit belge prévoit un délai de 5 ans, au Luxembourg : 10 ans ; en Suisse, le délai de prescription est de 15 ans ; en Allemagne, il est de 5 ans à compter de la commission des faits[114].

D. – les distinctions de l'infraction de corruption avec les infractions voisines

Bien que voisines, l'infraction de corruption doit être distinguée du trafic d'influence, du délit de favoritisme et de la prise illégale d'intérêts.

---

[112] Cass. Crim. 27 oct. 1997, Bull. Crim. n° 352, rev. sc. Crim. 1998, p. 336, obs. J.-F. Renucci.

[113] Cass. Crim. 8 oct. 2003, D. 2004- jurisp. 3023, n. M. Segonds ; 15 déc. 2004, Pourvopi n° 03-83474 ; 29 juin 2005, Bull. Crim. n° 200.

[114] J. Lelieur, « La prescription des infractions de corruption », D. 2008-1076, spéc. p.1077.

1°). Le trafic d'influence

Le contexte est le même que dans la corruption. Une personne offre ou accepte d'abuser de son influence (trafic d'influence passif) et une autre qui offre ou accepte de rémunérer cette influence (trafic d'influence actif).

La différence tient au but poursuivi par les coupables. Il s'agit d'obtenir que le fonctionnaire :

- abuse de son influence réelle ou supposée,
- en vue de faire obtenir d'une autorité ou d'une administration publique des distinctions, des emplois, des marchés ou toute autre décision favorable (exemples : délivrance d'un permis de construire, classement sans suite d'une plainte, obtention d'un redressement judiciaire au lieu d'une liquidation.

Qu'importe si l'avantage espéré n'est pas obtenu, ou même qu'il s'avère impossible, parce qu'il n'est pas de la compétence de celui qui l'a agréé.

La seconde différence tient au fait que cette infraction peut être commise entre deux particuliers dont l'un est ou se dit en mesure d'obtenir de l'administration un avantage quelconque. Dans ce cas, au lieu d'être puni de 10 ans d'emprisonnement, le trafic d'influence est puni de 5 ans d'emprisonnement.

2°). Le délit de favoritisme

On appelle favoritisme le fait de procurer à autrui un avantage injustifié par une violation des règles imposant la liberté d'accès et l'égalité des candidats devant les marchés publics et les délégations de service public (art. 432-14 du CP). Cette infraction est à la fois plus large et plus précise que celle de corruption. Elle est plus large parce que les personnes susceptibles de la commettre ne se limitent pas aux personnes dépositaires de l'autorité publique, chargés d'une mission de service public ou investie d'un mandat public. Toutes les personnes qui interviennent à quelque niveau que ce soit dans la procédure des marchés publics peuvent être poursuivies.

L'infraction est aussi plus précise, parce qu'elle ne suppose pas à la différence de la corruption, que le coupable ait tiré ou cherché à tirer un profit « personnel ». Ici, l'avantage est accordé à autrui (celui qui emportera le marché).

Ce délit est un délit intentionnel, il faut donc prouver l'intention de procurer à autrui un avantage injustifié par une personne qui sait qu'elle viole les dispositions légales ou réglementaires concernant les marchés et les délégations de services publics.

Il est puni de 2 ans d'emprisonnement et 30.000 euros d'amende.

3°). La prise illégale d'intérêts

La prise illégale d'intérêts consiste dans le fait, par une personne dépositaire de l'autorité publique de prendre, recevoir ou conserver directement ou indirectement, un intérêt quelconque dans une entreprise ou dans une opération dont elle a, au moment de l'acte, la charge d'assurer la surveillance, l'administration, la liquidation ou le paiement (art. 432-12 et 432-13 du CP).

Par exemple, on ne peut pas être adjoint au maire chargé de l'urbanisme et architecte déposant des permis de construire dans cette municipalité.

Il n'est pas nécessaire que le fonctionnaire-architecte soit malhonnête. Il suffit qu'il ait pris sciemment un intérêt à ce cumul de fonctions. Les peines encourues sont de 5 ans d'emprisonnement et 75 000 euros d'amende.

Par ailleurs, le Code pénal incrimine le fait, par les personnes ayant exercé une fonction publique (la liste est très large), de prendre ou de recevoir une participation par travail, conseil ou capitaux dans l'une des entreprises avec lesquelles ils ont eu à conclure des contrats du temps de leur activité, avant l'expiration d'un délai de 5 ans suivant la cessation de leur fonction.

Cette infraction, punie de 2 ans d'emprisonnement et 30 000 euros d'amende, a pour objectif d'éviter que les fonctionnaires en activité ne soient tentés de concéder des avantages à des entreprises dans la perspective d'obtenir ensuite, auprès d'elles, des compensations ultérieures.

E. – risque pénal accru pour les acteurs économiques et limites de l'instrument pénal

On pourrait se demander si les règles relatives aux pratiques anticoncurrentielles ne sont pas à elles seules suffisantes pour réprimer les ententes illicites[115]. En effet, on sait que la nouvelle loi du 4 juillet 2005

[115] V. not. B. Pereira, Ethique, Gouvernance et Corruption, RFG 2008, n° 34/186, p. 54-77 ; J. Tricot, Les figures de l'internationalisation en droit pénal des affaires, La criminalisation imposée au droit interne par le droit international ; La corruption internationale, Rev. sc. crim. 2005, p. 753 s, spéc. p. 764 ; Stefano Manacorda, « La région Europe : Bilan comparatif des conventions de l'OCDE, de l'Union européenne et du Conseil de l'Europe », *in Les processus d'internationalisation*, Mireille Delmas-Marty (Dir.) Criminalité économique et atteinte à la dignité de la personne humaine, 7 volumes, spécialement, n° 7, p. 105-118

intègre une logique concurrentielle en étendant l'infraction de corruption au secteur privé. Or, on doit aujourd'hui rapprocher la corruption privée d'une série d'infractions relatives au droit de la concurrence. Ce rapprochement conduit à s'interroger sur les domaines des incriminations concernées, ces derniers étant communs. C'est sur cette idée de surabondance de la norme répressive que des limites existent en dépit du souhait de lutter contre un tel fléau.

Plus précisément, aux termes de l'article L. 420-1 du Code de commerce « sont prohibées, même par l'intermédiaire direct ou indirect d'une société du groupe implantée hors de France », les actions concertées, conventions, ententes expresses ou tacites ou coalitions, « lorsqu'elles ont pour objet ou peuvent avoir pour effet d'empêcher, de restreindre ou de fausser le jeu de la concurrence sur un marché », « notamment lorsqu'elles tendent à limiter l'accès au marché ou au libre exercice de la concurrence par d'autres entreprises ; faire obstacle à la fixation des prix par le libre jeu du marché en favorisant artificiellement leur hausse ou leur baisse ; répartir les marchés ou les sources d'approvisionnement »[116].

Ce texte issu de l'ordonnance du 1er décembre 1986 concerne toutes les entreprises, personnes morales et personnes physiques. Parce qu'il existe une très grande variété de formes d'entente, le législateur a consacré une formule très large. Ainsi, les pratiques anti-concurrentielles peuvent être caractérisées par n'importe quel type de collusion, coalition, action concertée, convention, contrat, ententes expresses et même tacites. En d'autres termes, on soulève des textes préexistant et prenant déjà en compte la réalité économique et les divers pactes illicites possibles. Alors que pour la corruption, il s'agit d'incriminer un pacte illicite procurant une contrepartie, pour l'entente anti-concurrentielle, il s'agit d'incriminer un concours de volontés, susceptible d'entraver la concurrence, sans qu'il soit nécessaire d'établir l'existence d'une quelconque contrepartie. Dès lors, l'entente illicite découlant de pratiques anti-concurrentielles est une incrimination de type ouvert,

---

[116] Pour des exemples pratiques : Com. 12 janv. 1999, Contrats Conc. Consom. 1999, n° 57, obs. Malaurie-Vignal ; JCP E 1999, n° 48, p. 1909, obs. Arhel ; Paris, 9 janv. 2001, RTD com 2001.421, obs. Claudel ; 17 juin 2003, BOCC 29 sept. 2003 ; Voir aussi, CJCE 15 oct. 2002, Contrats Conc. Consom. 2003, n° 60, obs. Piollot-Peruzzetto ; Grynfogel, Le concours de volontés entre entreprises, une notion protéiforme en droit communautaire des ententes, RJDA 2005. 551.

recouvrant des hypothèses encore plus diverses et variées que celles afférentes à la corruption. Il en ressort que la loi actuelle recouvre toutes les hypothèses de pactes corrupteurs.

Il est vrai, cependant, que les peines encourues ne sont pas identiques : la corruption privée fait encourir 5 ans d'emprisonnement et 75 000 euros d'amende, tandis que l'entente illicite fait encourir 4 ans d'emprisonnement et une amende de 75 000 euros. Dans ce cas, le juge devra préférer la plus haute acception pénale, l'infraction la plus sévèrement réprimée, ou le texte spécial sur celui général. Mais en dehors de cette différence, il est à noter qu'en terme de lutte contre des agissements de collusions illicites, ce n'est pas la distinction d'un an d'emprisonnement qui rend celle-ci efficace. De plus, cette distinction en matière de gravité des sanctions doit être relativisée en ce que les juridictions répressives appliquent le principe de la personnalisation des peines selon les circonstances de la commission des infractions et selon la personnalité de l'auteur[117]. Dès lors, une juridiction pénale peut prononcer deux ans d'emprisonnement pour une entente illicite, ou un an d'emprisonnement pour une corruption privée, si les circonstances de la commission de ces infractions le justifient. C'est la raison pour laquelle, il convient de dire que les incriminations relatives aux ententes anti-concurrentielles paraissent suffisantes, surtout au regard de la largesse des textes, recouvrant ainsi toutes les hypothèses de collusion, de coalitions ou de pactes entre personnes physiques ou morales.

Certes, pour que l'entente prohibée soit incriminée, la jurisprudence exige un seuil de sensibilité au dessous duquel l'infraction ne sera pas constituée. En effet, lorsque la menace anti-concurrentielle est trop faible, le juge l'appréciant *in concreto*, on ne pourra pas caractériser l'infraction d'entente illicite[118]. Néanmoins, on rappelle que la loi incrimine les ententes qui ont pour objet, ou qui peuvent avoir pour effet d'entraver le jeu de la concurrence. C'est donc le comportement inspiré par l'intention de porter atteinte au jeu normal de la concurrence qui est réprimé. Ainsi, l'absence d'effet anti-concurrentiel ne constitue pas un obstacle à l'incrimination : il suffit que l'entente soit susceptible d'empêcher, de restreindre ou de fausser le jeu de la concurrence. Cette remarque permet de penser que les ententes entre corrompus et corrup-

---

[117] Art. 132-24 Code pénal.

[118] Com. 4 mai 1993, Bull. civ. IV, n° 172, JCP-1993-II-22111, note Boutard-Labarde.

teurs privés pourraient entrer dans le champ d'incrimination des ententes anti-concurrentielles sans qu'il soit, de surcroît impératif, de prouver l'existence d'une contrepartie au profit du corrompu. En définitive, les termes larges relatifs aux ententes illicites rendent les conditions d'incrimination plus souples, ce qui revient à prétendre que les ententes illicites intègrent une qualification plus sévère que la qualification de corruption supposant l'existence d'une contrepartie.

Certes encore, la ratification des conventions internationales impose une harmonisation des législations nationales. Ainsi, il est nécessaire de faire évoluer les législations de chaque Etat dans le sens d'une certaine équivalence des incriminations afin de rendre la lutte contre la corruption possible sur le plan international. Néanmoins, on assiste également à une profusion de textes internationaux sur le même domaine au point de soulever certaines discontinuités.

Toutes ces distinctions pourraient être expliquées par rapport à l'intérêt à protéger : celui économique visant à conserver le libre jeu de la concurrence et celui démocratique recouvrant la protection des droits de l'homme. Or, si ces intérêts à protéger sont complémentaires l'un de l'autre, ils n'en demeurent pas moins étendus au point de conduire à une extension des domaines d'application des textes nationaux alors harmonisés. Il en ressort une extension de la corruption au secteur privé qui chevauche l'existence de normes préétablies traitant de la concurrence. On pourrait, par exemple, citer le durcissement de la législation pénale suisse dans le même domaine. Ainsi, la réforme du 1er juillet 2006 a étendu l'incrimination de corruption au secteur privé conformément à la convention du Conseil de l'Europe. Cet élargissement a été intégré dans la loi sur la concurrence déloyale [119] visant essentiellement à garantir une saine concurrence dans le secteur de l'économie privée. Or, cette consécration, dans le même sens que celle de la législation française, démontre le souci de sanctionner des actes contraires aux obligations de loyauté. Cela revient à dire qu'il existe une pénalisation supplémentaire là ou les textes répressifs actuels en matière de concurrence déloyale pourraient suffire. Il en ressort une appréciation mitigée sur l'effectivité prochaine de ces nouvelles lois, celles-ci correspondant à des hypothèses incriminées par d'autres normes.

---

[119] Art. 4a LCD.

On pourrait encore aller plus loin et soulever le problème des ententes illicites entre les initiés. Lorsqu'on envisage, notamment, le cas des analystes financiers, on sait que l'extension de la corruption au secteur privé vise ces personnes en ce qu'elles sont susceptibles de négocier les informations privilégiées à travers des pactes corrupteurs. Or, de tels actes sont déjà incriminés à travers les opérations d'initiés. En effet, les atteintes à la transparence des marchés peuvent exister sous différentes formes, telles que l'utilisation des informations privilégiées[120], les actions illicites sur le marché[121], et la communication d'informations privilégiées[122]. Selon cette dernière infraction, le fait pour toute personne, disposant dans l'exercice de ses fonctions d'une information privilégiée sur les perspectives ou la situation d'un émetteur dont les titres sont négociés sur un marché réglementé, de la communiquer à un tiers en dehors du cadre normal de sa profession ou de ses fonctions fait encourir une peine d'emprisonnement d'un an et une amende de 150 000 euros[123]. La communication d'une information privilégiée, peut comprendre, bien que le texte ne le mentionne pas expressément, un concours de volontés entre le communiquant et le récepteur. Cette incrimination n'impose pas non plus la caractérisation d'une contrepartie. Il en ressort l'existence d'incriminations pouvant intégrer des comportements de corruption privée sans que les exigences probatoires soient les mêmes.

Il est vrai que la spécificité des pactes corrupteurs impose une incrimination autonome conformément aux exigences internationales. Toutefois, on constate que la norme répressive préexiste et concerne les divers domaines d'incrimination de la corruption privée. La consécration d'un texte supplémentaire en ce sens ne peut que participer à la perfectibilité de la lutte contre la corruption, sans rendre celle-ci concrètement effective.

[120] Art. L. 465-1 Code monétaire et financier.

[121] Art. L. 465-1 Code monétaire et financier : diffusion d'informations fausses et trompeuses ; art. L. 465-2 Code monétaire et financier : les manœuvres sur les cours.

[122] Art. L. 465-1 Code monétaire et financier.

[123] Art. L. 465-1 Code monétaire et financier.

§ 2. – la Cybercriminalité

Le 23 novembre 2001, le Conseil de l'Europe a adopté à Budapest une convention sur la cybercriminalité : la convention de lutte contre la cybercriminalité (2001).

Dans ce domaine, le droit français a accusé un retard indéniable. En effet, les dispositions internes ont été pendant longtemps éparses. Le Code pénal ne contenait que quelques dispositions regroupées dans un chapitre intitulé « des atteintes aux systèmes de traitement automatisé de données » (articles 323-1 à 323-7 du Code pénal). Toutefois, des efforts peuvent être constatés avec la loi du 21 juin 2004 relative à la confiance en l'économie numérique[124].

Il est donc intéressant d'étudier en détail le contenu des exigences de la Convention dans la mesure où elles sont destinées à être appliquées en tant que droit positif.

La Convention vise pour l'essentiel à harmoniser les éléments des infractions ayant trait au droit pénal matériel national et les dispositions connexes en matière de cybercriminalité.

La Convention comprend quatre chapitres : I) Emploi des termes ; II) Mesures à prendre au niveau national – droit matériel et droit procédural ; III) Coopération internationale ; IV) Clauses finales.

Ces parties portent sur les dispositions relatives aux incriminations et les autres dispositions connexes applicables à la criminalité informatique. Neuf types d'infractions sont définis. En effet, la convention l'accès illégal, l'interception illégale, l'atteinte à l'intégrité des données, l'atteinte à l'intégrité du système, l'abus de dispositifs, la falsification informatique, la fraude informatique, les infractions se rapportant à la pornographie enfantine et les infractions liées aux atteintes à la propriété intellectuelle et Infractions liées aux droits connexes à la propriété intellectuelle. Le Rapport explicatif du Conseil de l'Europe sur la Convention de lutte contre la cybercriminalité contribue à apporter un éclairage sur ce qu'il faut entendre par « systèmes informatiques » de même qu'il apporte des éléments de définition sur chacune des infractions[125].

---

[124] L. n° 2004- 575 du 21 juin 2004.

[125] Rapport du Conseil de l'Europe, Rapport explicatif sur la Convention sur la Cybercriminalité, n° 185 STE, 2001.

A. – les systèmes informatiques et les données informatiques

Un système informatique est *un dispositif composé de matériel et de logiciels, conçus pour le traitement automatisé des données numériques*. Il peut comprendre des moyens d'acquisition, de restitution et de stockage des données. Il peut être isolé ou connecté à d'autres dispositifs similaires au sein d'un réseau.

La définition des données informatiques repose sur la définition des données établie par l'ISO. Cette définition comporte les mots « qui se prêtent à un traitement ». Cela signifie que les données sont mises sous une forme qui permet leur traitement direct par le système informatique. Il faut entendre par « données » des données sous forme électronique, ou sous une autre forme qui permet de les traiter directement. Les données informatiques traitées de façon automatisée, peuvent être la cible de l'une des infractions pénales définies dans la Convention ou faire l'objet de l'une des mesures d'investigation définies par la Convention.

Par « fournisseur de service », on entend de nombreuses catégories de personnes jouant un rôle particulier dans la communication ou le traitement de données sur des systèmes informatiques. Il s'agit des entités publiques et privées qui offrent aux utilisateurs la possibilité de communiquer entre eux. Il est donc indifférent que les utilisateurs forment un groupe fermé ou que le fournisseur offre ou non ses services au public, gratuitement ou contre le paiement de droits. Le groupe fermé peut être constitué par les salariés d'une entreprise privée auxquels les services sont fournis par un réseau d'entreprise. Mais, il peut également s'agir des entités qui stockent des données, ou les traitent d'une autre façon, pour le compte de personnes. Par ailleurs, on pense encore aux organismes qui stockent ou traitent des données pour les utilisateurs des services proposés par les personnes. Ainsi, les fournisseurs de service peuvent être des personnes qui proposent un service d'hébergement ou de mise en antémémoire, ou une connexion à un réseau.

Lors d'une enquête sur une infraction pénale concernant un système informatique, les données relatives au trafic sont nécessaires pour trouver la source de la communication. C'est un point de départ permettant de réunir d'autres preuves ou un élément constitutif de la preuve de l'infraction. Les données relatives au trafic pouvant être perdues : il importe de faire en sorte qu'elles soient préservées dans des délais très brefs. Par conséquent, il peut être nécessaire de les divulguer rapidement pour connaître l'itinéraire de la communication et réunir d'autres preuves avant qu'elles ne soient effacées ou pour identifier un suspect.

La définition dresse la liste exhaustive des catégories de données relatives au trafic qui sont soumises à un régime particulier dans la Convention : origine de la communication, destination, itinéraire, heure (GMT), date, taille, durée et type du service sous-jacent. Ces catégories ne seront pas toujours toutes techniquement accessibles, susceptibles d'être produites par un fournisseur de service, ni nécessaires à l'enquête pénale. L'origine doit être entendue comme un numéro de téléphone, une adresse IP ou un moyen similaire d'identifier un dispositif de communication auquel un prestataire de services fournit des destinations. La destination constitue l'indication relative au dispositif de communication vers lequel des communications sont transmises. Ce sont ces éléments qui permettent de qualifier les actes répréhensibles.

B. – les infractions prévues par la convention internationale

La liste des infractions présentée représente un consensus minimal. Elle se fonde largement sur les principes directeurs élaborés en liaison avec la Recommandation n° R (89) 9 du Conseil de l'Europe sur la criminalité en relation avec l'ordinateur, et sur les travaux d'autres organisations internationales publiques et privées (OCDE, ONU, AIDP).

1°). Accès illégal (article 2) : par exemple le piratage

L'accès illégal vise l'infraction consistant à créer une menace ou à attenter à la sécurité des systèmes et données informatiques. La nécessité d'une protection correspond à l'intérêt des organisations comme des particuliers de pouvoir diriger, exploiter et contrôler leurs systèmes sans perturbation et entrave d'aucune sorte. La simple intrusion non autorisée, comme le piratage, le craquage ou l'intrusion illicite dans un système informatique, est illégale. Elle peut créer des obstacles pour les utilisateurs légitimes des systèmes et des données et peut entraîner l'altération ou la destruction et des coûts élevés de reconstruction. Ces intrusions peuvent donner accès à des données confidentielles (mots d'accès, informations sur le système cible) et à des secrets, permettre d'utiliser le système gratuitement, voire encourager les pirates à commettre des types plus dangereux d'infractions en relation avec l'ordinateur, telles que la fraude informatique ou la falsification informatique[126].

---

[126] Rapport du Conseil de l'Europe, Rapport explicatif sur la Convention sur la Cybercriminalité, n° 185 STE, 2001.

L'accès comprend la pénétration dans l'intégralité ou une partie quelconque d'un système informatique (matériel, composantes, données stockées du système installé, répertoires, données relatives au trafic et au contenu). Toutefois, il ne comprend pas le simple envoi de messages électroniques ou de fichiers au système en question. L'accès comprend la pénétration dans un autre système informatique accessible par les réseaux de télécommunications publics ou d'un système informatique connecté au même réseau, tel qu'un réseau local ou un intranet (réseau privé d'entreprise).

2°). Interception illégale (article 3) : à rapprocher des écoutes téléphoniques

Cette disposition vise à protéger le droit au respect des données transmises. L'infraction représente la même violation du droit au respect des communications que l'écoute et l'enregistrement classiques des conversations téléphoniques entre des personnes. Le droit au respect de la correspondance est garanti par l'article 8 de la Convention européenne des droits de l'homme. L'infraction vise toutes les formes de transfert électronique des données, que ce transfert s'effectue par téléphone, télécopieur, courrier électronique ou fichier. Il doit s'agir d'un interception non autorisée. Dans la présente Convention, il a été précisé qu'il faut entendre par communications, les transmissions de données informatiques ainsi que les émissions électromagnétiques. L'interception effectuée par des moyens techniques concerne l'écoute, le contrôle ou la surveillance du contenu des communications, et l'obtention du contenu soit directement, au moyen de l'accès au système informatique et de son utilisation, soit indirectement, au moyen de l'emploi de dispositifs d'écoute. L'interception peut aussi consister en un enregistrement des données. Par moyens techniques, il faut entendre des dispositifs techniques connectés aux lignes de transmission ainsi que des dispositifs de collecte et d'enregistrement de communications sans fil. L'incrimination s'applique aux transmissions non publiques de données informatiques. Mais, il peut arriver que les données transmises soient disponibles pour tout le monde, alors que les participants souhaitent communiquer de façon confidentielle. Il en ressort que les transmissions dites non publiques n'excluent pas les communications par le biais des réseaux publics. Les communications de salariés, à des fins professionnelles ou non, qui constituent des « transmissions non publiques de données informatiques » sont aussi protégées contre l'interception sans droit.

Pour que la responsabilité pénale soit engagée, l'interception illégale doit être intentionnelle et sans droit. L'acte est justifié, par exemple, si la personne qui effectue l'interception est en droit de le faire, si elle agit sur ordre ou avec l'autorisation des participants à la transmission (y compris dans le cadre d'activités autorisées de contrôle ou de protection approuvées par les participants) ou si la surveillance est légalement autorisée par les autorités chargées d'une enquête dans l'intérêt de la sécurité nationale ou de la détection d'infractions. Il est également entendu que les pratiques commerciales ordinaires, telles que l'utilisation de cookies, ne doivent pas être pénalisées, parce qu'il ne s'agit pas d'interception sans droit. Comme pour toutes les infractions, on relève que non seulement les éléments matériels doivent être caractérisés, mais également l'élément moral : pour être illégale, l'interception doit être commise avec la volonté et la conscience de son caractère illicite.

3°). Atteinte à l'intégrité des données (article 4) : par exemple les virus

L'intérêt juridique consiste à assurer aux données et programmes informatiques une protection équivalente à celle dont jouissent les biens corporels à l'encontre des dommages occasionnés délibérément. Les intérêts juridiques protégés sont l'intégrité et le bon fonctionnement ou le bon usage de données ou programmes informatiques enregistrés. L'infraction est caractérisée par l'endommagement et la détérioration, ou par une altération négative de l'intégrité ou du contenu informatif de données et de programmes. L'effacement des données équivaut à la destruction d'objets corporels. Il les détruit et les rend méconnaissables. S'agissant de la suppression des données informatiques, l'acte infractionnel est caractérisé s'il en résulte que ces données ne sont pas ou plus accessibles à la personne ayant accès à l'ordinateur ou au support sur lequel les données étaient stockées. L'acte d'altération correspond à la modification de données existantes. L'introduction de codes malveillants tels que des virus ou des chevaux de Troie sont donc concernés, de même que la modification des données qui résulte de cet acte. Les actes ne sont punissables que s'ils sont commis sans droit. Par ailleurs, le délinquant doit avoir agi intentionnellement.

4°). Atteinte à l'intégrité du système (article 5) : par exemple le déni de service, spam

Cette disposition vise à pénaliser l'entrave intentionnelle à l'usage légitime de systèmes informatiques, y compris de systèmes de télécommunications, en utilisant ou en influençant des données informatiques. On vise à protéger l'intérêt des exploitants et des usagers d'un système informatique ou d'un système de télécommunications afin d'assurer le fonctionnement optimal du système. Le texte est formulé de façon neutre de sorte qu'il puisse protéger toutes sortes de fonctions. De cette manière, les Etats disposent d'une large autonomie pour ériger de tels actes en infraction. L'entrave doit résulter de l'introduction, du transfert, de l'endommagement, de l'effacement, de l'altération ou de la suppression de données informatiques.

De plus, l'entrave doit être grave pour donner lieu à une sanction pénale[127]. Par exemple, l'envoi à un système informatique de données dont la forme, le volume ou la fréquence porte un préjudice important à la capacité du propriétaire ou de l'exploitant d'utiliser le système en question ou de communiquer avec d'autres systèmes : c'est le cas des programmes qui portent atteinte à des systèmes sous la forme d'un déni de service, des codes malveillants, tels que les virus, qui interdisent ou ralentissent sensiblement le fonctionnement du système, ou des programmes qui envoient un énorme volume de courrier électronique à un destinataire afin de paralyser les fonctions de communication du système.

L'entrave doit être commise sans droit. L'envoi, pour des motifs commerciaux ou autres, de messages électroniques à un destinataire qui n'a pas demandé à les recevoir risque de lui causer des désagréments, notamment lorsque ces messages sont envoyés souvent ou en grandes quantités (publipostage). Un tel comportement ne devrait être criminalisé que dans le cas d'une entrave intentionnelle et grave à la communication.

5°). Abus de dispositifs (article 6) et le marché noir de la production

La commission de ces infractions nécessite souvent la possession de moyens d'accès (outils de piratage) ou d'autres outils. Cela peut déboucher sur la création d'une sorte de marché noir de la production et de la

[127] Rapport du Conseil de l'Europe, Rapport explicatif sur la Convention sur la Cybercriminalité, n° 185 STE, 2001.

distribution de tels outils. Pour parer plus efficacement ces risques, le droit pénal devrait interdire des actes spécifiques potentiellement dangereux à la source, avant la commission des infractions sur le net.

On vise, plus particulièrement, la production, la vente, l'obtention pour utilisation, l'importation, la diffusion ou d'autres formes de mise à disposition d'un dispositif, y compris un programme informatique, principalement conçu pour permettre la commission de l'une des infractions prévues par la Convention. L'acte de diffusion consiste à transmettre des données à autrui, tandis que la mise à disposition constitue l'action de mettre des dispositifs en ligne pour qu'ils soient utilisés par autrui. Ces actes comprennent la création ou la compilation d'hyperliens visant à faciliter l'accès à ces dispositifs. La référence à un programme informatique concerne des programmes qui sont conçus, par exemple, pour altérer, voire détruire des données, ou pour s'ingérer dans le fonctionnement des systèmes, tels que les programmes-virus, ou bien des programmes conçus ou adaptés pour accéder à des systèmes informatiques.

6°). Falsification informatique (article 7)

Il convient de noter que le concept de falsification varie beaucoup d'un pays à l'autre. Cette notion peut être fondée sur l'authenticité quant à l'auteur du document, tandis que d'autres visent la véracité des informations contenues dans le document en question. Toutefois, il a été convenu que la tromperie quant à l'authenticité se rapporte à l'émetteur des données, indépendamment de l'exactitude ou de la véracité du contenu de ces données. Les Parties peuvent aller plus loin et prévoir que le terme authentique s'applique aussi aux données, ce qui se rapproche de la véracité du contenu.

Cette disposition s'applique aux données équivalant à un document public ou privé ayant des effets juridiques. L'introduction non autorisée de données exactes ou inexactes crée une situation qui correspond à la fabrication d'un faux document. Les opérations ultérieures d'altération (modifications, changements partiels), d'effacement (le fait de sortir des données figurant sur un support) et de suppression (le fait de retenir et de cacher des données) correspondent en général à la falsification d'un document authentique.

7°). Fraude informatique (article 8)

La révolution technologique a multiplié les possibilités de commettre des infractions économiques telles que la fraude, notamment l'escroquerie aux cartes de crédit. Les actifs représentés ou gérés par des systèmes informatiques (fonds électroniques, dépôts) constituent la cible de manipulations au même titre que les formes traditionnelles de propriété. Ces infractions consistent en des manipulations à l'entrée du système, c'est-à-dire en introduisant dans l'ordinateur des données inexactes, en des manipulations de programmes ou en d'autres ingérences dans le traitement des données. Cet article a pour objet de rendre passible d'une sanction pénale toute manipulation abusive au cours d'un traitement de données en vue d'effectuer un transfert illicite de propriété. Les éléments constitutifs de l'infraction comprennent l'acte d'introduction, l'altération, l'effacement, la suppression. Par ailleurs, ces actes doivent porter une atteinte au fonctionnement du système informatique.

Les manipulations informatiques frauduleuses sont incriminées si elles occasionnent directement à autrui un préjudice économique ou matériel et si le délinquant a agi dans l'intention d'obtenir un avantage économique illégitime pour lui-même ou pour autrui. Comme pour les autres infractions, la fraude informatique doit être commise sans droit, et l'avantage économique doit être obtenu sans droit. L'infraction doit être commise «intentionnellement». L'élément général d'intention s'applique à la manipulation ou à l'ingérence informatique causant un préjudice économique ou matériel à autrui. L'infraction exige également une intention frauduleuse spécifique en vue d'obtenir un avantage économique pour soi-même ou pour autrui.

8°). Infractions se rapportant à la pornographie enfantine (article 9)

La convention vise à renforcer les mesures de protection en faveur des enfants, notamment leur protection contre l'exploitation sexuelle, en modernisant le droit pénal de façon à restreindre plus efficacement l'usage des systèmes informatiques dans le cadre de la commission d'infractions sexuelles à l'encontre d'enfants. Cette disposition incrimine différents aspects de la production, de la possession et de la diffusion de pornographie enfantine. La plupart des États incriminent déjà la production traditionnelle et la diffusion physique de pédopornographie. Etant donné que l'Internet est de plus en plus utilisé comme instrument principal pour l'échange de ce matériel, il a été considéré que des dispositions spécifiques dans un instrument juridique international pour lutter contre cette nouvelle forme d'exploitation sexuelle enfantine et de mise en danger des enfants étaient fondamentales.

9°). Infractions liées aux atteintes à la propriété intellectuelle et aux droits connexes

Les atteintes aux droits de propriété intellectuelle, et en particulier au droit d'auteur, figurent parmi les infractions le plus communément commises sur l'Internet et préoccupent tant les détenteurs d'un droit d'auteur que les professionnels des réseaux informatiques. La reproduction et la diffusion sur l'Internet d'œuvres protégées sans l'autorisation du détenteur du droit d'auteur sont extrêmement fréquentes. Il s'agit des œuvres littéraires, photographiques, musicales et audiovisuelles. La facilité avec laquelle des copies non autorisées peuvent être faites au moyen de la technologie numérique et l'échelle à laquelle elles sont reproduites et diffusées par le biais des réseaux électroniques ont imposé d'inclure des dispositions relatives aux sanctions pénales et de renforcer la coopération internationale dans ce domaine. Chaque Etat, ayant ratifié la convention relative à la Cybercriminalité, est tenu d'ériger ces atteintes en infractions pénales. Mais, la définition précise de ces infractions en droit interne peut varier d'un État à l'autre. Toutefois, l'obligation d'incrimination découlant de la Convention ne couvre pas les atteintes à la propriété intellectuelle autres que celles qui sont mentionnées explicitement à l'article 10. Par conséquent, sont donc exclues les atteintes aux droits des brevets et des marques.

Les instruments visés sont l'Acte de Paris, la Convention de Berne sur la protection des œuvres littéraires et artistiques, l'Accord sur les aspects commerciaux des droits de propriété intellectuelle (ADPIC) et le Traité de l'OMPI sur la propriété intellectuelle. Les instruments internationaux mentionnés sont la Convention internationale pour la protection des interprètes, exécutants, producteurs de phonogrammes et organisations de radiodiffusion (Convention de Rome), l'Accord sur les aspects commerciaux des droits de propriété intellectuelle et le Traité de l'OMPI sur les interprétations, exécutions et phonogrammes.

Les infractions se rapportant au droit d'auteur et aux droits connexes doivent avoir été commises délibérément pour que la responsabilité pénale soit engagée. Les dispositions visent à imposer de sanctions pénales contre les atteintes commises à une échelle commerciale et au moyen d'un système informatique. Cela est conforme à l'accord ADPIC, qui ne requiert de sanctions pénales en matière de violation du droit d'auteur que dans le cas de la piraterie à une échelle commerciale[128].

---

[128] Rapport du Conseil de l'Europe, Rapport explicatif sur la Convention sur la Cybercriminalité, n° 185 STE, 2001.

En droit interne, ces infractions sont prévues aux articles 323-1à 323-7 du Code pénal. C'est la loi n° 2004-575 du 21 juin 2004 qui a complété ces articles dans le sens de la convention de lutte contre la cybercriminalité.

Par exemple, selon l'article 323-3, le fait d'introduire des données dans un système de traitement automatisé ou de supprimer ou de modifier frauduleusement les données qu'il contient est puni de 5 ans d'emprisonnement et de 75 000 euros d'amende. Ainsi, un prévenu a été déclaré coupable d'un tel délit parce qu'il a modifié en violation des règles et principes comptables des données qui avaient été enregistrées de manière définitive dans le système automatisé de comptabilité dont il avait la charge[129].

EXEMPLE PRATIQUE

En novembre 2004, deux ingénieurs français expérimentés, Michèle et Thomas, ainsi que leur ami Mathieu, cadre commercial ont décidé de constituer une SARL de vente et de conseil en informatique à Paris. Thomas est le gérant minoritaire. Michèle est l'associée majoritaire et, Mathieu est associé minoritaire et salarié de la société commerciale.

La société connaît quelques difficultés de démarrage, la concurrence étant exponentielle en ce secteur. Néanmoins, dans la durée, les difficultés ont été maîtrisées par une bonne politique commerciale. Des projets d'investissement ont même été prévus par les trois acteurs de l'entreprise, notamment, selon l'acquisition de nouveaux marchés en Chine.

Mais, lors d'un des divers voyages en Chine pour les besoins de la cause, Thomas, véritable génie de l'informatique, a eu quelques comportements pour le moins douteux.

Depuis l'hôtel de Pékin où il devait séjourner pendant une semaine en mai 2007, il s'est amusé à pratiquer des e-mails bombing, consistant à envoyer un même message de manière répétée (plu-

[129] Cass. Crim. 8 déc. 1999, Bull. Crim. n° 296, Dr. penal 2000, comm.. 53, obs. M. Véron.

sieurs milliers) à des entreprises situées à Montpellier, à Paris et à Londres. Les entreprises visées dont trois à Montpellier, deux à Paris et quatre à Londres ont eu les pires difficultés à se servir de leurs matériels. En effet, leurs serveurs ont été saturés et plus aucun fonctionnement normal n'a pu être réalisé. Leur STAD[130] a été entravé.

De retour de son séjour, Thomas fait part de son aventure à Michèle qui, en définitive, a été amusée par les initiatives de son ami. Par la suite, les deux associés décident de raconter les faits à Mathieu. Ce dernier ne les entendait pas de la même manière. En effet, se souvenant de ses cours en école supérieure de commerce, il appréhendait les conséquences d'un tel acte sur le plan judiciaire.

Le mois suivant, Thomas, qui souhaitait développer la SARL avec plus de facilité, a repris ses agissements, mais cette fois, en menaçant les sociétés cibles de déni de service, les mêmes que les précédentes. Les entreprises cibles devaient consentir à payer plusieurs milliers d'euros pour éviter que la menace ne soit mise à exécution. L'une des sociétés de Londres et deux entreprises de Montpellier ont cédé aux menaces et ont versé de fortes sommes.

Michèle, informée de cette opération, décide de ne pas prévenir le troisième associé Mathieu. En définitive, les bénéfices de cette activité parallèle ont été répartis de la manière suivante : un tiers a été réinjecté dans l'activité de la SARL sous forme d'apports, les deux autres tiers ont été placés sur plusieurs comptes au Bahamas, puis réaffectés dans une opération de construction immobilière en Belgique.

L'une des deux sociétés de Montpellier excédée par un tel racket a décidé de se constituer partie civile devant le juge d'instruction compétent. Ce dernier, ayant eu communication des informations relatives aux investigations du Bureau Central d'Interpol, met en évidence que l'un des associés de la SARL, Thomas, est en réalité impliqué dans un vaste réseau comprenant des ramifications à Saratov, Stavropol, Miami, Genève et Madrid. Ce réseau se livre, en effet, à des activités d'introduction illicite dans les systèmes automatisés des entreprises américaines, russes, espagnoles, anglaises et françaises. Parmi, ces activités, certaines sont desti-

[130] Système de traitement automatisé de données.

nées à entrer frauduleusement en possession de numéros de cartes bancaires des clients des sociétés cibles.

ÉLÉMENTS DE RÉPONSE

1. Faits :

Il s'agit de prendre selon l'énoncé des faits, les seuls faits pertinents, mais tous les faits pertinents en éliminant les faits inopérants.

- SARL : la qualité des 3 associés est importante. En effet, le résumé doit révéler qui est majoritaire et qui est minoritaire. De la même manière, qui sont ingénieurs (Michèle et Thomas) ce qui confère en la matière la qualité de professionnel de l'informatique eu égard aux infractions commises.
- Pour l'acquisition de nouveaux marchés, Thomas s'est rendu en Chine (la date est importante pour montrer par la suite que la prescription des agissements n'est pas atteinte : en mai 2007)
- Il a pratiqué des e-mail *bombing* (lieu sociétés Paris, Montpellier Londres)
- Michèle manifeste son amusement (important sur le plan de la preuve par la suite)- elle a même raconté les faits au troisième associé.
- Recommencement des agissements infractionnels (déni de service mais avec menace (important)) : pour développer la SARL.
- Une société de Londres et deux de Montpellier ont cédé aux menaces : elles ont payé
- Répartition des bénéfices de l'activité délictueuse : pour partie au sein de la SARL (Personne Morale), et les deux autres tiers placés sur plusieurs comptes aux Bahamas, et réinvestis dans une activité de construction immobilière en Belgique.
- On signale dans les faits le terme de « racket » afin de ne pas confondre avec l'escroquerie. Constitution de partie civile et les informations de l'instruction révèlent l'existence d'un réseau auquel Thomas fait partie (ramification en citant les lieux de ramification-et la nature des activités préparées par ce réseau).

2. Problèmes et règles de droit

Le problème se pose de savoir quelles sont les infractions commises par les deux protagonistes : Thomas et Michèle.

En l'espèce, les infractions de cybercriminalité sont visées. En effet, Thomas s'est livré à des e-mail bombing. Les textes applicables en l'espèce sont la Convention de lutte contre la cybercriminalité de 2001 et les articles 323-2 du Code pénal selon lequel : « le fait d'entraver ou de fausser le fonctionnement d'un système de traitement automatisé de données est puni de 5 ans d'emprisonnement et de 75 000 euros d'amende ». De la même manière, on peut se poser la question du rôle joué par Michèle. Cette dernière, associée majoritaire, semble manifester plus que sont assentiment compte tenu des faits. L'infraction visée est celle relative au recel de déni de service avec menace (une forme de raket).

Par ailleurs, les bénéfices réinjectés dans l'activité de la SARl, posent le problème de l'infraction commise pour le compte de la personne morale (responsabilité pénale de la Personne Morale). Enfin, une partie des bénéfices illicites conduit à relever une activité de blanchiment d'argent sale.

Même processus sur les données de l'instruction qui révèlent l'existence d'une association de malfaiteurs. Il suffit de citer la Convention de Palerme, ainsi que les art. 450-1 et s. du Code pénal.

3. Argumentation

Une fois que ces éléments ont tous été cités sans entrer dans le détail, il suffit de les reprendre un par un dans le même ordre dans l'argumentation : élément par élément, afin de caractériser chacun des agissements et de montrer que les sociétés commerciales victimes ont des chances d'obtenir réparation.

– Sur les infractions informatiques : cybercriminalité

Selon l'article 323- 2 du Code pénal : « le fait d'entraver ou de fausser le fonctionnement d'un système de traitement automatisé de données est puni de 5 ans d'emprisonnement et de 75 000 euros d'amende ». En l'espèce, il semble que cela soit la cas. En effet, Thomas a pratiqué depuis Pékin des e-mail bombing. Mais, encore, il a recommencé avec des menaces afin d'obtenir des sommes d'argent, qu'il a obtenu : cybercriminalité avec menace (on peut citer le racket et non l'escroquerie car il ne s'agissait pas d'un mensonge conforté par des manœuvres frauduleuses). En effet, les sociétés commerciales victimes, n'étaient pas victimes d'un mensonge conforté par une manœuvre frauduleuse.

Elles savaient très bien ce qu'il se passait car elles avaient déjà été victimes d'e-mail bombing. C'est la raison pour laquelle elles ont cédé à la menace en payant .

On vise la territorialité des faits : les faits ont été commis depuis Pékin. Le principe de la territorialité n'est donc pas applicable. Néanmoins, le principe de la personnalité active tenant à la nationalité de l'auteur peut être mis en avant. On pourrait même mettre en avant le principe de la personnalité passive eu égard à la nationalité française de certaines sociétés, ce qui conduit à rendre les textes applicables. Toutefois, il existe une limite, la règle Non bis in idem oblige à vérifier si de tels agissements n'ont pas déjà été jugés. En l'espèce, rien est précisé : on peut partir du principe que les faits n'ont pas encore fait l'objet d'un jugement d'un autre Etat. La loi française est donc applicable.

– Sur le recel de déni de service avec menace :

Il s'agit de l'associée majoritaire, de son consentement démontré par les faits d'espèce et des investissements en Belgique en matière immobilière. Il faut alors citer d'abord le texte de l'art. 321-1 du Code pénal relatif au recel: reprendre les conditions préalables (l'existence du délit de déni de service originaire commis par Thomas), de l'objet du délit (les sommes perçues), et des éléments matériels et intentionnel de Michèle. La territorialité ne pose, en l'espèce, aucun problème.

En l'espèce, l'infraction préalable est le déni de service avec menace. Cette infraction étant caractérisée, il faut démontrer en quoi l'associée profite du produit de l'infraction préalable ! on s'appuiera sur sa qualité d'associée majoritaire, les bénéfices ayant été versés à la SARL. Dès lors, on peut également soulever la responsabilité de la personne morale pour recel de déni de service avec menace (racket). C'est en effet, cette infraction qui a été commise pour le compte de la SARL. (Une partie des bénéfices illicites ayant été réinjectés dans l'activité de la SARL)

– Sur l'infraction de blanchiment :

La Convention de lutte contre le blanchiment et l'article 324-1 du Code pénal sont applicables : les placements aux Bahamas, de la même manière que ceux relatifs à l'investissement en matière immobilière constituent l'acte matériel de blanchiment.

– L'association de malfaiteurs :

Même principe, selon la Convention de Palerme et les articles 450-1 du Code Pénal : on est en présence d'une entente matérialisée en vue d'une préparation d'un crime ou d'un délit. En l'espèce, il s'agit du réseau auquel Thomas fait partie (introduction illicite dans les systèmes automatisés des sociétés). Ces faits sont révélés par l'instruction.

4. Conclusion

Thomas est passible de 5 ans d'emprisonnement pour avoir commis les dénis de service suivis de racket. Michèle encourt une peine de 5 ans d'emprisonnement et 375 000 euros d'amende pour avoir commis le recel de déni de service. La SARL encourt une peine du quintuple de l'amende prévue pour le recel, soit 1 875 000 euros d'amende. Les risques pris par les protagonistes induisent alors une perte de notoriété pour la SARL et un paiement d'amende très important.

§ 3. – la contrefaçon

La contrefaçon est un délit correctionnel. Mais, elle constitue aussi un fait générateur de responsabilité civile. Il s'agit du fait pour un autre que le titulaire d'un droit de propriété intellectuelle ou son licencié d'exploiter ce monopole, portant alors atteinte aux droits de son titulaire.

En quelques années, la contrefaçon est passée du stade artisanal et régional à un phénomène industriel et planétaire. De grands réseaux internationaux, organisés, ont été identifiés. Par leur importance, ces réseaux sont équipés d'outils de production, de plus en plus performants, leur permettant d'améliorer leurs copies de produits authentiques et d'étendre leur production à d'autres domaines économiques. En conséquence, la contrefaçon peut entraîner une baisse du chiffre d'affaires, une perte de parts de marché, qui peuvent ainsi anéantir non seulement le produit authentique mais aussi la marque même, par abandon du consommateur. La contrefaçon et la piraterie ont un impact économique majeur sur la société: elles représentent jusqu'à 9 % du commerce économique mondial. La contrefaçon est en augmentation constante depuis les années 90. Le manque à gagner pour les entreprises est de 200 à 300 milliards d'euros/an, dont 6 milliards pour la France. Coût social : une perte de 200 000 d'emplois par an, dont 38.000 emplois en France. Une entreprise sur deux en France se déclare victime de la contrefaçon. Le phénomène connaît une amplification sans précédent avec des chiffres alarmants : 250 millions de produits ont été saisis en 2006 contre 75 millions de produits saisis dans l'Union Européenne en 2005[131]. Les réseaux de fabrication et de commercialisation illustrent une expansion géographique grandissante. Aucun pays n'est épargné : si l'Asie continue à constituer la première région productrice (95 %), tout comme le bassin méditerranéen et l'Europe, de nouveaux arrivants comme les pays d'Europe Centrale et de l'Est, les Etats-Unis ainsi que la Belgique ou le Royaume-Uni voient se développer des réseaux actifs de trafiquants. Par ailleurs, la contrefaçon et la piraterie comprennent un développement exponentiel par le biais d'internet.

La diversification des produits particulièrement importante dans les années 1995, est directement liée à la mondialisation des échanges commerciaux. Les produits contrefaits concernent la totalité du champ industriel, le luxe ne représentant plus que 1 % des saisies. 6 marques sur 10 copiées dans le monde sont des marques de sport. La qualité croissante des produits permet de mieux tromper le consommateur et augmente les dangers que les produits contrefaits peuvent lui faire courir, notamment en terme de santé et de sécurité. Les réseaux mafieux s'organisent, réagissant rapidement aux actions entreprises par les gouvernements et les entreprises: une véritable économie parallèle destinée à ruiner l'économie licite se met en place. Selon les évaluations des industriels : 1 CD sur 3 vendu est un CD piraté, le taux de piratage des logiciels professionnels est de 43 %, 12 % du commerce mondial des jouets seraient de la contrefaçon[132].

L'action en contrefaçon :

L'action en contrefaçon peut être exercée par le titulaire de droits attachés à toute création ouvrant des droits de propriété intellectuelle (une oeu-

---

[131] European Commission, Taxation and Customs Union, Summary of Community Customs Activities on Counterfeit and Piracy, Resultat The European Border, 2006.

[132] Note de Bercy, janvier 2004.

vre, une marque, un dessin ou modèle, mais aussi un brevet). Néanmoins, nous définirons principalement l'action en contrefaçon de marque.

Elle peut être engagée par le propriétaire de la marque présumée contrefaite ou, dans certaines conditions, par le bénéficiaire d'un droit exclusif d'exploitation (art. L. 716-5 du Code de la propriété intellectuelle). L'action en contrefaçon de marque est régulièrement mise en oeuvre dans le cadre de litiges relatifs aux noms de domaine. Elle est souvent précédée d'un référé-contrefaçon.

S'agissant des sanctions répressives pouvant être requises par le Ministère public, l'article L. 716-9 du Code de la propriété intellectuelle prévoit jusqu'à deux d'emprisonnement et 150 000 euros d'amende. Par ailleurs, « le tribunal peut ordonner la fermeture totale ou partielle, définitive ou temporaire, pour une durée de cinq ans, de l'établissement ayant servi à commettre l'infraction » (art. L. 716-11-1 du Code la propriété intellectuelle.). Les personnes morales peuvent être mises en cause sur le fondement des articles L. 716-11-2 du Code de la propriété intellectuelle et 121-2 du Code pénal. Des peines complémentaires peuvent être prononcées : il s'agit de la confiscation ou de la destruction des objets contrefaisants ou des instruments ayant servi à commettre le délit (art. L. 716-14 du Code de la propriété intellectuelle), mais aussi de la publication de la décision. Par ailleurs, des peines d'inéligibilité peuvent être prononcées.

S'agissant des sanctions civiles, elles visent essentiellement à l'allocation de dommages et intérêts destinés à réparer le dommage subi du fait de la contrefaçon. Des mesures de publicité, de confiscation ou de destruction sont également envisageables.

Action en contrefaçon et action en concurrence déloyale :

Le cumul de l'action en contrefaçon et de l'action en concurrence déloyale n'est autorisé que si les faits argués de concurrence déloyale sont distincts de ceux exposés en terme de contrefaçon (et vice versa).

Des progrès et des perspectives d'évolution :

La loi n° 2007-1544 du 29 oct. 2007 relative à la lutte contre la contrefaçon est allée plus loin. Les mesures probatoires, provisoires et conservatoires ont été renforcées[133].

---

[133] J.-C. Galloux, « La lutte contre la contrefaçon », D. 2008, dossier 711.

Par ailleurs, l'article L. 331-1-3 du Code de la propriété intellectuelle issu de cette loi, énonce désormais que « la juridiction peut, à titre d'alternative et sur demande de la partie lésée, allouer à titre de dommages-intérêts une somme forfaitaire qui ne peut être inférieure au montant des redevances ou droits qui auraient été dus si l'auteur de l'atteinte avait demandé l'autorisation d'utiliser le droit auquel il a porté atteinte »[134].

Enfin, la loi du 29 octobre 2007 qui transpose la directive européenne de 2004[135] renforce l'arsenal répressif. En effet, le législateur prévoit une aggravation des peines pour délit de contrefaçon organisé lorsque les dommages concernent la santé publique : les peines encourues sont désormais passibles de 5 ans et de 500 000 euros d'amende. Ce délit concerne les dessins, modèles, marques et brevets et non les droits de propriété littéraires et artistiques[136].

§ 4. – la lutte contre le blanchiment du produit du crime

La Convention sur le Blanchiment : cette Convention ouverte à la signature le 8 novembre 1990 a pour objet de faciliter la coopération internationale et l'entraide pour l'investigation, le dépistage, la saisie et la confiscation du produit de tout type de criminalité (convention signée par la France le 5 juillet 1991). La Convention vise à aider les Parties à atteindre un niveau similaire d'efficacité, même en cas d'absence d'une législation complète.

Par cette convention, les Parties se sont engagées, en particulier à pénaliser le blanchiment des produits du crime ; à confisquer des instruments et des produits (ou des biens dont la valeur correspond à ces produits).

Au delà de quelques différences terminologiques, le droit français (art. 324-1 du Code pénal) remplit les exigences de la convention.

---

134 P.-Y. Goutier, « Fonction normative de la responsabilité : le contrefacteur peut être condamné à verser au créancier une indemnité contractuelle par équivalent », D. 2008, 727.

135 Directive n° 2004/48 CE du 29 avril 2004 relative au respect des droits de propriété intellectuelle.

136 W. Bourdon, « Le droit pénal est-il un instrument efficace à la criminalisation croissante de la contrefaçon ? », D. 2008, 729.

Le blanchiment est une forme d'aide et d'assistance fournie à des auteurs de crimes ou de délits. Il faut, comme pour le recel, une condition préalable : un crime ou un délit dont l'auteur a tiré profit. A l'origine créée pour le seul trafic de stupéfiants, l'infraction peut aujourd'hui concerner toutes les formes de criminalité ou de délinquance (proxénétisme, corruption, recel, fraudes fiscales ou douanières, abus de biens sociaux, escroquerie, ...).

Au point de vue matériel, le législateur a incriminé deux sortes de comportements :

Le premier consiste à « *faciliter, par tous moyens, la justification mensongère de l'origine des biens ou des revenus de l'auteur d'un crime ou d'un délit ayant procuré à celui-ci un profit direct ou indirect* ». Les fausses factures, les faux contrats de travail ou faux bulletins de paie sont autant de moyens de faciliter une telle justification mensongère.

Le second consiste à "*apporter son concours à une opération de placement, de dissimulation ou de conversion du produit direct ou indirect d'un crime ou d'un délit*". Pratiquement, cela consiste à intégrer le produit d'infractions dans un circuit financier licite ou à faire perdre la trace de son origine illicite. Cette dernière méthode est la plus pratiquée et porte le nom « d'empilage ». Elle consiste à éclater les fonds provenant d'activités illicites sur des centaines de comptes afin que l'on ne puisse plus remonter à l'origine des produits illégaux.

Au **point de vue psychologique**, le blanchiment est une infraction intentionnelle, qui suppose la connaissance, par l'auteur, de l'origine frauduleuse des biens ou revenus.

Sous ses deux formes, le blanchiment est en principe puni de 5 ans d'emprisonnement et de 375 000 euros d'amende, peines portées au double lorsque l'infraction est commise de façon habituelle, ou en bande organisée, ou en profitant des facilités que procure l'exercice d'une activité professionnelle (sont ici visés les banquiers, assureurs mais aussi médecins, employeurs, gérants d'établissements de jeux ou de nuit…).

Mais, les peines peuvent être plus sévères car d'une part, si l'infraction initiale est un crime ou un délit puni plus sévèrement que le blanchiment, l'auteur du blanchiment encourt la peine de l'infraction ; d'autre part, les peines d'amende peuvent être élevées jusqu'à la moitié de la valeur des biens ou des fonds sur lesquels ont porté les opérations de blanchiment.

La dimension internationale de cette pratique est telle, notamment lorsqu'elle prend la forme de l'empilage, que certains auteurs la qualifient de *borderless crime* ou « infraction sans frontière ». En application des principes de personnalité et de territorialité, dès lors que l'une des personnes intervenues dans le circuit de « recyclage » est française, ou que l'une des opérations de blanchiment a été décidée ou effectuée en France, la loi française est compétente. En outre, conformément à ce qui a été dit à propos du recel dont le blanchiment est très largement inspiré, la condition préalable d'une infraction d'origine, peut suffire à attraire le blanchiment des produits de cette infraction dans la compétence de la loi pénale française.

Par ailleurs, conscient de la difficulté liée à la dimension internationale des faits de blanchiment, le législateur français a spécialement créé un délit douanier pour tenir compte de cette dimension particulière. Il s'agit de l'article 415 du Code des douanes, qui réprime « ceux qui auront par exportation, importation, transfert ou compensation, procédé ou tenté de procéder à une opération financière entre la France et l'étranger portant sur des fonds qu'ils savaient provenir directement ou indirectement d'un délit prévu par le présent Code ou d'une infraction à la législation sur les substances ou plantes vénéneuses classées comme stupéfiants ».

Par ailleurs, on rappelle qu'étant une infraction de conséquence, il est néanmoins non nécessaire que l'infraction d'origine ait été poursuivie. Ainsi, même si la Commission des infractions fiscales ne saisit pas le parquet d'une plainte pour fraude fiscale, la poursuite pour blanchiment d'argent peut avoir lieu. Le blanchiment est une infraction générale, distincte et autonome de l'infraction principale dont la commission en est uniquement le préalable[137].

---

[137] Cass. crim. 8 février 2008, n° 07-82.977, D. 2008- AJ 924 et D. 2008 1585, note C. Cutajar

EXEMPLE PRATIQUE DE SYNTHESE

Ce cas traite de plusieurs infractions commises sur le plan international. En faisant appel aux principes généraux de légalité, de qualification, de même que de la localisation des actes, on peut appréhender le risque pénal réalisé, notamment en matière d'abus de biens sociaux, de corruption, de recel d'abus de biens sociaux, de présentation des comptes annuels inexacts et de blanchiment.

Faits :

INFOTECH est une société anonyme qui a été constituée en 2001. Cette société comprend 12 actionnaires. Son objet concerne principalement la commercialisation de logiciels. Son siège social est à Paris et les entités de conception et de création se situent à Lyon. Le PDG de la SA, Monsieur GENIOT est confronté à des difficultés financières personnelles. Il a alors, le 22 mars 2007, fait supporter par la trésorerie de la SA ses nombreuses amendes pour des infractions au Code la route, infractions commises lors de ses dernières vacances à Dijon.

Par ailleurs, le 15 avril 2007, Monsieur GENIOT a effectué un prélèvement de 108 000 euros au dépens de la SA pour faciliter le financement d'une construction immobilière en voie d'achèvement à Lisbonne. Par la suite, l'expert comptable, Monsieur Beguin, se rend compte des agissements de M. GENIOT. Se connaissant depuis plusieurs années, les deux protagonistes étaient devenus des proches. Monsieur GENIOT lui propose une offre de 23 000 euros issue d'une partie des 108 000 euros, s'il falsifie la comptabilité de l'entreprise, afin de faire disparaître tout acte irrégulier. Après de longues hésitations, Monsieur BEGUIN accepte et s'exécute pour dissimuler les opérations litigieuses.

Le complexe immobilier est enfin achevé, et Monsieur GENIOT décide de mettre une quinzaine d'appartements, alors meublés, en location. Les bénéfices sont en partie placés dans une banque suisse, et dans une banque luxembourgeoise, puis réinvestis quelques temps plus tard dans de nouvelles acquisitions de sociétés immobilières en Allemagne.

En décembre 2007, Monsieur BEGUIN est devenu associé majoritaire de la nouvelle affaire à Lisbonne : il décide d'étendre les opérations d'investissement en Italie.

Mais, quatre actionnaires de la SA ont sollicité des vérifications et certifications supplémentaires, ne comprenant pas les derniers comptes de la SA. A l'issue de certains contrôles, les actionnaires découvrent les méfaits du PDG et de l'expert comptable. Face au préjudice subi pour la société et pour les actionnaires, les intéressés décident de se constituer partie civile devant le juge d'instruction compétent. L'instruction révèle l'existence d'affaires commerciales montées par les deux personnes visées avec la coopération matérielle de personnes locales : quatre résident au Portugal, deux en Italie, trois en Argentine et une en Suisse.

La question est alors posée de savoir quelles sont les infractions qui sont caractérisées en l'espèce. De même, le problème de l'applicabilité de la loi française doit être résolu pour certaines infractions.

ÉLÉMENTS DE RÉPONSE

1. Faits :

Monsieur GENIOT, PDG de la SA- INFOTECH, et confronté à des difficultés personnelles, a fait supporter par la trésorerie de la société ses nombreuses amendes, le 22 mars 2007. En effet, cette société comprenant 12 actionnaires, et ayant pour objet social la commercialisation de logiciels, a versé le montant du aux infractions au Code la route, infractions commises au cours des vacances de l'intéressé.

Par la suite, il a effectué un prélèvement de 108 000 euros aux dépens de la SA, le 15 avril 2007 afin de financer une construction immobilière en voie d'achèvement à Lisbonne. L'expert comptable, Monsieur BEGUIN (un proche du PDG), a accepté, sur proposition de Monsieur Géniot, la réception de la somme de 23 000 euros émanant des 108 000 euros à titre de paiement pour falsifier la comptabilité de l'entreprise et faire disparaître tout acte irrégulier.

Quelques temps plus tard, Monsieur Géniot met les appartements alors achevés et meublés en location (une quinzaine d'appartements). Les bénéfices sont respectivement placés en banques suisse, luxembourgeoise et réinjectés dans de nouvelles opérations immobilières en Allemagne.

Quant à Monsieur Beguin, ce dernier est devenu associé majoritaire de la nouvelle affaire à Lisbonne et a décidé d'étendre les opérations en Italie.

Or, quatre actionnaires de la SA, ayant sollicité des vérifications supplémentaires, ont découvert les actes commis par le PDG et l'expert comptable. L'instruction alors ouverte, révèle l'existence d'affaires commerciales montées par les deux personnes avec l'aide de personnes résidant dans divers pays : Italie, Portugal, Argentine et Suisse.

3. Problèmes et règles applicables

La question se pose de savoir quelles sont les infractions commises par les deux protagonistes : Monsieur Géniot, le PDG de la SA-INFOTECH, et Monsieur Beguin, l'expert comptable.

Il semblerait que plusieurs infractions soient imputables à Monsieur Géniot : l'abus de biens sociaux conformément à l'article L. 242-6-3° du Code de Commerce ; la corruption active (article 445-1 et 445-2 du Code pénal), le blanchiment d'argent (article 324-1 du Code pénal) provenant du délit d'abus de biens sociaux ; l'association de malfaiteurs (article 450-1 al. 1er du Code pénal) à la charge du PDG Géniot. Quant à monsieur Beguin, les infractions visées sembleraient être la corruption passive (article 445-1 et 445-2 du Code pénal), le recel d'abus de biens sociaux (article 321-1 du Code pénal), la présentation des comptes annuels inexacts (article L.242-6-2 du Code de commerce), le blanchiment d'argent sale (art. 324-1 CP) et l'association de malfaiteurs (art. 450-1 al. 1er CP).

Néanmoins, chacune des infractions doit être caractérisée dans chacun de ses éléments constitutifs (éléments matériels et intention coupable) conformément au principe de la légalité. De la même manière, les actes doivent être localisés afin de définir si la loi française est applicable selon le principe de la territorialité.

4. Argumentation

– Caractérisation des infractions commises par le PDG de la SA-INFOTECH, M. Géniot

Sur le premier abus de biens sociaux : Selon l'article L. 242-6-3° du Code de Commerce pour les SA : *« est puni de 5 ans d'emprisonnement et de 375 000 euros, le président, les administrateurs ou les directeurs généraux d'une société anonyme de faire, de mauvaise foi, des biens ou du crédit de la société, un usage qu'ils savent contraire à l'intérêt de celle-ci, à des fins personnelles ou pour favoriser une entreprise dans laquelle ils sont intéressés directement ou indirectement »*. Ainsi, l'abus de biens sociaux constitue un usage des biens ou du crédit de la société que l'on sait contraire à l'intérêt de celle-ci et commis dans un intérêt personnel direct ou indirect et avec mauvaise foi. En l'espèce, nous sommes en présence d'un usage qui concerne le paiement d'amendes personnelles par le biais de la trésorerie de la SA. Le patrimoine de la société est donc utilisé à des fins personnelles, en ce que les paiements effectués ne correspondent aucunement à l'intérêt de la SA. Il s'agit, en effet, d'amendes dues à titre personnel par le PDG pour des infractions commises lors de ses vacances. Il en ressort que cet usage ne répond pas à la commercialisation des logiciels et poursuit un intérêt directement personnel. La mauvaise foi ne pose aucune difficulté dans la démonstration en ce que la qualité de directeur général ne lui permet pas de prétendre qu'il ignorait que cet acte ne répondait pas à l'intérêt de la société. Une telle opération s'analyse en un abus de biens sociaux.

Les faits, ayant eu lieu le 22 mars 2007, le délit peut être poursuivi pendant trois ans à compter de cette date, soit jusqu'au 22 mars 2010. Néanmoins, en tenant compte de l'évolution de la jurisprudence, le délai commence à courir à compter de la présentation des comptes sauf dissimulation. En cas de dissimulation, le délai est reporté au jour de la découverte des faits. En l'espèce, les faits ne nous indiquent pas la date de la découverte des faits par les actionnaires. Mais, on peut supposer que la prescription n'est pas atteinte compte tenu de la date des faits. Aussi, les actes ont-ils eu lieu sur le territoire de la République. Le principe de la territorialité s'applique pleinement et ne pose aucune difficulté, l'infraction ayant été commise sur le territoire de la République.

Sur le second abus de biens sociaux : Les faits mentionnent que Monsieur Géniot a effectué un prélèvement de 108 000 euros aux dépens de la SA afin de faciliter le financement d'une construction immobilière en voie d'achèvement à Lisbonne. Il s'agit encore d'un usage des biens ou du crédit de la société anonyme INFOTECH. Cet usage est contraire à l'intérêt de la société en ce que la construction immobilière ne constitue pas l'objet de la société anonyme commercialisant des logiciels (on se réfère au même article du Code de commerce). Les faits révèlent par la suite que cette construction immobilière constitue une affaire à laquelle Monsieur Géniot est directement intéressé sans rapport avec le fonctionnement de la société anonyme. Il en ressort que l'usage des biens et du crédit de la société est un usage contraire à l'intérêt de la société et cet usage poursuit un but personnel direct. Par ailleurs, la mauvaise foi du dirigeant comme démontré précédemment ne pose pas de problème de démonstration en ce que le dirigeant ne pouvait pas ignorer que cet usage était contraire à l'intérêt de la société. Si l'on se réfère à la pratique, c'est au dirigeant de démontrer qu'il était de bonne foi et que l'acte poursuivait l'intérêt de la SA (Présomption de culpabilité en la matière et inversion de la charge de la preuve).

Dès lors, les deux abus de biens sociaux sont caractérisés en tous leurs éléments constitutifs, ces éléments ayant été commis sur le territoire français même s'ils poursuivaient un financement d'une opération étrangère.

Sur la corruption active :

Depuis la loi du 4 juillet 2005, la corruption dans le secteur privé est répréhensible. Ainsi, les nouveaux articles 445-1 et 445-2 du Code pénal visent toute personne « qui sans être dépositaire de l'autorité publique ou chargée d'une mission de service public, exerce, dans le cadre d'une activité professionnelle ou sociale, une fonction de direction ou un travail pour une personne physique ou morale, ou un organisme quelconque ». En l'espèce, Monsieur Géniot exerce une activité de direction, et Monsieur Béguin, l'expert comptable exerce soit une activité libérale, soit une activité salariée. Nous sommes en présence de deux acteurs privés.

En l'espèce, le PDG Géniot propose ou offre une somme d'argent à l'expert comptable en échange d'un acte positif facilité par son activité consistant à falsifier la comptabilité et à dissimuler toute opération irrégulière. Le pacte, c'est-à-dire l'accord illicite constitue une infraction dès l'échange de leurs accords indépendamment du paiement de la somme d'argent, en l'espèce 23 000 euros. Il en ressort que le PDG est coupable de corruption active (le corrupteur), et l'expert comptable de corruption passive (corrompu). S'agissant de la prescription, en cette matière la jurisprudence a admis le report du délai au-delà de la date du pacte proprement dit au jour de la dernière exécution du pacte corrupteur (ce qui contrevient au principe de la légalité, puisque l'infraction est consommée le jour du pacte, et non celui de son exécution).

Sur l'infraction de blanchiment : selon l'article 324-1 du Code pénal, le blanchiment consiste soit, à « *faciliter, par tous moyen, la justification mensongère de l'origine des biens ou des revenus de l'auteur d'un crime ou d'un délit ayant procuré à celui-ci un profit direct ou indirect* », soit à « *apporter son concours à une opération de placement, de dissimulation ou de conversion du produit direct ou indirect d'un crime ou d'un délit* ».

En l'espèce, le PDG a mis en location une quinzaine d'appartements pour lesquels la construction a été financée en partie par une somme d'argent provenant de la société anonyme. En d'autres termes, on relève l'existence d'une infraction préalable ayant conduit à un produit, cette infraction préalable étant l'abus de biens sociaux. C'est ce produit qui a fait l'objet d'un blanchiment à travers les bénéfices des locations, puis à travers les placements en banques suisse et luxembourgeoise. Il en est de même s'agissant du procédé de la réinjection de ces sommes d'argent à travers l'acquisition de sociétés immobilières en Allemagne. L'acte matériel a consisté à faire fondre le produit de l'abus de biens sociaux (108 000 euros) dans des opérations immobilières, puis bancaires et à nouveau immobilières afin de lui donner une apparence licite. L'intention coupable est également démontrée à travers les éléments matériels, ces éléments révélant que le PDG savait que cet argent provenait d'une activité frauduleuse (abus de biens sociaux).

Sur l'infraction d'association de malfaiteurs. Conformément à la convention de Palerme, et à l'article 450-1 al. 1er du Code pénal « *Constitue une association de malfaiteurs tout groupement formé ou entente établie en vue de la préparation, caractérisée par un ou plusieurs faits matériels, d'un ou plusieurs crimes ou d'un ou plu-*

sieurs délits punis d'au moins 5 ans d'emprisonnement. ». Il doit donc être démontré l'existence d'une entente extériorisée par des faits matériels, cette entente étant destinée à la préparation d'un crime ou d'un délit. En l'espèce, c'est l'instruction qui révèle l'existence « d'affaires commerciales montées par les deux personnes visées (Géniot et Beguin) avec la coopération matérielle de personnes résidant au Portugal, en Italie, en Argentine et en Suisse ». Les faits ne révèlent pas les actes matériels de l'entente mais affirment l'existence d'une entente selon un réseau. On peut alors supposer l'entente matérialisée par la facilitation du placement des sommes issues de l'abus de biens sociaux. Il s'agirait alors de l'entente en vue de la préparation du délit de blanchiment à travers la mise en place d'opérations immobilières. La peine encourue pour le blanchiment est de 5 ans d'emprisonnement et de 375 000 euros d'amende ce qui démontre que la condition de la peine encourue du délit préparé est remplie.

– Caractérisation des infractions commises par l'expert comptable, Monsieur Beguin :

Sur le délit de corruption passive :

Comme il l'a été démontré ci-dessus, la corruption passive consiste à accomplir un acte facilité par ses fonctions, travail ou activité en échange, d'offre, de promesse. En l'espèce, Monsieur Beguin a accepté de falsifier la comptabilité et de dissimuler toute opération irrégulière moyennant la somme de 23 000 euros versée par le PDG. C'est le pacte corrupteur qui consomme l'infraction de corruption indépendamment de l'exécution dudit pacte. En d'autres termes, que l'opération soit exécutée après ou soit sans effet sur le résultat recherché, la corruption est consommée. De la même manière, si la somme d'argent destinée à rémunérer le corrompu n'est versée qu'ultérieurement à l'accord, est sans incidence : on dit que la corruption est une infraction formelle et non matérielle. Cela signifie que l'accord entre les deux protagonistes constitue l'infraction de corruption.

Sur l'infraction de recel d'abus de biens sociaux :

On aurait pu penser que l'accord du corrupteur et du corrompu et que le versement de la somme de 23 000 euros constituent le même fait. Mais, il n'en est rien et nous ne sommes pas en présence d'un concours de qualifications entre la corruption passive et le recel d'abus de biens sociaux. En effet, dans cette hypothèse nous ne sommes pas en présence d'un seul fait susceptible de tomber sous le coup de plusieurs qualifications. Si on analyse les faits en détail, le pacte corrupteur est consommé en dehors de l'exécution ultérieure qu'elle produise des effets ou non. Le pacte ou l'accord illicite constitue un fait. Le versement de la somme émanant de l'abus de biens sociaux, soit les 23 000 euros, constitue un fait distinct : le bénéfice du produit du délit de l'abus de biens sociaux. Le fait, pour l'expert de percevoir, de détenir (article 321-1 du code pénal) le bénéfice de tout crime et délit en sachant que le produit provient d'un crime ou d'un délit constitue un recel. Il ne s'agit donc pas du même fait, mais d'un fait indépendant du pacte illicite, constituant l'acte de recel d'abus de biens sociaux.

Ainsi, selon le principe de la légalité, pour que le recel soit caractérisé, on doit au préalable démontrer l'existence d'un crime ou d'un délit. En l'espèce, le délit préalable, ou l'infraction originaire est l'abus de biens sociaux commis par le PDG, celui-ci ayant été démontré. Par ailleurs, pour qu'il y ait recel, on doit aussi caractériser l'objet du recel : en l'espèce, il s'agit des 23 000 euros. Ces 23 000 euros correspondent à une partie des 108 000 euros détournés. L'objet du recel est donc en partie, l'objet de l'infraction préalable (l'abus de biens sociaux). Les deux conditions préalables du recel d'abus de biens sociaux sont alors démontrées. Dès lors, il s'agit de caractériser les éléments constitutifs du recel. Le recel est constitué soit par la dissimulation, soit par la détention, la transmission, l'entremise à fin de transmission ou par le bénéfice du produit d'un crime ou d'un délit. En l'espèce, l'expert comptable bénéficie des 23 000 euros issus de l'abus de biens sociaux. On préfèrera le bénéfice à la détention parce que l'expert semble les avoir réinvestis dans une opération immobilière. L'intention coupable est également caractérisée en ce que l'auteur des faits savait que les 23 000 euros émanaient de l'acte d'abus de biens sociaux. Il a donc manifesté une volonté de l'acte du recel et la conscience de son caractère illicite.

Il en ressort que le recel peut être imputable à l'expert comptable. Enfin, le fait que Monsieur Beguin soit devenu associé majoritaire d'une des affaires, notamment, à Lisbonne révèle et conforte le bénéfice du produit du délit.

Sur la présentation des comptes annuels inexacts

Selon l'article L. 242-6-2° du Code de commerce, *est puni d'un emprisonnement de 5 ans et de 375 000 euros d'amende, le président, les administrateurs ou les directeurs généraux d'une Société anonyme qui a ou ont publié ou présenté aux actionnaires., ..., des comptes annuels ne donnant pas, pour chaque exercice, une image fidèle du résultat des opérations de l'exercice, de la situation financière, et du patrimoine à l'expiration de cette période, en vue de dissimuler la véritable situation de la société.* Il suffit de reprendre les dispositions légales relatives à la tenue de la comptabilité, celle-ci devant présenter une image fidèle du patrimoine et de la situation de la société. Or, les faits d'espèce nous révèlent expressément que l'expert comptable a effectué des opérations de falsification afin de dissimuler toute opération irrégulière. Il peut s'agir en tant qu'élément matériel d'une majoration de l'actif, de la minoration du passif, ou d'omissions coupables. Par ailleurs, l'élément moral ne pose aucune difficulté compte tenue de la qualité de l'auteur : expert comptable. Ayant de surcroît accepté la somme de 23 000 euros issue de l'abus de biens sociaux, il ne pouvait ignorer l'état des comptes et la situation réelle de la société.

Sur l'infraction de Blanchiment :

On rappelle selon le principe de la légalité que selon l'article 324-1 du Code pénal, le blanchiment consiste à *« faciliter, par tous moyen, la justification mensongère de l'origine des biens ou des revenus de l'auteur d'un crime ou d'un délit ayant procuré à celui-ci un profit direct ou indirect »*, soit à *« apporter son concours à une opération de placement, de dissimulation ou de conversion du produit direct ou indirect d'un crime ou d'un délit »*.

Les faits nous renseignent sur le fait que Monsieur Beguin est devenu associé majoritaire de la nouvelle affaire immobilière de Lisbonne et qu'il décide d'étendre ses investissements en Italie. Ces faits constituent l'un des moyens d'intégrer l'argent sale dans le circuit économique licite, une forme de placement et de justification de l'origine de l'argent provenant d'un délit. A travers ces faits, l'élément matériel consiste à éclater et faire fondre les fonds dans diverses opérations immobilières. L'élément intentionnel doit aussi être démontré. L'infraction de blanchiment est une infraction de conséquence. Dès lors, le protagoniste devait connaître l'existence de l'infraction originaire. Celle-ci, étant déjà caractérisée, est l'abus de biens sociaux commis par le PDG Géniot. Cette infraction a été connue de l'expert comptable, d'abord compte tenu de sa qualité, mais encore par le fait d'avoir été rémunéré pour faire disparaître toute opération frauduleuse des documents comptables. Il en ressort qu'il savait sciemment d'où provenait le produit. En conséquence, l'infraction de blanchiment à l'encontre de l'expert comptable est caractérisée.

Sur la participation à une association de malfaiteurs :

Cette infraction a déjà été démontrée s'agissant du PDG Géniot. Il est rappelé que c'est l'instruction qui a apporté des éléments relatifs à l'existence d'un réseau comprenant diverses personnes dans différents pays dont font partie à la fois Géniot et l'expert comptable Beguin. En l'espèce, les éléments démontrant l'entente extériorisée par des faits matériels, cette entente visant la préparation de la commission d'un crime ou un délit doivent être rapportés.

Il en ressortira la caractérisation du délit d'association de malfaiteurs.

On rappelle à nouveau que la localisation de la commission de ces infractions est effectuée à travers l'application du principe de la territorialité (art. 113-2 du Code pénal). Il suffit qu'un seul des éléments constitutifs de chacune de ces infractions ait été commis sur le territoire de la République pour que l'infraction soit réputée commise en France. S'agissant par exemple du recel et du blanchiment, la jurisprudence est allée plus loin en considérant qu'il suffit que l'infraction originaire, c'est-à-dire l'infraction dont procède le recel ou le blanchiment ait eu lieu sur le territoire de la République pour réputée commise l'infraction de recel ou de blanchiment. Ainsi, pour le recel, il suffit que la condition préalable de la commission l'abus de biens sociaux (préexistence d'un crime ou d'un délit) ait été commise en France pour réputée l'infraction de recel caractérisée en France, même si les opérations immobilières ont eu lieu au Portugal ou en Italie. De même, il suffit que l'infraction dont procède le blanchiment ait eu lieu sur le territoire français pour rendre la loi pénale française compétente pour l'infraction de blanchiment. Ainsi, si les placements ont eu lieu en

Suisse et au Luxembourg, l'infraction originaire d'abus de biens sociaux permet de réputée commise l'infraction de blanchiment, qui est une infraction de conséquence. Ces principes étant appliqués par tous les Etats, il faudra alors vérifier qu'un jugement n'a pas été rendu sur ces faits afin d'éviter que les auteurs ne soient jugés deux fois pour les mêmes faits. Cette règle correspond à l'application du principe *non bis in idem* destinée à respecter les décisions judiciaires des autres Etats.

5. En conclusion

Monsieur Géniot, PDG de la SA, encourt 5 ans et 375 000 euros d'amende pour les infractions d'abus de biens sociaux, 5 ans et 75 000 euros d'amende pour corruption active, 5 ans et 375 000 euros d'amende pour blanchiment et 5 ans et 5 ans et 75 000 euros d'amende pour association de malfaiteurs : déclaration de culpabilité pour toutes ces infractions, et application du non cumul des peines sauf pour les amendes encourues. 5 ans d'emprisonnement et 900 000 euros d'amende.

Monsieur Béguin, expert comptable, encourt une peine de 5 ans d'emprisonnement et 75 000 euros d'amende pour corruption passive, 5 ans et 375 000 euros d'amende pour recel d'abus de biens sociaux, 5 ans et 375 000 euros d'amende pour présentation des comptes annuels inexacts, 5 ans et 375 000 euros d'amende pour blanchiment et 5 ans et 75 000 euros d'amende pour association de malfaiteurs : déclaration de culpabilité pour toutes ces infractions et application du non cumul des peines sauf pour les amendes : 5 ans d'emprisonnement et 900 000 euros d'amende.

Aussi, la caractérisation des infractions qui rend compte du degré de gravité des actes illicites, doit-elle conduire à la recherche des moyens de lutte contre de telles infractions.

chapitre 4

les moyens de lutte contre la délinquance d'affaires : la coopération internationale

Les moyens de lutte contre les agissements frauduleux internationalisés doivent être recherchés à travers la problématique de la souveraineté nationale. On rappelle, en effet, que le domaine répressif est une des composantes de l'expression souveraine de chaque Etat. Il paraît, en conséquence, difficile de créer un droit uniforme international destiné à enrayer le phénomène criminel en col blanc, même si les propositions ont été faites en ce sens.

Néanmoins, des efforts ont été réalisés dans le sens du compromis entre les Etats. De nombreuses conventions internationales ont été ratifiées et prennent en compte la nécessité d'une coopération concrète. Ainsi, s'il n'existe pas de définition unifiée de chaque infraction qui s'applique à chaque Etat, on relève des règles sur le plan de la procédure destinées à rechercher les preuves de culpabilité lorsque le risque pénal est réalisé et a atteint l'ordre public économique.

Ce compromis est matérialisé par une forme de reconnaissance des décisions des Etats : si un individu a été poursuivi et jugé pour des faits frauduleux, il ne peut l'être sur un autre Etat sous prétexte que ces faits aient été commis pour partie dans chacun des Etats concernés. Cette forme de reconnaissance est en réalité un véritable préalable à la coopération internationale destinée à limiter la commission des infractions pénales.

Mais, en tant que préalable, le compromis de reconnaissance mutuelle n'est pas suffisant. Il a fallu aller plus loin dans le sens d'une coopération renforcée. Si ce cheminement a eu pour effet de faire céder une part de souveraineté de chaque Etat ayant ratifié les conventions, on doit relever une utilité certaine eu égard au développement de cette délinquance ne souffrant d'aucune frontière.

section I

le compromis en matière de coopération internationale

Ce compromis correspond au respect partagé des décisions judiciaires de condamnation ou de relaxe des Etats. Il s'agit de la règle *Non Bis In Idem*.

Position du problème : Une personne ayant fait l'objet d'un jugement pénal définitif (acquittement, relaxe ou condamnation), peut-elle être poursuivie à nouveau sur la base des mêmes faits ?

La question se pose déjà en droit national ou droit interne. Dans la plupart des législations étrangères, le principe non bis in idem est consacré : un jugement définitif (quelle qu'en soit l'issue) empêche le lancement de nouvelles poursuites. Autrement dit, le même Etat ne peut poursuivre deux fois les mêmes faits. Il s'agit de l'autorité de la chose jugée au criminel sur le criminel.

Sur le plan international : le même principe a été consacré par les conventions internationales

Après une condamnation par un Etat, un autre Etat peut-il à son tour poursuivre les mêmes faits : la réponse est moins évidente parce que nous devons tenir compte de la souveraineté des Etats. Si l'on ne regarde que la souveraineté nationale de chaque Etat, une seconde poursuite pourrait avoir lieu parce que le droit de poursuivre et de répression est un attribut de souveraineté. Il suffit qu'un des éléments constitutifs d'une infraction ait été commis sur le territoire intéressé. Mais, si l'on respecte réciproquement la souveraineté nationale de chaque Etat, cela conduit à respecter les décisions juridictionnelles de chaque Etat : il s'agit de la reconnaissance d'une décision judiciaire d'un Etat. Dans ce cas, la règle *Non bis in idem* doit s'appliquer.

Le droit français a consacré ce principe : art. 113-9 CP et 692 CPP : « *Aucune poursuite ne peut être exercée contre une personne justifiant qu'elle a été jugée définitivement à l'étranger pour les mêmes faits* ».

Sur le plan international, ce principe est consacré à l'art.14-7 du Pacte de l'ONU relatifs aux droits civils et politiques de 1966 « *Nul ne peut être poursuivi ou puni en raison d'une infraction pour laquelle il a déjà été acquitté ou condamné par un jugement définitif conformément à la loi et à la procédure pénale de chaque pays » ; dans le Protocole n° 7 additionnel à la Convention européenne des droits de l'homme, art. 4 : « Nul ne peut être poursuivi ou puni pénalement par les juridictions du même Etat en raison d'une infraction pour laquelle il a été déjà acquitté ou condamné par un jugement définitif conformément à la loi et à la procédure pénale de cet Etat » (ne consacre que la règle Non bis in Idem sur le plan national) ; dans* la Convention européenne sur la valeur internationale des jugements répressifs de 1970 ; celle européenne sur la transmission des procédures répressives de

1972 ; dans la convention de Bruxelles du 25 mai 1987 qui est propre au principe non bis in idem consacre ce principe sur le plan externe et non national et dans la Convention de 1990 d'application des accords de Schengen reprenant mot pour mot la précédente.

Conditions d'application de la règle *Non Bis In Idem* :

Une personne qui a été définitivement jugée dans un Etat membre ne peut, pour les mêmes faits, être poursuivie dans un autre Etat membre, à condition que, en ce cas de condamnation, la sanction ait été subie ou soit actuellement en cours d'exécution ou ne puisse plus être exécutée selon les lois de l'Etat de condamnation (*art. 1er de la Convention de Bruxelles de 1987).*

Toute personne qui a fait l'objet d'un jugement répressif définitif, exécutoire, ne peut pour le même fait être poursuivie, condamnée ou soumise à l'exécution d'une sanction dans un autre Etat contractant.

Dans la pratique, il faut vérifier si pour tel ou tel fait, il existe dans un autre Etat un jugement. Il ne s'agit pas nécessairement d'une condamnation, il peut s'agir d'un acquittement. Ce qui compte est l'existence d'un jugement.

Les hypothèses sont donc les suivantes : la personne a été acquittée ; condamnée et une sanction a été infligée ; la sanction a été entièrement subie ou est en cours d'exécution ; la personne a fait l'objet d'une grâce ou d'une loi d'amnistie portant sur la totalité de la sanction ou la partie de celle-ci non encore exécutée ; la sanction ne peut plus être exécutée en raison de la prescription de la peine et lorsque le juge a constaté la culpabilité de la personne, mais n'a pas prononcé de sanction.

Dans toutes ces hypothèses, il est interdit à l'autre Etat de poursuivre et de juger la personne pour le même fait. Cela correspond à la reconnaissance des décisions de l'autre Etat ayant ratifié la Convention. Cela constitue aussi un compromis à travers lequel la souveraineté de chaque Etat ayant jugé un individu est préservée : on ne remet pas en cause la décision d'un pays, cette décision devant avoir une valeur internationale.

Cette analyse doit être rapprochée de la réciprocité des incriminations entre Etats. En effet, il s'agit de la qualification juridique du fait : l'infraction pénale d'affaires par exemple. Ce principe permet une coopération rapprochée interétatique et une meilleure application de la règle *non bis in idem*.

Par exemple, l'escroquerie doit exister dans tel ou tel Etat. De cette manière, chaque Etat pourra transmettre les pièces d'une procédure, etc.

Il doit y avoir équivalence et non analogie parfaite, on peut le comprendre. En effet, on ne peut s'attendre à ce que les législations étrangères et diverses traitent des faits de la même manière. Il ne faut donc pas faire une interprétation in abstracto de la réciprocité d'incrimination, mais une interprétation *in concreto* : il suffit que le même fait soit érigé en infraction et qu'une peine soit encourue, et il importe peu que ce fait soit défini exactement de la même manière.

Toutefois, c'est à travers le principe de la réciprocité d'incriminations que les réserves étatiques se manifestent et empêchent une lutte internationale efficace contre la délinquance économique. Ainsi, à défaut d'une réciprocité d'incriminations, certains Etats refusent de coopérer.

Néanmoins, les principes non bis in idem et la réciprocité d'incrimination sont des instruments précieux de coopération interétatique : ils permettent l'extradition.

En effet, si la personne pour laquelle l'Etat requérant sollicite de l'Etat requis une extradition, a déjà été condamnée ou acquittée pour le même fait : l'extradition sera refusée. En principe, elle ne devra pas être sollicitée, l'Etat requérant sachant que la personne a fait l'objet d'un jugement.

De la même manière, si l'extradition de l'intéressé concerne un fait qui n'est pas une infraction pour lequel l'Etat requis (où se trouve la personne suspectée), ou qui ne comporte aucune équivalence avec l'incrimination visée par l'Etat requérant, alors l'extradition pourra être refusée.

section II

vers une coopération renforcée

Puisque les comportements infractionnels s'internationalisent, la poursuite doit aussi faire l'objet d'une internationalisation. La poursuite doit s'entendre dans notre domaine comme le mode de recherche des preuves, enquête et instruction, permettant de traduire les présumés délinquants en jugement. Cela suppose nécessairement une coopération entre Etats.

Aussi, cette coopération interétatique ne saurait-elle suffire si l'on envisage que la poursuite. Il faut également envisager la répression : d'où la nécessité d'une coopération interétatique sur le plan du jugement, celui-ci permettant la condamnation de comportements illicites et l'exécution des peines. C'est de cette manière, c'est-à-dire, notamment par les instruments juridiques internationaux que la lutte contre la délinquance d'affaires internationale est rendue possible.

Nous l'avons vu, les instruments permettant la coopération européenne sont d'abord inscrits à travers l'harmonisation des règles pénales nationales. Mais, cette dernnière semble insuffisante et n'empêchent pas les conflits de lois (entre normes nationales applicables). Ce conflit doit être atténué par l'existence d'une entraide issue de textes européens divers : extradition, blanchiment, règle du minimum, transmission de pièces etc.

Il semble donc important d'envisager le fonctionnement de cette coopération internationale parce qu'elle intéresse de plus en plus les cadres d'entreprise.

Ce fonctionnement comprend à la fois le développement des organes nationaux dans le sens d'une spécialisation. Tel est l'exemple des pôles économiques et financiers. De la même manière, la prise en compte du caractère spécifique des affaires a conduit à faire appel aux experts d'entreprise, ces derniers coopérant avec les organes judiciaires. Enfin, on est allé plus loin par la consécration d'organisations internationales et européennes. Des perspectives de développement de la coopération pour lutter contre la délinquance d'affaires internationales existent encore, notamment dans le secteur bancaire.

§ 1. – spécialisation de la justice : Pôles économiques et financiers, juridictions spécialisées

C'est la loi du 6 août 1975 qui a introduit l'idée d'une spécialisation des magistrats. Puis, celle du 2 juillet 1998 a consacré les pôles économiques et financiers.

D'abord, la loi du 6 août 1975 a confié à des magistrats spécialisés en matière économique et financière, la poursuite et l'instruction des infractions d'affaires complexes (art. 704 CPP). C'est à partir de cette spécialisation que les juridictions spécialisées ont été constituées au sein des tribunaux correctionnels. Ensuite, la loi du 2 juillet 1998 est venue renforcer ce mouvement de spécialisation au sein de ces tribunaux correctionnels. Désormais, dans chaque ressort de cour d'appel, un ou plusieurs TGI sont compétents pour traiter de la délinquance économique et financière. Dans chacun de ces tribunaux correctionnels, une formation spécialisée est composée de magistrats du parquet (ministère public) et de magistrats d'instruction ayant eu une formation spécifique en droit des affaires et une formation économique et en gestion. Puis, une circulaire du 19 février 1999 en a précisé les modalités de mise en place. Le premier pôle, celui de Paris, a été installé le 1er mars 1999. Aujourd'hui, on dispose de 35 pôles économiques et financiers (à raison d'un pôle par ressort de Cour d'appel où se trouve un TGI).

Au sein de ces pôles, composés de magistrats spécialisés, on dispose également d'assistants spécialisés. Ces assistants spécialisés sont des fonctionnaires d'autres administrations, telles que les Impôts, les douanes, assistants issus du ministère de l'Economie et des finances, de la Banque de France... Ces pôles comprennent également des personnes de droit privé, justifiant d'un diplôme de 4 années lié à l'entreprise et disposant d'expérience en matière financière. Tous ces assistants permettent au parquet et au juge d'instruction de bénéficier d'information adéquates, intelligibles et fiables, ce qui conduit à une recherche de la vérité plus efficace. Il s'agit donc d'une équipe stable et interdisciplinaire destinée à maîtriser les données de la délinquance d'affaires internationale.

§ 2. – le développement des experts d'entreprise au service de l'éthique des affaires

Puisque les délinquants ont su profiter de la levée des frontières, puis des nouvelles technologies, il a fallu chercher des experts pour aider les OPJ et les magistrats dans leur mission de la recherche de la vérité. En effet, les nouvelles techniques de blanchiment du produit du crime, du travail clandestin, des délits d'initiés ont rendu cette délinquance transnationale multiforme. Les spécialistes en entreprise sont donc nécessaires à la coopération interétatique : il s'agit de chefs d'entreprise, de spécialistes en finance, en concurrence, en analyse et en fiscalité. Ces personnes sont extrêmement utiles à la découverte des moyens financiers licites, ou illicites couvrant le fonctionnement d'un réseau criminel d'affaires. De la même manière que les spécialistes en psychiatrie et psychologie sont fondamentaux en matière d'instruction pour crime, ces spécialistes de l'entreprise coopèrent de plus en plus avec les services judiciaires pour faciliter les investigations et permettent le renvoi des délinquants devant les juridictions de jugement.

C'est parce que cette délinquance s'internationalise que les services de la justice deviennent de plus en plus interdisciplinaires sur le plan national. Cette évolution vers les coopérations interprofessionnelles démontre la vocation internationale des organes nationaux. Il s'agit, en conséquence, d'une mise en compatibilité des organes judiciaires nationaux avec ceux créés sur le plan international.

§ 3. – la consécration d'organismes internationaux

Principalement, les organismes internationaux servant à la lutte contre la délinquance d'affaires internationales sont : Interpol, Europol et Eurojust.

A. – Interpol

Les origines d'Interpol remontent à 1914, année au cours de laquelle le Prince Albert Ier de Monaco a été victime d'un délit dont les auteurs se sont enfuis en France. La police monégasque n'était alors plus en mesure de régler cette affaire. C'est pourquoi ; le prince a organisé le premier Congrès international de la police de Monaco. Mais, au lieu de procéder par voie diplomatique et gouvernementale, il a rassemblé un groupe éclectique d'officiers de police judiciaire, de juristes et de magistrats issus de 14 pays. Lors de ce Congrès, on a alors débattu de la nécessité de constituer un fichier central international de police et d'élaborer une coopération interétatique.

C'est en 1923, à Vienne, qu'a alors été créée la Commission internationale de police criminelle (CIPC) dont la finalité était de créer la plus large assistance réciproque entre toutes les autorités de police.

En 1956, la CIPC devient l'Organisation Internationale de Police Criminelle (OIPC) dénommée INTERPOL.

Interpol a une vocation mondiale : 177 pays en font aujourd'hui partie, mais ce sont les Etats d'Europe qui occupent une place importante.

Néanmoins, le statut juridique d'INTERPOL n'est pas clair. Cette organisation ne repose pas sur un Traité ou une Convention conclue à l'échelle internationale. Interpol a été fondé par des agences de polices à tel point que certains auteurs prétendent qu'il ne s'agit pas réellement d'une organisation internationale. En effet, ce ne sont pas des Etats qui ont été réunis mais des services de police.

Au demeurant, Interpol facilite la coopération internationale en fournissant un circuit de communication entre les forces de police et les institutions pénales dans les 177 Etats. Si cette organisation n'a pas de rôle opérationnel, elle constitue une « fabuleuse boîte aux lettres policière du monde ».

Dans le même sens, a été créé EUROPOL, figure d'Interpol à l'échelle européenne. Mais cette fois, cet organisme a été doté une assise juridique (Conseil des ministres de l'Union européenne) ce qui a eu pour conséquence de développer sa légitimité et son efficacité.

B. - Europol

Le Traité de Maastricht du 7 février 1992, réformé par celui d'Amsterdam du 2 octobre 1997, consacre l'existence d'EUROPOL. La consécration de cet organisme peut faciliter la mise en œuvre d'enquêtes menées par les Etats. Ainsi, la Convention Europol a été signée à Bruxelles le 26 juillet 1995 par les Etats de l'Union européenne[138]. Cette convention est entrée en vigueur le 1er juillet 1999[139].

Organiquement : Europol dispose de la personnalité morale : budget, acquisition d'immeubles, etc. Son siège est à La Haye, aux Pays-Bas. Les organes : Conseil d'administration, contrôleur financier, comité budgétaire. Les personnels sont tenus à une obligation de confidentialité et de réserve. Le personnel est multinational.

---

138 H. Labayle, Rev. sc. crim., 1995, p. 60.

139 Le texte de la Convention, JOCE, C. 316, 27 nov. 1995 ; Y. Gauthier, « La génèse d'Europol », *in La criminalité organisée*, La Documentation française, 1996 p. 244 s ; G. Isaac, « Le nouvel Office européen de police », (Europol), *Petites Affiches*, 7 juin 2000, n° 113.

Fonctionnement : Europol est un centre d'échanges d'informations et de renseignements. En effet, des bases de données sont constituées par recoupement d'informations. Selon l'article 7 « en vue de remplir ses fonctions, Europol crée et gère un système d'informations automatisés ». Ces informations sont obtenues et alimentées par des officiers de liaison selon leur législation nationale.

Concrètement, chaque Etat crée une unité nationale, seul organe de liaison avec Europol et les polices nationales. Cette unité nationale a pour mission d'alimenter de sa propre initiative Europol en infractions et de répondre aux demandes d'informations présentées par Europol. Chaque unité envoie à Europol un officier de liaison, chargé de représenter son unité. Ces officiers représentent la cheville ouvrière d'Europol.

Ces informations sont par la suite stockées et centralisées à La Haye et chaque Etat peut y avoir accès. Les informations données par chaque Etat, ainsi regroupées, constituent un moyen substantiel à l'avancement des enquêtes. En effet, c'est du caractère intelligible et complet des informations recueillies par l'ensemble des Etats que dépendent la rapidité et l'efficacité de la répression des délinquants transnationaux, surtout en matière de délinquance organisée.

Le contenu de l'information :

Europol est compétent pour divers grands types de criminalité : trafic illicite de stupéfiants ; trafic illicite de matières nucléaires et radioactives ; filières d'immigration clandestine ; traite des êtres humains ; falsification des documents administratifs ; trafic de véhicules volés ; activités illicites bancaires ; contrefaçon ; fraudes financières ; blanchiment d'argent ; association de malfaiteurs ; trafic d'œuvres d'art.

Ces diverses informations présentent donc une utilité certaine, celle de rendre les enquêtes de police nationales plus rapides et efficaces. Toutefois, Europol ne correspond pas au FBI (Federal Bureau of Investigation). Le FBI dispose en effet de pouvoirs propres considérables. Organe d'enquête transnational aux Etats-Unis, le FBI se substitue aux services nationaux d'enquête lorsqu'il est compétent pour un grand nombre d'infractions.

Europol n'est qu'un organe transnational d'informations. Il faut espérer aller plus loin dans la création d'une police européenne afin de rendre la recherche des preuves plus efficiente.

C. - eurojust et le détachement de personnels judiciaires et d'entreprise

La coopération judiciaire est, certes, issue de l'importante Convention du 20 avril 1959 (Convention européenne d'entraide judiciaire). Mais, elle a été développée d'une manière plus conséquente avec les Traités et conventions ultérieurs : la Convention européenne sur la valeur internationale des jugements répressifs du 28 mai 1970, la Convention sur la transmission des procédures répressives du 15 mai 1972, la Convention sur *Non bis in idem* du 25 mai 1987, l'Accord du 6 mars 1990 sur la transmission des procédures répressives (simplification de celle de 1972), la Convention du 13 novembre 1991 sur l'exécution des condamnations pénales étrangères, la convention d'application de l'Accord de Schengen de 1990, la Convention du 29 mai 2000 sur l'entraide judiciaire pénale entre les états membres et le protocole du 16 octobre 2001, convention entrée en vigueur le 23 août 2005 à l'UE, puis, les deux lois du 30 mars 2005 et du 09 mars 2004 constituent une mise en harmonisation.

On doit également citer la création récente d'une unité à vocation internationale : EUROJUST qui pourrait jouer un rôle important dans le développement de la coopération judiciaire.

Selon ces textes, les parties contractantes s'engagent à s'accorder mutuellement l'aide judiciaire la plus large possible[140] pour les infractions énumérées.

Les 15 et 16 octobre 1999, le Conseil Européen réuni à Tampere en Finlande a décidé la création d'une unité appelée Eurojust. Cette unité a été par la suite consacrée formellement dans le Traité de Nice en 2001. Visant à renforcer la lutte contre la criminalité organisée et transnationale en Europe, Eurojust a pour mission d'améliorer la coopération judiciaire en matière pénale et de favoriser la coordination des enquêtes et des poursuites entre les autorités nationales des Etats membres.

La création définitive a eu lieu le 06 mars 2002[141] et cette unité a été inaugurée officiellement le 29 avril 2003 à La Haye.

C'est un organe de l'Union européenne, jouissant de la personnalité juridique. Un membre national, magistrat du parquet, juge, officier de

---

[140] Art. 1er Convention du 20 avril 1959.

[141] Nadine LC Thwaites, « Eurojust, autre brique dans l'édifice de la coopération judiciaire en matière pénale ou solide mortier ? », Rev. sc. crim. 2003 p. 45 s.

police judiciaire (OPJ) est détaché par chaque Etat membre à La Haye (dans les locaux de la Cour pénale Internationale). Chacun des membres nationaux peut être assisté par une ou plusieurs personnes.

Les activités d'Eurojust sont financées par le budget de l'Union européenne.

Eurojust est compétente pour les types de criminalité pour lesquels Europol est compétent (Conv. 26 juill. 1995) : trafic illicite de stupéfiants ; trafic illicite de matières nucléaires et radioactives ; filières d'immigration clandestine ; traite des êtres humains ; falsification des documents administratifs ; trafic de véhicules volés ; activités illicites bancaires ; contrefaçon ; fraudes financières ; blanchiment d'argent ; association de malfaiteurs ; trafic d'œuvres d'art.

Il s'agit donc des formes les plus graves de la criminalité transfrontière. Par ailleurs, ces infractions doivent avoir été commises dans deux Etats membres ou plus (criminalité transfrontière). Mais, il peut s'agir d'un Etat tiers (s'il existe un lien avec un Etat membre). Au Canada, un magistrat de liaison a été détaché à Eurojust, de même pour les Etats-Unis.

Le rôle de Eurojust est de promouvoir et améliorer la coordination entre les autorités compétentes des Etats membres relative aux enquêtes, poursuites dans les Etats membres ; de tenir compte de toute demande des Etats membres et de toute information fournie par un organe compétent ; d'améliorer la coopération entre les autorités compétentes des Etats membres, faciliter la mise en œuvre de l'entraide judiciaire internationale et de soutenir les autorités compétentes des Etats membres pour renforcer l'efficacité de leurs enquêtes et de leurs poursuites.

Mais, cette évolution ne demeure qu'un début. Afin de renforcer les moyens de lutte contre la délinquance d'affaires internationalisée, de nouveaux instruments ont été consacrés.

§ 4. – les nouveaux instruments pour le renforcement de la coopération judiciaire

Ces instruments sont nouveaux parce qu'ils sont récents et visent à supprimer les actuels inconvénients et limites liés à la souveraineté de chaque Etat. Depuis les attentats du 11 septembre 2001, et le développement exponentiel de la délinquance d'affaires internationale, les Etats ont davantage pris conscience de l'impératif de coopérer.

Ainsi, on vise à supprimer les inconvénients actuels de l'extradition, celle-ci étant souvent refusée, voire même à substituer la procédure d'extradition par la nouvelle technique du mandat d'arrêt. Enfin, de nombreuses réunions, celles, entre l'Europe et les Etats-Unis ont permis de promouvoir une coopération plus étendue, notamment en matière bancaire.

A. – vers la suppression des limites de l'extradition : l'extradition simplifiée

Définition de l'extradition :

Il s'agit de la procédure pour laquelle un Etat (dit Etat requis) remet un individu réfugié sur son territoire à un autre Etat (dit Etat requérant) afin que ce dernier (l'Etat requérant) puisse le juger (extradition aux fins de jugement) ou bien faire exécuter la peine (extradition aux fins d'exécution).

C'est la forme la plus ancienne de la coopération : les 1er accords remonteraient au XIIe siècle [142].

Les textes relatifs à l'extradition :

- La Convention européenne d'extradition du 13 décembre 1957 entrée en vigueur le 18 avril 1960 et ratifiée par tous les Etats du Conseil de l'Europe qui permet l'extradition.
- Deux protocoles additionnels à la Convention, des 15 octobre 1975 et 17 mars 1978 ont été signés pour rendre le système plus efficace.
- Par la suite, la Convention d'application de l'accord de Schengen adoptée le 19 juin 1990 (rappel : accord Schengen signé le 14 juin 1985 relatif à la suppression graduelle des contrôles aux frontières communes) étend le champ d'application de la Convention d'extradition.
- Le Traité de Maastricht du 7 février 1992 complète encore la convention de 1957.
- Puis, on cite la Convention du 10 mars 1995 relative à la procédure simplifiée d'extradition entre les Etats membres et l'Union européenne.
- Et, enfin la Convention du 27 septembre 1996 relative à l'extradition entre les Etats membres de l'Union européenne.

---

[142] H. Donnedieu de Vabres, *Traité de droit criminel et de la législation comparée*, Sirey, 3e éd. 1947 p. 248 s.

Ces conventions internationales prennent en compte les diverses législations nationales. De même, les législations nationales ont été harmonisées dans la perspective de rendre l'extradition plus effective. C'est à travers les conditions de l'extradition que l'on constate une volonté de rendre les normes de chaque Etat compatibles entre elles. Mais, c'est aussi à travers ces mêmes conditions que l'extradition est rendue très difficile.

Les conditions de l'extradition tiennent à l'infraction et à l'auteur de celle-ci.

1°). Les conditions relatives à l'infraction

Pour que l'extradition soit possible, l'incrimination visée doit exister dans les deux Etats (requis et requérant) : c'est le principe de la double incrimination. De même, ces faits ne doivent pas être de nature politique. De même encore, ils doivent recouvrir une certaine gravité. Les législations nationales ont été adaptées afin de mieux intégrer ces principes relatifs à la Convention d'extradition. En d'autres termes, c'est la norme interne qui définit les incriminations, ainsi que les règles de poursuite et de jugement et non la Convention d'extradition. Puis, c'est la compatibilité de ces normes entre elles et avec la Convention qui permet de mettre en œuvre la procédure d'extradition.

– Le principe de la double incrimination

Selon l'article 2 de la Convention de 1957 « donneront lieu à extradition les faits punis par les lois de la partie requérante et de la partie requise... ». Il s'agit du principe de la double incrimination appelée également « réciprocité d'incrimination ».

Ce principe est justifié par le bon sens : l'extradition suppose entre les deux Etats un accord sur les valeurs à protéger. Ainsi, le fait doit connaître une qualification pénale dans l'Etat requis et une qualification pénale dans l'Etat requérant, ces qualifications devant être réciproques. Néanmoins, la réciprocité n'a pas à être stricte. C'est l'existence de la qualification qui importe. S'il existe quelques différences sur l'appréhension de l'incrimination, cela n'empêchera pas l'extradition. Il en est de même pour la tentative et la complicité. Ce qui compte est que les faits soient répréhensibles dans chacun des Etats concernés.

A contrario, si la double incrimination n'existe pas, l'Etat requis est en droit de refuser l'extradition de l'individu visé.

Toutefois, la Convention prévoit une série d'exception :

S'agissant des infractions de conspiration et d'association de malfaiteurs, l'extradition ne peut être refusée par l'Etat requis au motif que les faits ne sont pas incriminés par sa législation. Cette exception est fondée sur le fait que la définition de tels agissements peut être très divergente selon les Etats. Il peut arriver que pour un Etat, de tels faits ne constituent pas une association de malfaiteurs alors que cette « association » a pour but de permettre la réalisation d'infractions terroristes, ou relatives au trafic de stupéfiants.

Aussi, cette infraction doit-elle être d'une certaine nature.

– La nature de l'infraction

L'extradition est possible pour la plupart des infractions sauf certaines en raison de leur nature : il s'agit des infractions dites politiques et de celles militaires.

– Les infractions politiques

Selon l'article 3-1 de la Convention de 1957, « l'extradition ne sera pas accordée si l'infraction pour laquelle elle est demandée est considérée par la partie requise comme une infraction politique ou comme un fait connexe à une telle infraction ».

Cette exclusion est justifiée par le concept « d'idéal noble du délinquant politique ». On ne saurait traiter le délinquant politique comme un vulgaire malfaiteur. Ce principe a été dégagé au XIXe siècle : on pense à Victor Hugo, le délinquant politique exilé. Mais aujourd'hui, on ne peut encore maintenir le caractère noble des infractions politiques. Tel est le cas des infractions terroristes qui au fond ont une nature politique puisque l'infraction politique est celle « qui porte atteinte à l'acte politique, qui est dirigée contre la Constitution du Gouvernement et contre la Souveraineté, qui trouble l'ordre établi par les lois fondamentales de l'Etat » [143].

C'est pourquoi, la tendance actuelle est d'entendre la nature politique d'une infraction de façon très restrictive :

- ainsi, l'attentat à la vie d'un chef d'Etat n'est pas considéré comme politique ;
- de même, les crimes contre l'humanité et infractions assimilées ne seront pas considérés comme politiques ;

[143] P. Fiore, Droit pénal international, 1880, p. 586 ; Grenoble 13 janv. 1947, J.C.P. 1947-II-3664

– de même encore, les infractions à caractère terroriste, considérées comme tellement odieuses qu'une Convention du 27 janvier 1977 a été signée sur le terrorisme. Ces infractions typiquement politiques sont donc exclues de la notion d'infractions de nature politique et doivent donner lieu à extradition.

Ainsi, dans ces trois hypothèses, alors qu'il s'agit d'agissements de nature politique, l'extradition s'impose aux Etats. Par ailleurs, selon l'article 1er de la Convention sur le terrorisme, si l'Etat refuse l'extradition, il devra juger lui-même l'individu visé par la demande d'extradition.

– Les infractions militaires :

Les infractions militaires ne constituent pas non plus des infractions de droit commun. Elles sont donc exclues du champ d'application de l'extradition. Ainsi, les infractions comme la désertion ne peuvent relever que de la législation compétente (art. 4 de la Conv. 1957). Cela paraît justifié par le respect de la Souveraineté nationale. De plus, les Etats alliés aujourd'hui peuvent ne plus l'être demain, et il n'y a aucune raison de créer une entraide extraditionnelle en matière militaire.

Néanmoins, seules les infractions strictement militaires sont exclues de l'extradition. A contrario, si un militaire commet une infraction de droit commun (vol, recel...) l'extradition est possible parce qu'il ne s'agit pas d'infractions militaires.

– Quant aux infractions financières

Pour les infractions financières (fiscales, douanières et de change), on constate une évolution en Europe. Traditionnellement exclues du champ de l'extradition, le protocole du 17 mars 1978 (art. 2) tend à faire fondre ces infractions dans la délinquance ordinaire et même s'il n'existe pas d'équivalence d'incrimination entre Etat requis et Etat requérant. Il faut et il suffit que la fraude existe dans les deux Etats. En d'autres termes, même si les taxes ne sont pas les mêmes mais que la fraude existe, l'extradition peut avoir lieu.

Par ailleurs, le critère de la gravité de l'infraction constitue une condition commune aux Etats pour procéder à l'extradition.

– La gravité de l'infraction

Enfin, pour que l'extradition soit possible, il faut encore qu'un minimum de gravité existe sans lequel l'extradition serait inopportune. Le degré de gravité est considéré par rapport aux peines encourues dans chacun des Etats concernés (requis et requérant).

Lorsque l'extradition est sollicitée pour juger un individu, la peine encourue doit être d'au moins 1 an (pour les deux Etats requis et requérant).

Lorsqu'elle est sollicitée pour exécuter une condamnation d'un individu déjà jugé, la peine prononcée doit être d'au moins 4 mois.

Depuis, la Convention du 27 septembre 1996 relative à l'extradition entre Etats membres de l'Union européenne, les taux des peines encourues par la personne à extrader ont été revus.

Désormais, pour les Etats de l'Union européenne et non tous ceux du Conseil de l'Europe : on exige que l'individu encourt une peine de 12 mois dans l'Etat requérant et d'au moins 6 mois dans l'Etat requis.

Autrement dit, si la règle de la double incrimination doit toujours être respectée (sauf exception), on n'exige plus que les taux minimums des peines encourues soient les mêmes pour l'Etat requérant et pour l'Etat requis.

2°). Les conditions tenant à l'auteur de l'infraction

Toute personne peut faire l'objet d'une extradition sauf à respecter certaines exceptions.

Les exceptions :

– *Interdiction d'extrader les réfugiés* :

Selon la Convention de Genève du 28 juillet 1951 « aucun des Etats contractants n'expulsera ou ne refoulera de quelque manière que ce soit un réfugié sur les frontières des territoires où sa vie ou sa liberté serait menacée en raison de sa race, de sa religion, de sa nationalité, de son appartenance à un certain groupe social ou de ses opinions politiques ».

Ainsi, toute partie contractante aura la faculté de refuser l'extradition de ces personnes. Cela est justifié par le principe du respect des libertés individuelles.

– *Les ressortissants de l'Etat requis* :

De même, toute partie contractante aura la possibilité de refuser l'extradition de ses propres ressortissants (Art. 6-1 a) de la Conv. d'extradition) : refus d'extrader ses propres nationaux.

En réalité, il s'agit d'un principe de défiance à l'égard de la partie requérante. De plus, on considère qu'il est de bonne administration que poursuite, jugement et exécution s'effectuent dans le pays auquel appartient le délinquant. D'ailleurs, on appliquera le principe de la personnalité : applicabilité de la loi nationale (nationalité du délinquant).

Pour autant, le refus d'extrader ses nationaux peut aboutir à une impunité des délinquants. C'est pourquoi, certaines exceptions existent : par exemple, la Grande-Bretagne et les Pays-Bas acceptent de livrer leurs nationaux.

De plus, si on analyse les Conventions postérieures à celle de 1957 d'extradition, notamment celle du 27 septembre 1996 (art. 7-1) un principe nouveau est dégagé : l'extradition ne peut être refusée au motif que la personne qui en fait l'objet est un ressortissant de l'Etat requis. Mais, aujourd'hui ce principe n'est toujours pas appliqué.

L'analyse de ces conditions conduit à l'appréciation et à la conclusion suivante :

Les limites de l'extradition

Force est de relever l'effort effectué par des Etats, ayant ratifié la Convention d'extradition, dans le sens de la compatibilité de leurs normes avec la possibilité d'extrader. Réciproquement, le contenu de la Convention d'extradition est le résultat de la prise en compte des législations européennes, ce qui facilite leur compatibilité avec la nécessité d'une coopération internationale.

Cette possibilité d'extradition marque l'abandon d'une part de souveraineté nationale : la volonté de coopérer afin de garantir une justice plus effective est dès lors démontrée. Le principe de la double incrimination et l'harmonisation progressive des diverses législations pénales montrent encore la prise de conscience sur la nécessité de coopérer pour enrayer la criminalité transfrontalière.

Toutefois, c'est à travers cette même volonté de coopérer que l'on constate des limites. En effet, si la volonté de rendre les lois nationales compatibles entre elles eu égard à l'exigence de la Convention d'extradition est clairement affirmée, il ne s'agit que d'une volonté d'harmonisation. Or, cette dernière comporte de limites selon les contextes : les Etats peuvent manifester des réserves sur l'application de la Convention d'extradition, et à ce titre refuser l'extradition.

Par exemple, s'agissant des ressortissants de l'Etat requis, ce dernier a tendance à refuser systématiquement l'extradition de ses nationaux. De même, l'Etat requis peut refuser d'extrader « l'individu à raison d'une infraction qui rend la loi de l'Etat requis compétente » selon le principe de la territorialité. Pour autant, l'Etat requérant peut prétendre que sa loi est applicable : un national ayant commis une infraction à l'étranger, il s'agira alors du principe de la compétence personnelle active.

Par ailleurs, l'Etat requis peut se prévaloir de l'autorité de la chose jugée.

Ainsi, lorsque les faits ont déjà fait l'objet d'une décision de la part de l'Etat requis ; ou si des poursuites, un classement sans suite, ou un non-lieu, voire un jugement définitif de relaxe ou d'acquittement ont été prononcés, l'extradition peut être écartée.

De la même manière, lorsque les faits ont déjà donné lieu à un jugement de condamnation par un Etat tiers qui n'est ni l'Etat requis ni l'Etat requérant l'extradition n'aura pas lieu. Il en sera de même lorsque l'individu s'est réfugié dans l'Etat requis ou lorsque l'Etat requérant a déjà jugé l'individu par défaut, et que l'Etat requis manifeste son désaccord pour extrader l'intéressé.

De même, un problème de prescription de l'action publique peut se poser. Si le délai de prescription est acquis dans l'Etat requis, l'extradition peut être refusée alors même que les prescriptions de l'Etat requérant ne sont pas acquises.

Pour savoir si la prescription est acquise, les Etats se placent au moment de la demande d'extradition.

De même encore, en matière de respect des droits de la défense, si l'Etat requérant n'assure pas un procès garant des droits de l'homme et de la défense, l'Etat requis peut refuser d'extrader.

En conséquence, on relève encore des limites. Ces limites démontrent que la compatibilité des normes nationales entre elles selon la Convention d'extradition ne sont qu'un préalable, certes nécessaire, mais insuffisant pour une coopération européenne efficace. Il faut donc aller plus loin et dépasser la simple harmonisation des législations par rapport aux Conventions européennes ratifiées. En effet, il faut créer des moyens spécifiques : il s'agit alors de la mise en place d'une entraide entre Etats pour une plus grande efficacité répressive. Cette avancée a été matérialisée avec le mandat d'arrêt européen.

B. – la mise en place du mandat d'arrêt européen

L'union européenne a réalisé une avancée majeure avec le mandat d'arrêt européen destiné à se substituer au système actuel de l'extradition.

En effet, le Conseil européen a approuvé le projet de création du mandat d'arrêt européen le 21 septembre 2001 à la suite des attentats terroristes de New-York, survenus le 11 septembre de la même année.

Suite à l'approbation du projet, une décision-cadre a été prise au sein du Conseil du J.A.I (Justice Affaires Intérieures) le 13 juin 2002 : le mandat d'arrêt européen a donc été institué pour les Etats membres de l'Union européenne.

Le mandat d'arrêt constitue une décision judiciaire. Il s'agit d'un titre d'arrestation et de remise d'une personne. Il permet la remise directe des personnes recherchées par les autorités judiciaires.

Il modifie fondamentalement la nature de la coopération judiciaire pénale : il ne s'agit plus d'une coopération accordée par un Etat à un autre, mais de l'exécution directe d'une décision judiciaire prise dans l'Etat dans l'ensemble de l'Union européenne.

C'est l'illustration directe du principe de la reconnaissance mutuelle des décisions judiciaires par les Etats membres. Ainsi, ce nouveau procédé a vocation à remplacer le système de l'extradition et à dépasser le stade du compromis entre Etats.

Dès lors, chaque autorité judiciaire de l'Etat où se trouve l'individu recherché doit reconnaître *ipso facto*[144], la demande de remise de l'intéressé, cette demande étant formulée par l'autorité judiciaire d'émission.

A partir du 1er janvier 2004, cette décision-cadre instituant le mandat d'arrêt européen a été substituée aux conventions d'extradition (1957, celle du 26 mai 1989, celle simplifiée de 1995, de 1996 et les dispositions de Schengen faisant référence à cette matière).

La France, ayant donné son accord sur la création du mandat d'arrêt européen, a voté une loi constitutionnelle le 25 mars 2003[145] destinée à rendre la Constitution et les dispositions internes compatibles avec le principe du mandat européen[146]. Puis, enfin, la Loi du 09 mars 2004 l'a définitivement consacré (Perben II, Loi portant adaptation de la justice aux évolutions de la criminalité, nouveaux art. 695-11 à 695-51 CPP).

Le mandat d'arrêt doit donc être défini comme toute décision judiciaire adoptée par un Etat membre en vue de l'arrestation d'une personne pour l'exercice de poursuites pénale, pour l'exécution d'une peine, ou pour l'exécution d'une mesure de sûreté privative de liberté.

Les peines considérées pour rendre le mandat d'arrêt européen valable doivent être au moins égales à 4 mois (condamnation définitive) ou

---

[144] Selon des contrôles minimums.

[145] L. n° 2003-267 du 25 mars 2003 relative au mandat européen, J.O. n° 72 du 26 mars 2003, p. 5344.

[146] Art. unique de la loi du 23 mars 2003 : « L'article 88-2 de la Constitution est complété par un alinéa ainsi rédigé : la loi fixe les règles au mandat européen en application des actes pris sur le fondement du Traité sur l'Union européenne ».

d'au moins un an d'emprisonnement lorsqu'il s'agit de poursuites (peine encourue).

Dans la pratique, l'autorité judiciaire d'émission communique le mandat d'arrêt européen directement à l'autorité judiciaire d'exécution (Etat où se trouve la personne visée). En d'autres termes, il n'y a plus une procédure de validation comme celle prévue en matière d'extradition. De plus, l'Etat d'exécution est tenu de remettre ses nationaux[147].

Force est de relever, qu'un progrès important a été effectué : la règle de la double incrimination a été supprimée pour un nombre importants d'infractions, les délais sont raccourcis (Délai maximal d'exécution pour le mandat d'arrêt, de 40 à 90 jours). En l'absence de procédure de validation du mandat, il s'agit d'une véritable reconnaissance mutuelle d'une décision judiciaire d'un Etat par un autre Etat membre.

En conséquence, il est permis d'espérer que la coopération soit renforcée avec ce nouveau système, comprenant des liaisons avec Europol et le Système d'Information Schengen. La question pourrait être également posée s'agissant de l'Institution d'Eurojust[148].

On est allé encore plus loin avec la convention d'entraide entre les Etats de l'UE de 2000, surtout en matière bancaire.

C. - la saisie des comptes bancaires

Avec la convention du 29 mai 2000 (art. 3), il ne sera plus possible à un Etat membre de refuser l'entraide dans les affaires internationales, mettant en cause les sociétés commerciales. Le principe de la transmission directe des demandes d'entraide (sans passer par le canal des ministères de la justice, exécutif et organe politique) a été développé dans son application. Désormais, il sera plus simple de procéder par les communications d'autorité judiciaire à autorité judiciaire. De plus, cette convention consacre la mise en place des équipes d'enquêtes communes (groupe d'agents de deux états concernés, décidé conjointement).

Le protocole additionnel de 2001 est entré en vigueur le 05 octobre 2005. Il vise particulièrement le secteur bancaire. Sur chaque Etat, pèse désormais une obligation de moyen de fourniture rapide d'informations sur les comptes bancaires, y compris sur les demandes de suivi des

[147] Sur le refus d'extrader ses nationaux, voir supra I-B.

[148] D. Fontanaud, *La criminalité organisée, Problèmes politiques et sociaux, dossiers d'actualité mondiale*, La documentation française, 10-31 mai 2002, n° 874-875, p. 91 et 92.

transactions bancaires (innovation totale). Les conditions tenant à la double incrimination et au minimum de peine encourue sont maintenues (4 ans pour l'Etat requérant et 2 ans pour l'Etat requis). Le secret bancaire ne peut plus être une cause de refus de communication des informations pour remonter jusqu'au cerveau des organisations criminelles en matière économique.

Lors du G8 en juin 2003, des réunions ont été organisées par les ministères de la justice, des affaires étrangères et des affaires intérieures en France. De même, d'autres réunions aux Etats-Unis avec de nombreux Etats de l'union européenne ont été bénéfiques : ces entretiens et réunions ont abouti à des accords entre les deux continents sur la nécessité d'échanger des informations entre tous les Etats pour la traçabilité des flux financiers et la nécessité de développer des types d'enquêtes, telles que les livraisons surveillées. Ces accords existent en dehors de toute convention : il demeure la question de la valeur de ces déclarations de principes. En réalité, c'est sur le plan interne, c'est-à-dire sur le plan des lois de chaque Etat que l'on voit la progression : la loi sur la Sécurité financière du 1er août 2003, et celle des Etats-Unis suite à l'affaire Enron (Le Sarbanes-Oxley du 29 aoû 2002). Ces lois ont une finalité préventive sur la transparence des comptes. La saisie concerne la recherche des preuves, et peut être appliquée dans le cadre des commissions rogatoires internationales. Toutefois dans le secteur bancaire, il demeure le problème du secret bancaire, celui-ci constituant encore un frein à la coopération internationale en matière de délinquance d'affaires.

C'est dire que le risque pénal fait aujourd'hui l'objet d'une attention internationale de plus en plus importante, particulièrement sur les transactions financières.

CONCLUSION

La question de l'effectivité de la répression de la délinquance d'affaires internationalisée

On assiste actuellement à une profusion de textes normatifs, sur le plan européen, depuis le Traité de Maastricht du 7 février 1992, celui-ci ayant été modifié par le Traité d'Amsterdam signé le 2 octobre 1997 (entré en vigueur le 1er mai 1999). En effet, diverses Conventions ont été signées visant à renforcer l'espace de liberté, de sécurité et de justice (ELSJ). Mais, la question demeure de savoir si cet arsenal normatif est opérationnel. La réponse doit être plus que nuancée. La multiplication des textes visant à renforcer le système de coopération sur le plan pénal (en matière de criminalité organisée) démontre, certes, la volonté de donner une réponse pénale à la criminalité transfrontalière. Mais, certaines conventions n'ont pas été ratifiées par tous les Etats et celles ratifiées posent des problèmes d'application. Néanmoins, on ne peut nier les progrès réalisés, surtout depuis 2000 : les Etats cèdent peu à peu une part de souveraineté nationale pour coopérer plus efficacement : mandat d'arrêt, saisie des comptes bancaires, enquêtes communes et coopération des entreprises, projet du procureur européen…

On converge, par ailleurs, vers une reconnaissance mutuelle des actes de chacun des Etats (dans la pratique car le principe est consacré depuis 72), ce qui dépasse la règle de la double incrimination. Elle suppose une tolérance des législations les unes par rapport aux autres mêmes si elles ne sont pas toujours équivalentes. Si ce principe est effectif, les demandes d'extradition, celles de transmissions de pièces constituant des preuves cruciales, puis celles permettant l'exécution des condamnations des délinquants dans un autre Etat seront efficaces. Il faut donc espérer que les réserves étatiques soient de moins en moins nombreuses, ou moins lourdes, de telle manière à ce que ce soit la justice qui ne souffre plus de frontière, plutôt que la délinquance économique.

La question se pose de savoir si l'on peut évoluer vers une Convention Unique régissant l'Europe. En réalité, il s'agit d'une question de politique criminelle européenne. Les Etats sont-ils prêts à accepter une telle démarche face à une volonté résiduelle de conserver leur souveraineté nationale.

Actuellement, il existe le projet de création du Procureur européen. Ce projet est inclus dans le Traité de Lisbonne. Alors qu'Eurojust a pour mission de coordonner les enquêtes, le futur procureur européen devrait être une unité centralisée, supranationale, chargée de la poursuite, de l'enquête et du renvoi en jugement des auteurs et complices. En d'autres termes, le parquet européen pourrait constituer un organe actif. Eurojust doit être vue comme un intermédiaire qui coordonne les actions des différents Etats tandis que le parquet européen agirait en matière d'enquête et en matière de règlement des affaires.

La proposition de créer un procureur européen est issue du Livre vert sur la protection pénale des intérêts financiers communautaires et la création d'un procureur pour l'Europe[149].

Cette création concerne essentiellement la délinquance financière portant atteinte aux intérêts de la Communauté. En effet, la nécessité de poursuivre de manière plus effective les auteurs de la criminalité financière a conduit la Commission européenne à proposer la création d'un parquet européen, véritable projet ambitieux.

Ce projet est ambitieux parce qu'il s'agit d'un organe autonome européen aux pouvoirs forts. Chargé de diriger les investigations et les poursuites dans tout l'espace judiciaire européen, le procureur européen pourrait constituer l'interface entre les organes nationaux et ceux européens menant les enquêtes. Ainsi, le procureur européen doit être compatible avec les droits nationaux.

---

[149] 11 décembre 2001, COM (2001) 715 final, Rapport AN 2/ 445, « Document d'information sur le livre vert : un procureur pour l'Europe », Cf. not. M. Delmas-Marty et J.A.E. Vervaele, « La mise en œuvre du *Corpus juris* dans les Etats membres », Tome I-IV, *Intersentia*, 2001.

Le ministère public européen pourrait être une unité déconcentrée, dirigée par un procureur européen et composé de procureurs européens délégués, désignés par chaque Etat membre.

Lorsque les intérêts financiers de la Communauté sont en cause, la saisine du procureur européen doit avoir lieu. Aussi, cet organe pourrait-il travailler avec les parquets nationaux (procureurs délégués). En effet, le procureur européen devrait pouvoir s'appuyer sur les services de recherche nationaux, policiers ou judiciaires, le cas échéant constitués en équipes communes (voir rôle d'Eurojust).

Mais, il reste la question de savoir comment le procureur européen disposera de pouvoirs directs d'investigation et quelle sera la compatibilité de ces pouvoirs avec ceux des parquets nationaux. Faut-il que le parquet européen se conforme à la législation nationale de l'Etat où il opère ou bien pourrait-il avoir des prérogatives propres s'appliquant à chaque Etat membre ?

Le Livre vert préconise un compromis : le parquet européen devrait se conformer au système de droit national, s'agissant des poursuites et de la recherche des preuves.

On voit à quel point un tel projet soulève des questions délicates quant à sa faisabilité. Quel droit, quelle loi, nationale ou européenne ? Ces questions touchant au domaine pénal sont ainsi étroitement liées à celles de la souveraineté nationale.

La coopération judiciaire pénale en Europe ne semble, en conséquence, qu'au début de son développement pour une répression efficace de la criminalité transfrontalière.

BIBLIOGRAPHIE

Chapitre 1 :

– La dimension occulte de la délinquance économique internationale

ACCOMANDO G. et BENECH A. (2000), « La spécialisation de la justice pénale en matière économique et financière », *Revue Pénitentiaire et de Droit Pénal* (RPDP). p. 52 s.

JEAN J.-P. (2008), *Le système pénal*, éd. La Découverte, Coll. « Repères ».

KENSEY A. et TIMBART O. (2007), *Les condamnations : quelles informations tirer des statistiques ?*, Dalloz Actualité Juridique-Pénal.

KIRAT TH. et MARTY F. (2007), *Economie du Droit et de la réglementation*, Gualino, Paris.

MATELLY J.-H. et MOUHANNA Ch. (2007), *Des chiffres et des doutes*, Michalon, Paris.

OBSERVATOIRE NATIONAL DE LA DELINQUANCE (2008), *Criminalité et délinquance enregistrées en 2007.*

– Influence des législations nationales et droits harmonisés

ANCEL M. (1971), *Utilités et Méthodes de droit comparé*, Neuchatel.

BORRICAND J., SIMON A. M. (2006), *Droit pénal et procédure pénale*, Sirey, 5e éd.

CONSEIL DE L'EUROPE-COMMISSION EUROPÉENNE POUR L'EFFICACITÉ DE LA JUSTICE (2006), Systèmes judiciaires européens, faits et chiffres.

DELMAS-MARTY M. (1995), *Procédures pénales d'Europe*, Thémis.

JACQUÉ J.-P. (2008), « Le Traité de Lisbonne. Une vue cavalière », *Revue Trimestrielle de Droit européen*, juillet, n°3, p.439-483.

PRADEL J. (2008), *Droit pénal comparé*, Précis Dalloz, 3e éd.

– Dépénalisation du secteur des affaires

COMMISSION SUR LA DEPENALISATION DE LA VIE DES AFFAIRES (2008), « Les 30 propositions de la commission », *Revue de Droit pénal*, Dossier spécial n° 2.

COULON J.-M. (2008), *Rapport au Garde des Sceaux sur la dépénalisation de la vie des affaires*, La Documentation Française.

HOERI (2008), « Réflexions sur le rapport du groupe de travail sur la dépénalisation de la vie des affaires », *Revue de Droit pénal*, Dossier n° 4 (Dir. Véron M.).

– L'évolution de la justice pénale et le secteur des affaires

ACCOMANDO G. et BENECH A. (2000), « La spécialisation de la justice pénale en matière économique et financière », *Revue Pénitentiaire et de Droit Pénal* (RPDP), p. 52 s.

BASTARD B. et MOUHANNA Ch. (2007), *Une justice dans l'urgence. Le traitement en temps réel des affaires pénales*, PUF.

CUSSON M. (2006), « L'effet intimidant des sanctions à la lumière des recherches récentes sur le calcul coûts-bénéfices des délinquants », *in Mélanges offerts en l'honneur de Jean Pradel*, Cujas.

DESDEVISES M. C. (1993), « L'évaluation des expériences de médiation entre délinquants et victimes : l'exemple britannique », *Revue des Sciences Criminelles*, p. 49.

FABRI M., JEAN J.-P., LANGBROECK Ph. et PAULIAT H. (2005), *L'administration de la justice en Europe et l'évaluation de sa qualité*, LGDJ, Paris.

JEAN J.-P. (2004), *Dix ans de réformes pénales*, Regards sur l'actualité.

LEBLOIS-HAPPE J. (2000), « De la transaction à la composition pénale », Loi n° 99-515 du 23 juin 1999, J.C.P. 2000-I-198.

PEREIRA B. (2005), « La justice négociée : efficacité répressive et droits de la défense sur la délinquance d'affaires », *Recueil Dalloz*, chronique 2041 s.

PRADEL J. (1999), « Une consécration du *plea bargaining* à la française : la composition pénale instituée par la loi n° 99-515 du 23 juin 1999 », *Recueil Dalloz*, chronique 379.

VOLFF J. (2000), « La composition pénale : un essai manqué ! », *Gazette du Palais*, 1- doctr. 13 s.

Chapitre 2

– La légalité, le principe de légalité

ASSOCIATION FRANÇAISE DE DROIT PÉNAL (2001), « Faut-il repenser le principe de la légalité pénale ? », *XIV*e *congrès de l'Association française de droit pénal, in Revue Pénitentiaire*, p. 247 s.

BECCARIA C. (1979), *Des délits et des peines*, Coll. « Champs », n° 1764, Flammarion, Paris.

DELMAS SAINT-HILAIRE J.-P. (1980), « Les principes de la légalité des délits et des peines, réflexions sur la notion de légalité en droit pénal », *in Mélanges P. Bouzat*, p. 149 s.

DI MARINO G. (1991), « Le recours aux objectifs de la loi pénale dans son application », *Revue des Sciences Criminelles*, p. 505.

MAYER D. (2001), « Vers un contrôle du législateur par le juge pénal ? », *Recueil Dalloz*, chronique 1643 s.

VERON M. (2007), *Droit pénal des affaires*, 7e éd., Coll. « Cours », Dalloz, Paris.

– Le conflit de qualifications pénales - Lois pénales dans le temps et dans l'espace

CHALARON Y. (1967), « Le concours idéal d'infractions », *JCP*, I-2088.

DEKEUWER A. (1997), « La rétroactivité *in mitius* en droit pénal », *JCP*, I-4065.

MATHIEU G. (1997), « L'application de la loi pénale dans le temps », *Revue des Sciences criminelles*, p. 257 s.

PIN X. (2007), *Droit pénal général*, 2e éd., Coll. « Cours », Dalloz, Paris.

SERLOOTEN P. (1973), « Les qualifications multiples », *Revue des Sciences Criminelles*, p. 45 s.

ZLATARIC B. (1994), *Le principe de la territorialité du droit pénal*, Pescara, Coll. « Rapport », p. 195 s.

– La responsabilité pénale du chef d'entreprise

CARTIER M.-E. (1977), « Notion et fondement de la responsabilité pénale du chef d'entreprise », *in la Responsabilité pénale du fait de l'entreprise*, Masson, p. 45.

CATALA N. (1976), « De la représentation pénale des chefs d'entreprise en matière d'hygiène ou de sécurité du travail », *JCP*, II-12010.

GIACOPELLI M. (2000), « La délégation de pouvoirs en matière de responsabilité pénale du chef d'entreprise », *Revues des Sciences criminelles*, p. 525.

REINHARD Y. (1974), « L'acte du salarié et la responsabilité pénale du chef d'entreprise », *Thèse*, Lyon.

RICHEBÉ O. (2008), « La gestion du risque pénal dans l'entreprise : enjeu d'efficacité économique ? », *Colloque Paris*, 22 mai 2008, *in Petites affiches*, 20 novembre 2008, p. 15.

ROBERT J.-H. (2001), « Les préposés sont-ils les représentants de la personne morale ? », *in Mélanges P. Couvrat*, PUF, p. 383.

Chapitre 3

– Les infractions de droit commun applicables au secteur des affaires

DREYER E. (2008), *Droit pénal spécial*, Ellipses.

LEPAGE A., MAISTRE du CHAMBON P. et SALOMON R. (2008), *Droit pénal des affaires*, Litec.

VERON M. (2008), *Droit pénal spécial*, 12e éd., Armand Colin.

– Les infractions spécifiques au domaine des affaires

GRYNFOGEL M. (2005), « Le concours de volontés entre entreprises, une notion protéiforme en droit communautaire des ententes », RJDA, 551.

GURRIÀ A. (2006), *L'OCDE lutte contre la corruption*, août, p. 1 s.

MOULY C. (1984), « La responsabilité pénale du banquier en cas de banqueroute de son client », *Recueil Dalloz*, Chronique 32.

PEREIRA B. (2008), « Ethique, Gouvernance et Corruption », *RFG*, n° 34/186, p. 54-77.

PRALUS M. (1997), « Contribution au procès du délit d'abus de biens sociaux », *JCP*, I-4001.

Rapport Mondial sur la corruption (2006), *Transparency International*.

STASIAK F. (2007), *Droit pénal des affaires*, 7e éd., Dalloz.

TRICOT J. (2005), « Les figures de l'internationalisation en droit pénal des affaires, La criminalisation imposée au droit interne par le droit international ; La corruption internationale », *Revue des Sciences Criminelles*, p. 753 s.

– Les infractions d'affaires internationalisées

BANQUE MONDIALE (2001), *Combattre la corruption (Etude comparative des aspects légaux de la pratique des Etats et des principales initiatives internationales)*, Ed. Eska, Paris.

BOURDON W. (2008), « Le droit pénal est-il un instrument efficace à la criminalisation croissante de la contrefaçon ? », *Recueil Dalloz*, 729.

CUTAJAR Ch. (dir.) (2000), *Le blanchiment des profits illicites*, Presses Universitaires de Strasbourg, Strasbourg.

FALIGOT R. (2001), *La mafia chinoise en Europe*, Calmann-Lévy, Paris.

FRANCOIS L., CHAIGNEAU P. et CHESNEY M. (2002), *Criminalité financière, Comment le blanchiment de l'argent sale et le financement du terrorisme sont devenus une menace pour les entreprises et les marchés financiers*, éd. d'Organisation, Paris.

GALLOUX J.-C. (2008), « La lutte contre la contrefaçon », *Recueil Dalloz*, dossier 711.

ITEANU O. (2004), *Tous cybercriminels, la fin d'Internet*, Ed. Jacques-Marie Laffont, Paris.

VIVANT M. (1996), « Cybermonde, Droit et droits des réseaux », *JCP*, I, 3969.

Chapitre 4

– Coopération, entraide européenne et internationale

BRANCA P. (2000), « Fraudes communautaires : quels choix pour une lutte efficace ? », *Rapport de la délégation de l'Assemblée Nationale 11e législature*, n° 2507, juin.

FONTANAUD D. (2002), *La criminalité organisée, Problèmes politiques et sociaux, dossiers d'actualité mondiale*, La documentation française, 10-31 mai, n° 874-875, p. 91 s.

M. DELMAS-MARTY et VERVAELE J.A.E (2001), *La mise en œuvre du* Corpus juris *dans les Etats membres*, Tome I-IV, Intersentia.

MARGUE T.-L. (2000), « La coopération en matière de prévention et de lutte contre le crime dans le cadre du nouveau 3e pilier », *Revue du Droit de l'Union européenne*, Ed. Clément Juglar, Paris, hiver, p. 729 à 747.

NADINE LC Thwaites (2003), « Eurojust, autre brique dans l'édifice de la coopération judiciaire en matière pénale ou solide mortier ? », *Revue des Sciences Criminelles*, p. 45 s.

PRADEL J. et CORSTENS G., (2008), *Droit pénal européen*, Précis Dalloz, 3e éd.

WEYEMBERGH A. (2006), *Comment évaluer le droit pénal européen*, Coll. « Etudes européennes ».

GLOSSAIRE

Acquittement : Décision de la cour d'assises déclarant non coupable l'accusé traduit devant elle (voir relaxe pour les délits et contraventions).

Acte préparatoire : Actes qui s'inscrivent dans la phase immédiatement antérieure au commencement d'exécution d'une infraction. Les actes préparatoires ne constituent pas une tentative punissable.

Action publique : Action en justice portée devant une juridiction répressive pour l'application des peines à l'auteur d'une infraction. Même si elle peut être mise en mouvement par la partie civile, elle est toujours exercée par les magistrats ou par les fonctionnaires auxquels elle est confiée par la loi.

Classement sans suite : Décision prise par le ministère public en vertu du principe de l'opportunité des poursuites qui écarte momentanément la mise en mouvement de l'action publique.

Commencement d'exécution : Acte caractérisant la tentative punissable, qui doit tendre directement à l'infraction avec intention de la commettre, ou qui a pour conséquence immédiate et directe la consommation de celle-ci.

Condition préalable : Circonstance indispensable à la commission d'une infraction, mais sans pour autant en caractériser un élément constitutif au sens précis et étroit du terme. Si les conditions préalables ne sont pas réunies, il ne peut y avoir commission d'une infraction.

Elément constitutif de l'infraction : Composante matérielle (éléments matériels) ou psychologique (élément moral, intention coupable), du comportement puni par la loi. La réunion de tous les éléments constitutifs de l'infraction conduit à l'application de la loi.

Enquête préliminaire : Enquête diligentée d'office ou à la demande du parquet par la police ou la gendarmerie avant l'ouverture d'une information et permettant au ministère public d'être éclairé sur le bien-fondé d'une poursuite.

Incrimination : Acte législatif ou réglementaire par lequel est défini une infraction.

Infraction : Action ou omission violant une norme de conduite strictement définie par un texte d'incrimination entraînant la responsabilité pénale de son auteur. Elle peut être constitutive d'un crime, d'un délit ou d'une contravention en fonction des peines prévues par le texte.

Infraction complexe : Infraction dont la matérialité passe par une pluralité d'actes de nature différente. Ainsi, l'escroquerie qui, pour être matériellement réalisée, suppose, d'une part, un mensonge, d'autre part, la remise d'un bien ou la fourniture d'un service.

Infraction continue : Infraction dont la matérialité est susceptible de se prolonger dans le temps (le recel des choses).

Infraction formelle : Infraction dont la matérialité ne contient pas le résultat redouté à l'origine de l'incrimination (corruption).

Infraction d'habitude : Infraction dont la matérialité passe par une pluralité d'actes de nature identique.

Infraction instantanée : Infraction dont la matérialité n'est pas susceptible de se prolonger dans le temps. Infraction qui est commise en un trait de temps.

Instruction (information) : Phase de l'instance pénale constituant une sorte d'avant-procès, qui permet d'établir l'existence d'une infraction et de déterminer si les charges relevées à l'encontre des personnes poursuivies sont suffisantes pour qu'une juridiction de jugement soit saisie. Cette phase, facultative en matière de délit, sauf dispositions spéciales, obligatoire en matière de crime, est conduite par le juge d'instruction sous le contrôle de la chambre de l'instruction.

Intention coupable : Il s'agit d'un élément constitutif de l'infraction pénale consistant dans une manifestation d'hostilité aux valeurs sociales protégées. Elle est caractérisée par la volonté de l'acte et la conscience que celui-ci est illicite. L'intention doit être distinguée des mobiles. Les mobiles ne font pas partie de la définition des éléments constitutifs d'une infraction.

Jugement : Terme général pour désigner toute prise de décision prise par un collège de magistrats ou par un magistrat statuant comme juge unique. En matière criminelle, le jugement a lieu en cour d'assises. En matière correctionnelle, le jugement a lieu au tribunal correctionnel. En matière contraventionnelle, le jugement se déroule devant le tribunal de police ou en juridiction de proximité.

Légalité (principe de) : Principe contenu dans l'adage latin *Nullum crimen sine lege, nulla poena sine lege*, selon lequel les crimes et les délits doivent être légalement définis avec clarté et précision, ainsi que les peines qui leur sont applicables. Les contraventions sont soumises aux mêmes exigences, mais relèvent du domaine réglementaire.

Mobiles : Raisons profondes qui ont inspiré la commission d'une infraction (commission ou omission) : haine, vengeance, appât du gain, cupidité, passion... Les mobiles sont indifférents à la caractérisation de l'intention. Néanmoins, ils peuvent être retenus par les juges dans la perspective de la personnalisation des peines.

Non bis in idem : Formule latine qui exprime le principe selon lequel une personne déjà jugée pour un fait délictueux, ne peut être poursuivie à nouveau pour le même fait.

Non-cumul des peines : Principe en vertu du quel un individu, convaincu de plusieurs crimes ou délits non séparés par une condamnation définitive, ne peut se voir infliger que la seule peine afférente à l'infraction la plus grave. Ce principe est limité aux peines de même nature. Le délinquant peut se voir imposer toutes celles encourues, pour chacune des infractions, dès lors qu'elles sont différentes.

Non-lieu : Décision par laquelle une juridiction d'instruction, se fondant sur un motif de droit ou une insuffisance des charges, ne donne aucune suite à l'action publique.

Non-rétroactivité : Principe en vertu duquel une norme juridique nouvelle ne peut remettre en cause les situations anciennes nées de l'application de la règle antérieure.

Personnalité de la peine : Principe selon lequel une peine ne peut frapper une personne autre que celle à qui les faits peuvent être reprochés soit comme auteur, soit comme complice. Nul n'est responsable que de son propre fait.

Personnalisation des peines : Principe énoncé dans le Code pénal (article 132-24) selon lequel les juges peuvent prononcer les peines et fixer leur régime en fonction des circonstances de l'infraction et de la personnalité de l'auteur de celle-ci. Ainsi, le juge peut accorder des circonstances atténuantes, un sursis à l'exécution de la peine, ne pas prononcer le quantum maximal encouru et tenir compte des ressources de l'individu dans la détermination du montant de l'amende.

Prescription : principe selon lequel l'écoulement d'un délai (10 ans pour les crimes, 3 ans pour les délits, 1 an pour les contraventions) entraîne l'extinction de l'action publique et rend de ce fait toute poursuite impossible.

Redressement judiciaire : Procédure judiciaire visant à réorganiser la situation juridique, financière et sociale de tout commerçant, de toute personne immatriculée au répertoire des métiers, de tout agriculteur et toute personne morale de droit privé, qui est dans l'impossibilité de faire face au passif exigible avec son actif disponible. Cette réorganisation doit répondre à trois objectifs : la sauvegarde de l'entreprise, le maintien de l'activité et de l'emploi, et l'apurement du passif. Le redressement judiciaire consiste alors soit en un plan de continuation, soit en un plan de cession. Lorsque la situation est irrémédiablement compromise, le tribunal prononce la liquidation judiciaire de la société.

Relaxe : Décision d'une juridiction répressive autre que la cour d'assises, déclarant non coupable le prévenu traduit devant elle.

Tentative : activité tendant à la perpétration d'une infraction caractérisée par un commencement d'exécution et non suspendue par un désistement volontaire.

INDEX DES AUTEURS

INDEX ALPHABÉTIQUE

TABLE DES MATIÈRES

Achevé d'imprimer par Corlet Numérique - 14110 Condé-sur-Noireau
N° d'Imprimeur : 59044 - Dépôt légal : avril 2009 - *Imprimé en France*